土地法規與稅法

曾文龍◎編著

增修版序

本書自2003年問世以來，受到廣大讀者的喜愛，年年再版，或作為專業進修，或作為大學用書，或作為高普考考試用書，各取所需，非常感謝。

此次增修版，請讀者特別注意，立法院於110年1月27日修正了平均地權條例第47條、第81-2條及第87條。

另外本書第364頁「房地合一稅」是屬於所得稅法不動產交易部分，於110年4月28日修正公布，7月1日施行。

112年2月8日修正公布打房5大重拳之「平均地權條例」第47條之3、第47條之4、第79條之1、第81條之2、第81條之3第1項及第81條之4。

曾文龍

大日不動產研究中心　主任
台灣不動產物業人力資源協會　理事長
國立台北科技大學　不動產估價師學分班　主任

自 序

　　土地法規體系龐大，包括土地法、平均地權條例、土地徵收條例、土地稅法、房屋稅條例、契稅條例……等。今年為中華民國100年，當年國父孫中山先生推翻滿清建立民國時曾說：「欲解決中國的問題，必先解決土地問題，要解決土地問題，須先解決地價問題」，此句話放在今天，地價飛漲，炒地皮嚴重，貧富懸殊，亦然熠熠生輝啊！

　　土地法規正是以民國19年6月30日國民政府頒布的「土地法」為基本核心，為「領軍」，「土地法原則」九項之前言曰：「國家整理土地之目的，在使地盡其利，並使人民有平均享受使用土地之權利。總理之主張平均地權，其精意蓋在乎此。欲求此主張之實現，必要防止私人壟斷土地，以謀不當得利之企圖；並須設法使土地本身非因施以資本或勞力改良結果所得之增益，歸為公有。為求此目的唯一最有效手段，厥為按照地值徵稅及徵收土地增益稅之辦法。」也因此土地法、平均地權條例乃處處有　中山先生憂國憂民的影子與精神啊！

　　平均地權條例第83條規定：「以經營土地買賣，違背土地法律，從事土地壟斷、投機者，處三年以下有期徒刑，並得併科七千元以下罰金。」民國43年8月26日

總統公布施行的平均地權條例,規定炒地皮罰金「七千元」,今日來看當是笑話一則而需修法,然而「處三年以下有期徒刑」,應為可嚇阻土地投機之盛焰,但目前為止,應無案例,亦屬空包彈一則。

土地法規目前雖不能達成孫中山「平均地權」之理想,但為考試院許多高普考考試的必考科目,重要性無人能忽略,考生當仔細研讀教材,勤練考古題與研析考試方法,當能金榜題名,美夢成真,終生受益啊!

曾文龍

大日不動產研究中心　主任
台灣不動產物業人力資源協會　理事長
國立台北科技大學　不動產估價師學分班　主任

曾文龍主任著作及譯作

1. 文章及譯作發表於報章雜誌 1974~迄今（800篇以上）
2. 房地產乾坤　　　　　　　　　　　　1982.10
3. 誰來征服房地產　　　　　　　　　　1986.11
4. 不動產行銷學　　　　　　　　　　　1987.7
5. 房地產過去、現在、未來　　　　　　1988.11
6. 不動產重要法規　　　　　　　　　　1990.6
7. 房地產突破速捷法（原「房地產維他命」）1990.8
8. 地政常用法規　　　　　　　　　　　1992.1
9. 土地法規精論　　　　　　　　　　　1992
10. 大陸房地產展望暨重要法規　　　　　1993.2
11. 人間天堂　　　　　　　　　　　　　1994.2
12. 房地行銷實戰　　　　　　　　　　　1994.12
13. 節稅致富妙方　　　　　　　　　　　1996.11
14. 讀書會創造命運　　　　　　　　　　1998.1
15. 房屋推銷王大公開　　　　　　　　　1998.12
16. 不動產經紀人考試法規　　　　　　　2001.12
17. 不動產經紀法規精要　　　　　　　　2003.7
18. 不動產經紀人國家考題解析　　　　　2003.8
19. 不動產估價師考試法規　　　　　　　2004.4
20. 46位房屋金仲獎得主推銷秘訣　　　　2005.11

21. 土地法規與稅法（第14版）	2024.1
22. 20年房屋代銷實戰與法律	2007.5
23. 不動產估價師法規暨考古題	2008.5
24. 不動產經紀人選擇題100分（第11版）	2023.9
25. 中國房地產常用法規	2011.2
26. 不動產經紀人歷屆考題解析	2011.7
27. 如何考上估價師？重要法規V.S考古題	2011.8
28. 不動產經紀法規要論	2011.9
29. 如何考上地政士？重要法規VS.考古題	2012.9
30. 掌握大陸房地產兼習簡體字	2014.1
31. 頂尖房仲業務高手創富祕訣	2015.7
32. 奢侈稅實務判例研析	2015.9
33. 考上估價師秘訣法規考古題	2017.9
34. 宇宙讀書會32年操作實務	2018.5
35. 如何順利考取中國房地產證照	2019.5
36. 不動產租賃相關判決案例	2020.3
37. 公寓大廈管理條例相關判決案例	2021.7
38. 不動產常用法規（第70版）	2024.1
39. 如何突破房地合一稅？	2022.7
40. 曾文龍博士詩文集	2023.1

地址：106台北市忠孝東路四段60號8樓
電話：02-2721-9527　傳眞：02-2781-3202
網址：www.bigsun.com.tw

曾文龍主任簡歷

1. 國立政治大學　地政研究所　法學碩士
2. 菲律賓國立Bulacan State University　商學博士
3. 俄羅斯國立 Khabarovsk 科技大學　博士班
4. 國立新加坡大學不動產估價研究　1989年
5. 中國國立清華大學 現代城市發展國際學術研討會 1990年
6. 北京師範大學出版科學研究院第一屆台灣知名出版人高級研修班　2010年
7. 國立台北科技大學　不動產估價師學分班　主任
8. 國立台北商業大學　不動產估價師學分班　主任
9. 國立政治大學公企中心　不動產估價師學分班　主任
10. 國立政治大學公企中心　房地產經營與行銷研習班　主任
11. 台灣不動產物業人力資源協會　理事長
12. 致理科技大學　曾文龍不動產學院
13. 崑山科技大學推廣教育　不動產學分班台北班　主持人
14. 中華綜合發展研究院　不動產研究中心　主任
15. 不動產文章及專欄、譯作　40年
16. 不動產著作（理論及實務）　40本
17. 現代地政月刊　不動產專欄主筆　35年
18. 中國「南方房地產」雜誌　專欄作家
19. 不動產讀書研究會、宇宙讀書會　創始會長（1986年）

20. 中華民國圖書出版協會　監事會召集人
21. 兩岸出版交流協會監事會　監事會召集人
22. 台北市出版公會　常務監事
23. 不動產實務（房地產投資、土地開發、廣告企劃、行銷、法律）　40年
24. 中華民國不動產仲介經紀公會全國聯合會教育訓練班主任
25. 中華民國建築金獎　評審委員
26. 中華民國Top Sales 金仲獎　評審委員
27. Facebook社團　快樂大學堂　校長
28. 台北市都市更新學會　常務監事兼教育主委
29. 中華民國消費者文教基金會　房屋委員
30. 中華民國不動產仲介經紀公會全國聯合會　發起人
31. 不動產相關公會、協會、學會　顧問
32. 中華民國不動產經紀業營業保證基金委員會　基金委員
33. 中國台商投資經營協會　執行委員、監事
34. 中華知識經濟協會　監事會召集人
35. 中華兩岸暨國際不動產經貿交易促進會　理事
36. 中華民國土地估價學會　常務監事召集人
37. 崇德協會　顧問
38. 國立政治大學、國立台北科技大學、國立台北商業大學、國立中興大學、淡江大學、逢甲大學、輔仁大學、佛光大學、景文大學、中華工商研究所、中國生產力、中華徵信所、台南女子技術學院、榮民工程處、中華開發公司、金融人員訓練中心、台電教育訓練中心、農會、政府機關、上海房地產協會、四川大學、北京師範大學…不動產講座。

目 錄

增修版序

自序

曾文龍主任　著作及譯作

曾文龍主任　簡歷

第一篇　緒論

一、土地法規之意義　1

二、土地法之意義及目的　1

三、土地與土地問題、土地政策及土地行政之關係　2

四、土地法之立法九原則及沿革　2

五、土地法與憲法　3

六、土地法之特別法　5

七、土地法之關係法　6

八、土地之定義　6

九、土地之分類　7

十、土地改良物　10

十一、自耕之定義　11

十二、土地債券　11

●歷屆國家考題　13

第二篇　地權

一、土地所有權之歸屬　15

二、土地他項權利　15

三、私有土地所有權之取得　17

四、私有土地所有權之消滅　19

五、地權限制　20

六、外國人取得土地權利　23

七、公有土地　26

八、地權調整　30

九、共有土地之處理　33

十、補充資料　40

●歷屆國家考題　41

第三篇　地籍

一、地籍整理　48

二、地籍測量　50

三、土地登記　59

四、各國土地登記制度　68

五、土地、建物總登記　70

六、時效取得土地所有權之登記　72

七、土地權利變更登記　74

八、限制登記（保全登記）　78

九、塗銷登記　80

十、土地權利信託登記　81

●歷屆國家考題　83

第四篇　土地使用

一、土地使用　85

二、空地之使用管制　88

三、荒地之使用管制　90

四、農場之擴大經營　91

五、區域計畫　93

六、都市計畫　100

七、新市區之建設　111

八、舊市區之更新（都市更新）　112

九、房屋及基地租用　114

十、耕地租用　121

十一、山坡地之保育利用　128

十二、土地重劃　128

●歷屆國家考題　143

第五篇　土地稅

一、土地稅概述　145

二、規定地價　146

三、地價稅　154

四、漲價歸公之實施方法　167

五、土地增值稅　167

※實價登錄　183

※照價收買　197

●歷屆國家考題　205

第六篇　土地徵收

一、土地徵收　207

二、土地徵收之目的　208

三、土地徵收時應避免之地點及選擇徵收地區之原則　213

四、土地徵收之種類　213

五、土地徵收之程序　218

六、被徵收土地之收回權　231

七、徵收後土地之處理與優先購買　234

八、區段徵收之程序　235

九、撤銷徵收及廢止　248

十、徵收補償　253

十一、穿越私有土地之上空或地下之地上權取得　262

十二、徵用私有土地或土地改良物之規定　263

●歷屆國家考題　266

●比較性考題及答案　270

- ●感謝一次考上地政士第七名　276

附錄一

- ●土地稅法規精要
- 第一章　土地稅概說　279
- 第二章　地價稅　287
- 第三章　土地增值稅　307
- 第四章　房屋稅　341
- 第五章　契稅　353
- ●房地合一稅　364
- ●搬家具工人也能順利一次考上「不動產經紀人」感謝函　374

附錄二

- ●區域計劃法　375
- ●非都市土地使用管制規則　386
- ●都市計畫法　435

附錄三

- ●申論題答題與準備技巧　463
- ●改善近視，保養眼睛　464

- ●112年平均地權條例五大修法重點　465
- ●不動產經紀人最新國家考試試題　466
- ●地政士最新國家考試試題　494
- ●56歲一次考上26名！　500
- ●如果努力過，剩下一個月還是可以把握！　501
- ●地政士考試心得　504

專門職業及技術人員普通考試不動產經紀人考試命題大綱

中華民國105年7月27日考選部選專二字第1053301347號公告修正
（修正「土地法與土地相關稅法概要」科目命題大綱）

專業科目數	共計4科目
業務範圍及核心能力	一、辦理不動產買賣、互易、租賃之居間或代理業務。 二、受起造人或建築業之委託，負責企劃並代理銷售不動產之業務。

編號	科目名稱	命題大綱
一	民法概要	一、民法總則編及民法債編 (一)民法總則編 (二)民法債編 　1. 債之發生、標的、效力、移轉、消滅、多數債務人及債權人 　2. 買賣、互易、贈與、租賃、借貸、僱傭、委任、居間、合夥 二、民法物權編 　不動產所有權、共有、地上權、不動產役權、農育權、抵押權、典權、占有 三、民法親屬編及民法繼承編 (一)民法親屬編－夫妻財產制 (二)民法繼承編－遺產繼承
二	不動產估價概要	一、影響不動產價格之因素及原則 二、不動產價格、租金之評估方法及其運用要領
三	土地法與土地相關稅法概要	一、土地法（第一編總則、第二編地籍、第三編土地使用）、平均地權條例及其施行細則、土地徵收條例、非都市土地使用管制規則、區域計畫法、都市計畫法（第一章總則、第二章都市計畫之擬定、變更、發布及實施、第三章土地使用分區管制、第四章公共設施用地） 二、土地稅法及其施行細則、契稅條例、房屋稅條例、所得稅法及其施行細則（不動產交易部分）
四	不動產經紀相關法規概要	一、不動產經紀業管理條例及其施行細則，並包括不動產說明書及相關契約書之應記載及不得記載事項 二、公平交易法 三、消費者保護法 四、公寓大廈管理條例
備註		表列各應試科目命題大綱為考試命題範圍之例示，惟實際試題並不完全以此為限，仍可命擬相關之綜合性試題。

專門職業及技術人員普通考試地政士考試命題大綱

中華民國106年2月14日考選部選專五字第1060000563號公告修正
（修正「民法概要與信託法概要」科目命題大綱）

專業科目數	共計4科目
業務範圍及核心能力	一、代理申請土地登記與土地測量事項。 二、代理申請與土地登記有關之稅務與公證、認證事項。 三、代理申請土地法規規定之提存事項。 四、代理撰擬不動產契約或協議與簽證事項。

編號	科目名稱	命題大綱
一	民法概要與信託法概要	一、民法總則、債編、信託法 (一)民法總則 (二)民法債編 　1.債之發生、標的、效力、多數債務人及債權人、移轉、消滅 　2.買賣、互易、贈與、租賃、借貸、僱傭、承攬、委任、居間、合夥 (三)信託法 二、民法物權編 三、民法親屬、繼承編 (一)民法親屬編-夫妻財產制、父母子女、監護、親屬會議 (二)民法繼承編
二	土地法規	一、土地法及其施行法 二、平均地權條例及其施行細則 三、土地徵收條例及其施行細則 四、地政士法及其施行細則
三	土地登記實務	一、土地登記規則、土地登記之申辦與作業程序 二、地籍測量實施規則中第三編土地複丈 三、地籍測量實施規則中第四編建築改良物測量 四、土地測量之申辦與作業程序
四	土地稅法規	一、土地稅法及其施行細則 二、遺產及贈與稅法及其施行細則 三、契稅條例與房屋稅條例 四、稅捐稽徵法及其施行細則 五、工程受益費徵收條例 六、所得稅法及其施行細則(不動產交易部分)。
備註		表列各應試科目命題大綱為考試命題範圍之例示，惟實際試題並不完全以此為限，仍可命擬相關之綜合性試題。

第一篇　緒論

一、土地法規之意義

　　土地法規乃指土地的法律及規章，亦即除了立法院所制定的法律，各機關所發佈的命令，具有法律條文式的規章，亦包含在內。

　　法律得定名為法、律、條例、或通則（中央法規標準法第二條）。

　　各機關發佈之**命令**，得依其性質，稱規程、規則、細則、辦法、綱要、標準或準則（中央法規標準法第三條）。

　　政府機關為解決國家社會所產生之**土地問題**，以實現**土地政策**，並以之作為**土地行政**之依據，乃制定有關之法律及規章，是為**土地法規**。

二、土地法之意義及目的

　　土地法者，乃規範土地關係之法律也。土地因受地方肥瘠、位置優劣與不可增加、不可移動……等特性之限制，不能供人們予取予求，為了在有限空間土地內加以合

理的分配及利用,以達**地盡其利**、**地利共享**,乃依土地政策指導原則,制定各種法規,以解決土地問題,故土地法不但為實施土地政策之動力,亦為人民對土地行使權利與義務之依據。

三、土地與土地問題、土地政策及土地行政之關係

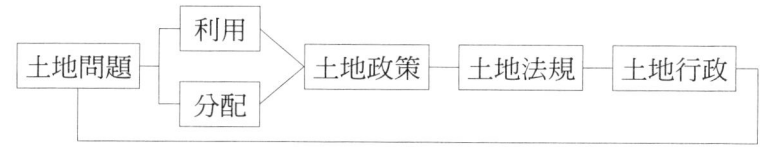

為解決土地之「利用」及「分配」問題,乃有「土地政策」之產生,惟「政策」尚不能做為執行之依據;因此,有關部門乃依政策之指導原則,制定各種「土地法規」,以做為「土地行政」工作執行之準則(土地問題──土地政策──土地法規──土地行政)。

四、土地法之立法九原則及沿革

民國十七年十二月立法院長胡漢民、副院長林森草擬「土地法原則」九項,於十八年一月函送立法院,以為制定土地法之依據。其前言曰:「國家整理土地之目的,在使地盡其利,並使人民有平均享受使用土地之權利。總理

之主張平均地權，其精意蓋在乎此。欲求此主張之實現，必要防止私人壟斷土地，以謀不當得利之企圖；並須設法使土地本身非因施以資本或勞力改良結果所得之增益，歸為公有。為求此目的之唯一最有效手段，厥為按照地值徵稅及徵收土地增益稅之辦法。」

九項原則，摘記如下：
1. 徵收土地稅，以地值為根據。
2. 土地稅率，採漸進辦法。
3. 對於不勞而獲之土地增益，行累進稅。
4. 土地改良物應輕稅。
5. 政府收用私有土地之辦法。
6. 免稅土地（政府機關及地方公有之土地，不以營利為目的者，經政府許可後，得免繳地稅）。
7. 以增加地稅或佔高地值方法，促進土地之改良。
8. 設立各級政府掌管土地之機關。
9. 土地所有權移轉，須經政府許可。

土地法於民國十九年六月三十日由國民政府公布，共分為五編，即第一編總則、第二編地籍、第三編土地使用、第四編土地稅、第五編土地徵收。

五、土地法與憲法

憲法於民國三十六年一月一日公布，同年十二月十五日施行。

土地法之施行遠比憲法還早，兩者皆本於國父 孫中山先生遺教「平均地權」為依據，憲法關於土地方面有許多原則性之規定，茲歸納如下：

(一) **國民經濟之基本原則（憲法第一百四十二條）**：國民經濟應以民生主義為基本原則，實施平均地權，節制資本，以謀國民民生之均足。

(二) **土地所有權（憲法第一百四十三條）**：
1. 中華民國領土內之土地屬於國民全體。人民依法取得之土地所有權，應受法律之保障與限制。
2. 附著於土地之礦及經濟上可供公眾利用之天然力，屬於國家所有，不因人民取得土地所有權而受影響。

(三) **土地稅（憲法第一百四十三條）**：
1. 私有土地應照價納稅。
2. 土地價值非因施以勞力資本而增加者，應由國家徵收土地增值稅，歸人民共享之。

(四) **照價收買（憲法第一百四十三條）**：私有土地應照價納稅，政府並得照價收買。

(五) **土地分配與整理（憲法第一百四十三條）**：國家對於土地分配與整理，應以扶植自耕農及自行使用土地人為原則，並規定其適當經營之面積。

(六) **土地使用（憲法第一百四十六條）**：國家應運用科學技術，以興修水利，增進地方，改善農業環境，規劃土地利用，開發農業資源，促成農業之工業

化。

六、土地法之特別法

1. **耕地三七五減租條例**：旨在減輕佃農地租負擔與保障佃農耕作權利。

2. **平均地權條例**：平均地權為我國基本國策，政府早於民國四十三年間即實施「都市平均地權」，嗣以實施過程中發生若干缺點與問題，成效未如理想，乃於先後四次修正後，將其實施範圍由都市擴至全面，而於民國六十六年修正為「平均地權條例」，使本條例成為臺灣地區現行土地法令之重心。

3. **都市計劃法**：為促進都市土地利用，改善居民生活環境，並促進市、鎮鄉街有計畫之均衡發展而制定之法律。

4. **區域計畫法**：為促進土地及天然資源之保育利用，人口及產業活動之合理分布，以加速並健全經濟發展，改善生活環境，增進公共福利而制定，以配合因都市迅速發展而受侵入之不同行政區能維持密切之關係，避免個別都市計畫間產生不協調與衝突。

5. **國民住宅條例**：為統籌興建及管理國民住宅以安定國民生活及增進社會福祉而制定。

6. **農地重劃條例**：為調整農場結構型態、改善農業生產環境，以增進農地利用、促進農業現代化之法律。

七、土地法之關係法

1. **農業發展條例**：為加速農業發展、促進農業產銷、增加農民所得、提高農民生活水準而制定之條例。

2. **山坡地保育利用條例**：為「標高在一百公尺以上及標高未滿一百公尺而其平均坡度在百分之五以上之公私有山坡地」做經濟有效之開發而制定之法律。

3. **國有財產法**：為關於國有土地及其改良物暨天然資源之取得、使用、收益、管理及處分之法律。

註：法律之適用原則「特別法優於普通法」,「後法優於前法」,「新法優於舊法」,「特別法排除一般規定」。

八、土地之定義

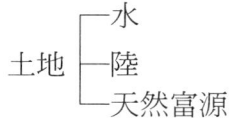

一般所謂土地,乃指地球表面之陸地。(狹義之土地)

但土地法則對土地採取最廣義之定義。

土地法第一條規定,本法所稱土地,謂水陸及天然富源。亦即水地、陸地、空氣、陽光、熱能等天然資源皆包

括在內，與近代經濟學者的主張相同。

土地法第三十七條規定，「土地登記，謂土地及建築改良物之所有權與他項權利之登記。」因此，土地又包括建築物在內。

九、土地之分類

㈠**依「使用性質」而分**：土地法第二條規定，土地依其使用分為四類：

1. 第一類：**建築用地**，如：住宅、官署、機關、學校、工廠、倉庫、公園、娛樂場、會所、祠廟、教堂、城堞、軍營、砲臺、船埠、碼頭、飛機基地、墳場等屬之。

2. 第二類：**直接生產用地**，如：農地、林地、漁地、牧地、狩獵地、礦地、鹽地、水源地、池塘等屬之。

3. 第三類：**交通水利用地**，如：道路、溝渠、水道、湖泊、港灣、海岸、堤堰等屬之。

4. 第四類：**其他土地**，如：沙漠、雪山等屬之。

前項各類土地得再分目。

上述各類土地除第三類及第四類土地，應免予編號登記外，第一類及第二類土地，應依規定予以編號登記。（土地法第四十一條）

補充資料

　　地目：乃依土地法中土地使用分類再予細分之使用類別，如土地登記簿標示部所載之田、旱……等使用類別。臺灣地區沿用日據時期之舊制，將之分為廿一地目，計有建築用地——建、雜、祠、鐵、公墓；直接生產用地——田、旱、林、養、牧、礦、鹽、池；交通水利用地——線、道、水、溜、溝、堤；其他土地——沙漠、雪山、原。

地類與地目之對照表

土地類別	地目	說　　明
建築用地	建	房屋及附屬之庭院均屬之。
	雜	自來水用地、運動場、紀念碑、練兵場、射擊場、飛機場、砲臺等用地、及其他不屬於各地目之土地均屬之。
	祠	祠庵、寺院、佛堂、神社、教務所及說教所等均屬之。但兼用住宅者不在此限。
	鐵	車站、車庫、貨物庫等及在車站內之站長、車長之宿舍均屬之。
	公	公園用地。
	墓	墳墓用地。

土地類別	地目	說明
直接生產用地	田	水田用地。
	旱	旱田用地。
	林	林地、林山均屬之。
	養	魚池。
	牧	畜牧用地。
	礦	礦泉地、但限於湧泉口及其維持上必要之區域。
	鹽	製鹽用地。
	池	池塘。
交通水利用地	道	公路、街道、街巷、村道、小徑等公用或共用之輕便鐵道線路均屬之。
	線	鐵道路線用地。
	水	埤圳用地。
	溜	灌溉用之塘湖、沼澤。
	溝	一切溝渠及運河屬之。
	堤	堤防用地。
其他用地	原	荒蕪未經利用及已墾復荒之土地均屬之。

(二)**依土地「權屬」而分**：可分為私有土地與公有土地（國有、直轄市、縣市有、鄉鎮有）二種。

1. 公有土地

依土地法第四條規定，公有土地，可分為國有土地、

直轄市有土地、縣（市）有土地及鄉（鎮）有土地四種。此外，依土地法第十條第二項規定，私有土地之所有權消滅者，為國有土地。

  2. 私有土地

　　係指土地所有權屬於私人者，故凡經人民依法取得所有權者，為私有土地（土地法第十條）。故私有土地，包括自然人與私法人所有之土地。

(三)**按都市計畫實施範圍分類**

  1. 都市土地：指依法發布都市計畫範圍內之土地。
  2. 非都市土地，指都市土地以外之土地。（平均地權條例第三條）

十、土地改良物

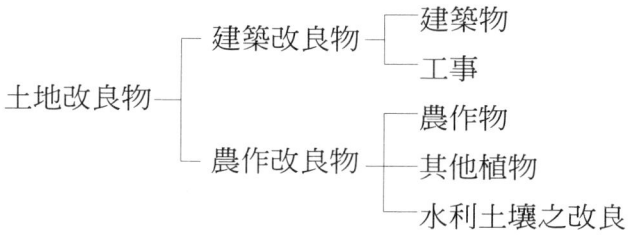

(一)**意義**

　　凡以促進土地改良為目的，投施勞力、資本、所為附著於土地之一切建築物、工事，農作物及水利土壤之改良，足以提高土地使用價值，為土地改良物。

㈡**種類**：依土地法第五條規定如下：
1. 建築改良物——附著於土地之建築物或工事，為建築改良物，例如房屋、橋樑、牆垣、鐵路、廣播塔、游泳池等。
2. 農作改良物——附著於土地之農作物及其他植物與水利土壤之改良，為農作改良物。例如水稻、蔬菜、水果、花卉；防洪、灌溉、排水等水利工程及鬆土整地、施用肥料、水土保持等。

十一、自耕之定義

土地法第六條：「本法所稱自耕，係指自任耕作者而言。其為維持一家生活，直接經營耕作者，以自耕論。」

十二、土地債券

所稱土地債券，為土地銀行依法所發行之債券（土7）。其搭發時機為：

㈠**為限制私有土地面積，實施徵收時**
私有土地受前條規定限制時，由該管直轄市或縣（市）政府規定辦法，限令於一定期間內，將額外土地分割出賣。不依前項規定分割出賣者，該管直轄市或縣（市）政府得依本法徵收之。前項徵收之補償地價，得斟酌情形搭給土地債券（土29）。

(二)為國家經濟政策,實施徵收時

徵收土地應補償之地價及其他補償費,應於公告期滿後十五日內發給之。但因實施國家經濟政策或舉辦第二百零八條第一款、第二款或第四款事業徵收土地,得呈准行政院以土地債券搭發補償之(土233)。

歷屆國家考題

❶ 試述土地立法之目的及所採之手段?【80土地代書】

❷ 試述「土地法」及「平均地權條例」內下列用辭之定義:【83土地代書】
(1)土地改良物
(2)土地債券
(3)都市土地
(4)空地
(5)農業用地

❸ 試述土地法的立法原則。【88北碩、92北碩】

❹ 我國土地法第二條對土地分類已定有明文,其內容為何?有何缺失?那些土地應免予編號登記?所持理由為何?【89普】

❺ 依土地法第5條第2項規定:「附著於土地之建築物或工事,為建築改良物」,又同法第37條第1項規定:「土地登記,謂土地及建築改良物之所有權與他項權利之登記。」就登記標的物而言,所稱之建築改良物內涵是否相同?試申論之。【111地政士普】

第二篇　地權

一、土地所有權之歸屬

　　所有權者,依民法第七百六十五條規定,乃所有人於法令限制範圍內,得自由使用、收益、處分其所有物,並排除他人干涉之權利也。依土地法第十條第一項規定:「中華民國領域內之土地,屬中華民國人民全體。其經人民依法取得所有權者,為私有土地。」此一規定,乃將土地所有權之主體,由國家與私人共同享有,而建立一公、私有並存之制度,並在觀念上表明:

　　㈠**國家**——享有土地之**上級所有權**(最高所有權或支配管理權,如:為公益需要而徵收私有土地)。

　　㈡**私人**——**下級所有權**之享有,如:其經人民依法取得所有權者為私有土地。

二、土地他項權利

　　土地他項權利為土地所有權以外之其他不動產物權,包括有下列幾種:

　　㈠**地上權**

1. 普通地上權：稱普通地上權者，謂以在他人土地之上下有建築物或其他工作物為目的而使用其土地之權。（民法第八百三十二條）

2. 區分地上權：稱區分地上權者，謂以在他人土地上下之一定空間範圍內設定之地上權。（民法第八百四十一條之一）

(二)**農育權**

稱農育權者，謂在他人土地為農作、森林、養殖、畜牧、種植竹木或保育之權。農育權之期限，不得逾二十年；逾二十年者，縮短為二十年。但以造林、保育為目的或法令另有規定者，不在此限。（民法第八百五十條之一）

(三)**不動產役權**

稱不動產役權者，謂以他人不動產供自己不動產通行、汲水、採光、眺望、電信或其他以特定便宜之用為目的之權。（民法第八百五十一條）

(四)**典權**

稱典權者，謂支付典價在他人之不動產為使用、收益，於他人不回贖時，取得該不動產所有權之權。（民法九百一十一條）。

(五)**抵押權**

稱普通抵押權者，謂債權人對於債務人或第三人不移轉占有而供其債權擔保之不動產，得就該不動產賣得價金優先受償之權。（民法八百六十條）

(六)**耕作權**

公有荒地承墾人,自墾竣之日起,無償取得所領墾地耕作之權也(土地法一百三十三條)。耕作權為土地法特別創設之土地他項權利,論其性質乃屬「準物權」。

何謂「土地他項權利」?(25分)

三、私有土地所有權之取得

私有土地所有權取得之法律依據,主要為民法及土地法。

(一)依民法規定而取得者

1. **原始取得**:此類所有權之取得,謂非基於他人既存權利之移轉,而獨立取得該土地之所有權。此種情形,大多由於法律規定之事實而生,有因時效而取得(民法七百六十九條、七百七十條),因附合而取得(民法八百一十一條),因除斥期間而取得等(民法九百二十三、九百二十四條)。

2. **繼受取得**:此類所有權之取得,謂非為取得人之獨立取得,而係基於他人既存權利之讓與以取得該土地之所有權。此種情形,由於當事人之法律行為而生者,如買賣、互易、贈與等,亦有由於法律規定之事實而生者,如

繼承、強制執行、法院判決等。

(二)依土地法規定而取得者

1.原始取得

(1)因岸地回復原狀之取得：土地法第十二條規定：「私有土地因天然變遷成為湖澤或可通運之水道時，其所有權視為消滅。前項土地回復原狀時，經原所有人證明為其原有者，仍回復其所有權。」（因天然變遷成為湖澤或水道之土地回復原狀時，原所有權人因而取得之所有權，係基於法令規定原始取得，非本於所有權衍生之回復請求權之行使所致，從而原所有權之繼承人，自無從於土地回復原狀時，主張回復其所有權——行政院74.6.10台七十四內字第五四二號函釋）。

(2)因岸地自然增加與接連地附合之優先取得：土地法第十三條規定：「湖澤及可通運之水道及岸地，如因水流變遷而自然增加時，其接連地之所有權人，有優先依法取得其所有權或使用受益之權。」

(3)需用土地人依法請求國家行使土地徵收權，經國家徵收私有土地後，而取得其土地所有權。

2.繼受取得

(1)承領自耕用土地：承領政府因創設自耕農場或扶植自耕農放領之自耕用公有土地。

(2)承墾公有荒地，繼續耕作滿十年之取得所有權。

四、私有土地所有權之消滅

(一) 依民法或其他法律之規定而消滅者

1. 因所有人拋棄而消滅（民法第七六四條）
2. 因無人繼承而消滅（民法第一一八五條）
3. 因沒收而消滅：如所有權人因觸犯刑事特別法，經依法科以沒收財產者。

(二) 依土地法之規定而消滅者

1. 標的物滅失：私有土地因天然變遷成為湖澤或可通運之水道時，其所有權視為消滅。（土地法第十二條第一項）。
2. 因徵收或照價收買而消滅。
3. 土地總登記逾期無人申請或雖經申請而未補繳證明文件，被視為無主地，公告期滿，無人提出異議即為國有土地登記。（土地法第五十七條）
4. 依土地法第六十三條測量所得面積，超過法定誤差面積之土地。

土地法第10條第1項規定：「中華民國領域之土地……，其經人民依法取得所有權者，為私有土地。」一般教學上，將此一法條所定私有土地所有權之取得，分為原始取得與繼受取得二種。試申述其原始取得之原因。（25分）（95年地政士）

五、地權限制（Restriction on Land Rights）

(一)私有土地權利之限制

1.私有土地所有權「取得」之限制

⑴不得為私有之土地──

土地法第十四條規定，下列土地不得為私有：

①海岸一定限度內之土地。

②天然形成之湖澤而為公共需要者，及其沿岸一定限度內之土地。

③可通運之水道及其沿岸一定限度內之土地。

④城鎮區域內水道湖澤及其沿岸一定限度內之土地。

⑤公共交通道路。

⑥礦泉地。

⑦瀑布地。

⑧公共需用之水源地。

⑨名勝古蹟。

⑩其他法律禁止私有之土地。

前項土地已成為私有者，得依法徵收之。

第一項第九款名勝古蹟，如日據時期原屬私有，臺灣光復後登記為公有，依法得贈與移轉為私有者，不在此限。

●所謂「一定限度內之土地」，依土地法施行法第五條規定，乃由該管直轄市或縣（市）地政機關會同水利主

內政部修法

海岸限度內土地 不得私有

台塑能否購入麥寮六輕專用碼頭　須看是否在「一定限度內」或可以租用、設定地上權方式代之

【記者李煌華／台北報導】內政部昨日指出，由於企業私有的問題涉及內政部公告之「海岸一定限度內土地法」第十四條的規定，主要原因是維持台灣公有土地精神，應行配合台灣土地法第十四條列為第一項第五款「水道沿海一定限度內之土地不得私有」名列第一項之考量的規定。由當地縣政府機關會同水利等機關行會同勘定。

由於國防安全、交通、水利事業及其他公共目的需要，經行政院核定者，雖得由中央主管機關報請行政院核定後，由當地縣（市）政府認為海岸近海公共土地均為台灣各縣市之土地，地政機關應認為應仍維持不得私有的原則，即果台塑企業升級條例中，租用、促進產業升級條例第十條規定相關的規定，仍可辦理申請低利貸款土地法規定不得私有土地上權限定相關規定，即使台塑海港碼頭及其地政機關同意受讓或不得有私有。土地法施行細則第十四條之規定：設定地上權不得違反私有土地之規定，是以購買若有土地法令關係相關規定，仍得由其縣（市）政府同意公告，法令規定應由當地縣（市）政府同意公告，由地方政府依法同意，地政機關依照土地法及其他有關法令辦理。

過去以進行範圍，過去合理的方式，雖「租用」過一般法令夠強，但雖無元張利用土地的方案，但雖需由地方政府以「租用」的方式，即表示地政機關已認定表示雖需地方政府仍有同時，即使台塑海港碼頭私有權利在當地政府機關同意下表示，即表示地方機關同意，即表示地方機關同意，即表示地方機關。

不過不可以強由企業私有，可改成為私有基於國防安全、水利、交通等的考量，認為應仍應維持不得私有是公共土地不得私有的原則，主要原因其理由係地認為不得私有土地法第十四條的規定，雖然合令的規定，需由地方政府認為海岸近海公共土地均為台灣各縣市之土地，地政機關應認為應仍維持不得私有的原則，即果台塑企業升級條例中，租用、促進產業升級條例第十條規定相關的規定，仍可辦理申請低利貸款土地法規定不得私有土地上權限定相關規定，即使台塑海港碼頭及其地政機關同意受讓或不得有私有。土地法施行細則第十四條之規定：設定地上權不得違反私有土地之規定，是以購買若有土地法令關係相關規定，仍得由其縣（市）政府同意公告，法令規定應由當地縣（市）政府同意公告，由地方政府依法同意，地政機關依照土地法及其他有關法令辦理。

管機關劃定之。行政院並於民國五十五年令海岸一定限度之劃定，如涉及軍事保安航運港務或其他業務，由該市縣地政及水利主管單位，邀同其他有關機關或主管單位辦理之。（內字第四七七五號）

(2)**地下之礦不得私有**──土地法第十五條：附著於土地之礦，不因土地所有權之取得而成為私有。

2. 私有土地所有權「處分」之限制

(1)妨害基本國策者之制止──

土地法第十六條規定：私有土地所有權之移轉、設定負擔或租賃，妨害基本國策者，中央地政機關得報請行政院制止之。

(2)直接生產用地及國防設備用地之禁止：

土地法第十七條規定，下列土地不得移轉、設定負擔或租賃於外國人：

①**林**地。

②**漁**地。

③**狩獵**地。

④**鹽**地。

⑤**礦**地。

⑥**水源**地。

⑦**要**塞軍備區域及領域邊境之土地。

(二)外國人取得土地權利之條件、限制及程序

1. 基本條件：平等互惠為原則。

土地法第十八條規定：外國人在中華民國取得或設定土地權利，以依條約或其本國法律，中華民國人民得在該國享受同樣權利者為限。

2. 限制：（含租、買）

⑴**關於土地「種類」之限制**——

林地、漁地、狩獵地、鹽地、礦地、水源地、要塞軍備區域及領域邊境之土地，均不得移轉、設定負擔及租賃於外國人。（土地法第十七條）

⑵**關於土地「用途」之限制**——

外國人租賃或購買土地以下列用途之一為限：

①住宅。②營業處所、辦公場所、商店及工廠。③教堂。④醫院。⑤外僑子弟學校。⑥使領館及公益團體之會所。⑦墳場。⑧有助於國內重大建設、整體經濟或農牧經營之投資，並經中央目的事業主管機關核准者。

前項第八款所需土地之申請程序、應備文件、審核方式及其他應遵行事項之辦法，由行政院定之。（土地法第十九條）

⑶**關於土地「面積」及「地點」之限制**——外國人租賃或購買土地，其面積及所在地點，應受該管直轄市或縣（市）政府依法所定之限制。（土地法第十九條）

3.程序（含租、買）

㈠外國人取得土地，應檢附相關文件，申請該管直轄市或縣（市）政府核准；土地有變更用途或為繼承以外之移轉時，亦同。其依前條第一項第八款取得者，並應先經中央目的事業主管機關同意。

㈡直轄市或縣（市）政府為前項之准駁，應於受理後十四日內為之，並於核准後報請中央地政機關備查。

㈢外國人依前條第一項第八款規定取得土地，應依核定期限及用途使用，因故未能依核定期限使用者，應敘明原因向中央目的事業主管機關**申請展期**；其未依核定期限及用途使用者，由直轄市或縣（市）政府通知土地所有權人於通知送達後**三年內出售**。逾期未出售者，得**逕為標售**，所得價款發還土地所有權人；其土地上有改良物者，得併同標售。

㈣前項標售之處理程序、價款計算、異議處理及其他應遵行事項之辦法，由中央地政機關定之。

外國人投資國內重大建設需要取得土地時，其程序如何處理？若未能依核定期限使用時，應如何處理？（90土地代書）

(三)外國人租買土地之權利與義務

土地法第二十四條：外國人租賃或購買之土地，經登記後，依法令之所定，享受權利，負擔義務。

近年來國人因移民而變成「外國人」者頗多，有些人更因在國內仍留有土地資產而甚感不安，因此，特將有關規定附述如下：

依據「外國人在我國取得土地權利作業要點」規定，本國人在喪失國籍前，原在國內依法取得之土地或建物權利，不因喪失國籍而受影響。但屬於土地法第十七條所列之土地，應依國籍法第十四條之規定，於喪失國籍一年內，將該土地權利讓與本國人。

試依土地法規定說明外國人於我國取得土地權利之限制。（90年普考）

試依土地法之規定，說明外國人取得土地權利之限制內容。（97年經紀人）

六、公有土地（Public Land）

(一)公有土地之範圍與種類

凡各級政府所有之土地、尚未為私人取得之土地或私有土地所有權消滅者，謂之公有土地。依土地法第四條規定，所稱**公有土地為國有土地**（National land）、**直轄市有土地、縣（市）有土地或鄉（鎮、市）有土地**。惟下列土地，皆明定為國有土地。

1. 私有土地之所有權消滅者，為國有土地（土地法第十條第二項）。
2. 辦理土地總登記時，逾登記期限無人聲請登記之土地，或經聲請而逾限未補繳證明文件者，視為無主土地；經該管直轄市或縣（市）地政機關公告期滿無人提出異議者，即為國有土地之登記（土地法第五十七條）。
3. 無保管或使用機關之公有土地及因地籍整理而發現之公有土地，由該管直轄市或縣（市）地政機關逕為登記，其所有權人欄註明為國有（土地法第五十三條）。
4. 土地法第十三條所規定之湖澤、可通運之水道及岸地因水流變遷自然增加之土地，與同法第十四條所舉不得私有之土地。

(二)公有土地之管理機關

公有土地之管理機關，土地法中並無明文規定；依國

有財產法及各級政府財產管理規則規定，略歸如下：

> 現行土地法將公有土地按權屬別，區分為那幾種？直轄市或縣市政府應經過何種程序，始得處分其所管公有土地？平均地權條例對該程序有何排除適用之規定？（90土登）

1.國有土地

國有土地區分為公用土地（包括公務用、公共用、及事業用三種）與非公用土地兩類。公用土地以各直接使用機關為管理機關，直接管理之；非公用土地以財政部國有財產局為管理機關，承財政部之命，直接管理之，財政部並得視實際需要，委託地方政府或適當機關代為管理或經營（參照國有財產法第四、十一、十二、十三條）。

2. **直轄市有土地**：直轄市有土地，由直轄市政府管理。
3. **縣市有土地**：縣市有土地，由縣市政府管理。
4. **鄉鎮有土地**：鄉鎮有土地，由鄉鎮公所管理。

> 何謂公有地，公有地之處分方式為何？（92普）

(三)公有土地之處分、設定負擔與租賃

土地法為防止各級行政機關任意處分公有土地，損害

國家利益,而於第二十五條規定:「直轄市或縣(市)政府對於其所管公有土地,**非經該管區內民意機關同意,並經行政院核准,不得處分或設定負擔或為超過十年期間之租賃。**」

至於國有土地之處分,依國有財產法第二十八條規定:「主管機關或管理機關對於公用財產不得為任何處分或擅為收益。但其收益不違背其事業目的或原定用途者,不在此限。」如為非公用財產類不動產,且無預定用途者,得由國有財產局辦理標售或依法辦理讓售。

(四) 公有土地之撥用 (Public Land Appropriation)

「撥用」為各級政府機關需用「公有土地」之取得方式,如屬「私有土地」則依法辦理「徵收」。依土地法第廿六條規定:「各級政府機關需用公有土地時,應商同該管直轄市或縣(市)政府層請行政院核准撥用。」公地撥用係使用權之讓與非「處分」,故無須民意機關同意。

公有出租耕地撥用之補償承租人:依平均地權條例第十一條規定,公有出租耕地依法撥用時,除由政府補償承租人為改良土地所支付之費用,及尚未收穫之農作改良物外,並應由土地所有權人,以所得之補償地價,扣除土地增值稅後餘額之三分之一,補償耕地承租人。另依該條例施行細則第九條規定,其補償標準為「按核准撥用當期公告土地現值之三分之一補償承租人」。

(五) 公有土地之收益

土地法第二十七條規定,「直轄市或縣（市）政府應將該管公有土地之收益,列入各該政府預算。」本條規定衹適用於直轄市或縣（市）有土地,至於國有及鄉鎮有土地之收益如何處理,則付闕如。按國有財產法第七條之規定,國有土地之收益及處分,依預算程序為之,其收入應解國庫。如屬事業用之公用土地,在使用期間或變更為非公用財產,而為收益或處分時,均依公營事業有關規定程序辦理。

(六) 公有耕地之放領

台灣地區於民國三十六年辦理公地放租後,政府為進一步實施扶植自耕農政策,乃決定「改放租為放領」,將公有出租耕地之所有權放領與佃農、雇農,以為耕者有其田開先河。公地放領實施九期後,因行政院第一四九三次院會決定:「今後公地不宜再辦放領,而應依照公地公用原則,優先用於公共造產或興建國民住宅……」

因此,內政部乃以65.9.24台內地字第六九四一一五號函規定,公地放領工作自民國六十六年起一律停止辦理。惟嗣後行政院頒定之公有土地經營及處理原則第八項規定公有土地以不放領為原則。但在民國65年以前,已有租賃關係之非都市化地區公有宜農、牧、林山坡地,在不影響水源涵養、國土保安及環境保復原則下,得視實際情況按

公告土地現值依規定辦理放領。

七、地權調整

　　地權調整，乃調整私有土地權利之分配關係也。平均地權理想下之土地分配，在於排除壟斷、杜絕獨佔，而使地權公開、地利共享。因此，本章的主要內容有：一、限制私有土地面積最高額，以防土地集中在少數人手中；二、規定土地最小面積單位，禁止再分割，以保土地之使用價值，並防止被人兼併；三、改善共有土地之處分，以解決共同所有權之困擾，並促進土地之利用；四、扶植自耕農，以實現耕者有其田。

(一)私有土地面積最高額之限制

　　1. 土地法第廿八條規定：「直轄市或縣市政府對於私有土地，得斟酌地方情形，按土地種類及性質，分別限制個人或團體所有土地面積之最高額。」上述規定因未有具體標準，因之同法施行法第七條乃補充規定：「依土地法第二十八條限制土地面積最高額之標準，應分別宅地、農地、興辦事業等用地，宅地以**十畝**為限，農地以其純收益足供一家十口之生活為限，興辦事業用地視其事業規模之

> 依土地法與平均地權條例之規定，說明限制私有土地面積最高額之標準。（87土登、89北碩、90土登）

大小定其限制。」

  2. 平均地權條例第七十一條規定：「直轄縣（市）政府對於尚未建築之私有建築用地，應限制土地所有權人所有面積之最高額。前項所有面積之最高額，以**十公畝**為限。但工業用地、學校用地及經政府核准之大規模建築用地，應視其實際需要分別訂定之。計算尚未建築土地面積最高額時，對於因法令限制不能建築之土地，應予扣除。」

  前述之規定，因土地法不夠具體、實際，而平均地權條例又僅適用於「尚未建築之私有建地」。因此，除法令尚待補強外，並須在實施前辦理地籍總歸戶，方易奏效。

  註：1公頃＝100公畝＝10,000平方公尺＝3025坪。

  1坪＝3.3058平方公尺，10（市）畝＝66.67公畝＝2016.67坪。

(二) 私有超過限額土地之處理

  1. 土地法第廿九條規定：私有土地面積超過最高額之限制時，由該管直轄市或縣（市）政府規定辦法，限令於一定期間內，將額外土地**分割出賣**。不依前項規定分割出賣者，該管直轄市或縣（市）政府得依本法徵收之。前項

> 依現行法律規定，有關私有土地面積最高額之限制為何？如有超額土地，究應如何處置？其合理性為何？（91土登）

徵收之補償地價得斟酌情形，搭給**土地債券**。

2. **平均地權條例第七十二條規定**：私有超額土地，直轄市或縣（市）政府應通知土地所有權人於**二年**內出售或建築使用；逾期未出售或未建築使用者，得予**照價收買**，整理後出售與需用土地人建築使用。但在建設發展較緩之地段，不在此限。所稱**建設發展較緩地段**，係指「公共設施尚未完竣地區」（指道路、自來水、排水系統、電力等四項尚未建設完竣而言）或依法不得核發建造執照之地區。都市計劃法第十七條規定：細部計劃公布後最多五年完成公共設施。

（三）**土地最小面積單位分割之禁止**

1. 土地法第卅一條規定：直轄市或縣（市）地政機關於其管轄區內之土地，得斟酌地方經濟情形，依其性質及使用之種類，為最小面積單位之規定，並禁止其再分割。

2. 農業發展條例第十六條

為防止耕地細分，依農業發展條例第十六條規定：「每宗耕地分割後每人所有面積未達0.25公頃者，不得分割。但有下列情形之一者，不在此限：

一、因購置毗鄰耕地而與其耕地合併者，得為分割合併；同一所有權人之二宗以上毗鄰耕地，土地宗數未增加

現行土地法規對於土地最小面積分割之限制為何？（92土登）

者，得為分割合併。

二、部分依法變更為非耕地使用者，其依法變更部分及共有分管之未變更部分，得為分割。

三、本條例中華民國八十九年一月四日修正施行後所繼承之耕地，得分割為單獨所有。

四、本條例中華民國八十九年一月四日修正施行前之共有耕地，得分割為單獨所有。

五、耕地三七五租約，租佃雙方協議以分割方式終止租約者，得分割為租佃雙方單獨所有。

六、非農地重劃地區，變更為農水路使用者。

七、其他因執行土地政策、農業政策或配合國家重大建設之需要，經中央主管機關專案核准者，得為分割。」

前項第三款及第四款所定共有耕地，辦理分割為單獨所有者，應先取得共有人之協議或法院確定判決，其分割後之宗數，不得超過共有人人數。

(四) 共有土地之處理

為排除民法有關共有土地處理之規定所生之障礙，乃於六十四年修正土地法時，增設第卅四條之一以解決共有土地問題處理之死角（如民法八百一十九條第二項規定，「共有土地之處分、變更及設定負擔，應得共有人全體之同意」──如此則易形成「人數眾多，意見不一」、「以小吃大」、「共有人行蹤不明，無從連繫」……等現象，不但影響土地利用及社會和諧，而且也造成地籍管理與稅

捐稽征之困擾）。

> 共有土地之共有人行使優先購買權時應具備之要件如何？此一優先購買權與基地承租人之優先購買權發生競合時何者優先？理由為何？（88北碩、92北碩）

土地法第卅四條之一有關共有土地之處理

1. **共有土地多數同意之處分**：共有土地或建築改良物，其處分、變更及設定地上權、農育權、不動產役權或典權，應以共有人「過半數」及其應有部份合計「**過半數**」**之同意行之**（本項所稱「處分」包括買賣、交換、共有地上建屋及建物拆除等法律上與事實上之處分。但不包括贈與等無償之處分、信託行為及共有物分割──土地法第三十四條之一執行要點）。但其應有部分**合計逾三分之二者**，其人數不予計算。

2. **他共有人之通知或公告**：共有人依前項規定之處分、變更，或設定負擔時，應事先以**書面**通知他共有人，其不能以書面通知者，應**公告**之……。倘共有人未履行此項通知義務，僅生應否負損害賠償責任之問題，對於處分土地或建物之效力，尚無影響（最高法院六十八台上字第二八五七號判例）。

3. **他共有人權益之保護**：第一項共有人，對於他共有人應得之對價或補償，**負連帶清償責任**，於為權利變更登

記時，並應提出他共有人已為受領或為其提存之證明（無對價或補償者，應於契約書敘明事由，並註明「如有不實，共有人願負法律責任──土地法第卅四條之一執行要點）。其因而取得不動產物權者（如土地交換），應代他共有人聲請登記。

4. **共有土地之優先購買權**：共有人出賣其應有部份時，他共有人得以**同一價格共同或單獨優先承購**（例：共有土地買賣移轉時，應附出賣人切結書或申請書適當欄記明：「優先購買權人確已放棄其優先購買權，如有不實，出賣人願負法律責任」字樣）共有人出賣其應有部分，如未事先徵求他共有人是否願意優先承購，而與第三人訂立買賣契約，並已完成土地權利變更登記時，其登記應屬有效。他共有人僅得……循司法途徑向出賣之共有人請求損害賠償（最高法院六十五台上字第八五三號判例）。

5. **公同共有之準用**：前四項規定，於公同共有準用之（惟在地政實務上對公同共有土地或建物之處分或變更，除法律或契約另有規定外，以共有人過半數之同意行之──土地法第卅四條之一執行要點）。

6. **共有土地分割處分之調處**：依法得分割或為其他處分之共有土地或建築改良物，共有人不能自行協議分割或處分者，任何共有人得聲請該管直轄市、縣（市）**地政機關調處**；不服調處者，應於接到調處通知後十五日內向司法機關訴請處理，屆期不起訴者，依原調處結果辦理之。

《補充資料》
土地法第34-1條執行要點

● 依土地法第三十四條之一第一項規定,部分共有人就共有土地或建築改良物(以下簡稱建物)為處分、變更及設定地上權、農育權、不動產役權或典權,應就共有物之全部為之。

● 共有土地或建物標示之分割、合併、界址調整及調整地形,有本法條之適用。二宗以上所有權人不相同之共有土地或建物,依本法條規定申請合併,應由各宗土地或建物之共有人分別依本法條規定辦理。

● 公告可直接以布告方式,由村里長簽證後,公告於土地或建物所在地之村、里辦公處,或以登報方式公告之,並自布告之日或登報最後登載日起,經二十日發生通知效力。

● 他共有人於接到出賣通知後十五日內不表示者,其優先購買權視為放棄。他共有人以書面為優先購買與否之表示者,以該表示之通知達到同意處分之共有人時發生效力。

● 區分所有建物之專有部分連同其基地應有部分之所有權一併移轉與同一人者,他共有人無本法條優先購買權之適用。

● 區分所有建物之專有部分為共有者,部分共有人出賣其專有部分及基地之應有部分時,該專有部分之他共有

人有優先購買權之適用。

●本法條之優先購買權係屬債權性質，出賣人違反此項義務將其應有部分之所有權出售與他人，並已為土地權利變更登記時，他共有人認為受有損害者，得依法向該共有人請求損害賠償。

●本法條之優先購買權與土地法第一百零四條、第一百零七條或民法物權編施行法第八條之五第三項規定之優先購買權競7合時，應優先適用土地法第一百零四條、第一百零七條或民法物權編施行法第八條之五第三項規定。但與民法物權編施行法第八條之五第五項規定之優先購買權競合時，優先適用本法條之優先購買權。

92.07.11大法官釋字第562號

土地法第三十四條之一第一項規定：「共有土地或建築改良物，其處分、變更及設定地上權、農育權、不動產役權或典權，應以共有人過半數及其應有部分合計過半數之同意行之。但其應有部分合計逾三分之二者，其人數不予計算。」同條第五項規定：「前四項規定，於公同共有準用之。」其立法意旨在於兼顧共有人權益之範圍內，促進共有物之有效利用，以增進公共利益。同條第一項所稱共有土地或建築改良物之處分，如為讓與該共有物，即係讓與所有權；而共有物之應有部分，係指共有人對共有物所有權之比例，性質上與所有權並無不同。是不動產之應有部分如屬公同共有者，其讓與自得依土地法第三十四條

之一第五項準用第一項之規定。

(五)不動產糾紛調處委員會

　　直轄市或縣（市）地政機關為處理本法不動產之糾紛，應設不動產糾紛調處委員會，聘請地政、營建、法律及地方公正人士為調處委員；其設置、申請調處之要件、程序、期限、調處費用及其他應遵循事項之辦法，由中央地政機關定之。

　　●**公同共有**：指數人基於「公同關係」共有一物（民法八百二十三條）（土地）而言（如：未分割之遺產屬全體繼承人公同共有──其並無「應有」部分）。

　　●**分別共有**：指數人按其應有部分，對一物有所有權者為共有人。（民法八百一十七條）──其應有之部分即所謂「持分」。

　　●**準共有**：所有權以外之財產權由數人共有者，如共有地上權、抵押權等。

　　●**區分所有建物**：指數人區分一建物，而各有其一部分（如現之公寓房子）。區分所有建物連同其基地應有部分（持分所有）一併移轉與同一人者，他共有人無土地法卅四條之一有關「優先購買」之適用──土地法卅四條之一執行要點。

(六)佃農承買佃耕地之優先權

　　土地法第一百零七條規定：出租人出賣或出典耕地

時，承租人有依同樣條件，優先承買或承典之權。

(七)限制自耕地負債最高額

土地法第卅二條——直轄市或縣（市），得限制每一自耕農之耕地負債最高額，並報中央地政機關備案。

● 地主：指土地所有權人不自任耕作，而將所有耕地出租予他人經營使用，坐享地租者。

● 自耕地：指農業經營者所耕作之農地，全部屬於自己所有，並可完全控制土地利用，自行享受農地全部收益，而不受他人支配者。

● 半自耕農：指農業經營者所耕作之農地，有一部分屬自己所有，另一部分係支付佃租，租自他人者。

● 佃農：指農業經營者支付佃租於地主取得土地使用權，自負農業經營之損益責任，但無土地所有權者。

● 雇農：指既無土地所有權，又無土地使用權，惟賴農業勞動，在他人支配下工作而賺取工資者。

● 地權階級：又稱農業階梯，乃農民享有土地所有權與使用權之階層差別。一般分為地主、自耕農、半自耕、佃農及雇農五等級。

八、補充資料

●原所有權人對因天然變遷為湖澤或水道之土地……係基於法律規定原始取得,非本於原所有權衍生之回復請求權之行使所致。從而原所有權人之繼承人自無從於土地回復原狀時,主張回復所有權(行政院74.1.10台七十四內字第五四二號函)

●繼承人於土地坍沒流失之前已繼承該土地權利,縱未辦理繼承登記仍保有回復所有權利(內政部79.1.23台(79)內地字第七七二九三七號)。

●喪失國籍者不得繼承土地法第十七條所列各款土地;如非屬同法條款各款土地者,則得繼承。(內政部80.8.13台(80)內地字第八○七四八三號函)

●土地法第三十四條之一第一項規定並未包括租賃(內政部79.6.1台(79)內地字第八○七八九三號函)。

●台灣實施土地改革之步驟:民國三十六年公地放租→三十八年三七五減租→四十年公地放領→四十二年耕者有其田→四十三年都市平均地權→六十六年全面平均地權。

歷屆國家考題

❶ 試述優先購買權之意義。土地法第三十四條之一第四項所規定之共有人優先購買權與第一百零四條所規定之基地承租人優先購買權發生競合時，應以何者優先？其理由何在？【80年土地代書】

答：

(一)所謂「優先購買權」即學說上所稱「先買權」，係指於該土地或房屋出售與第三人時，有權以意思表示，使其負有依同樣條件優先於第三人移轉其所有權於自己之義務，而自己負有支付所有權人原與第三人所約定代價之義務之權。

(二)土地法第三十四條之一第四項規定之共有人優先購買權係屬債權性質優先購買權，而土地法第一○四條所規定之基地承租人優先購買權則屬物權性質優先購買權。其中，債權性質優先購買權僅具債權效力，如出賣人違反先賣予優先購買權人（共有人）之義務，並已為所有權移轉登記完畢，優先購買權人（共有人）僅得請求損害賠償，不得主張買賣契約無效。惟物權性質優先購買權具物權性質，如出賣人未將買賣條件以書面通知優先購買權人（基地承租人），而與第三人訂立買賣契約者，其契約不得對抗基地承租人，如已為所有權移轉登記完畢，基地承租人尚可援此，透

過法院判決塗銷第三人已登記之權利,凡此顯現土地法第一○四條所具物權性質優先購買權效力強大,土地法第三十四條之一第四項共有人之優先購買權僅具內部關係之債權效力,故土地法第一○四條所定基地承租人之優先購買權與土地法第三十四條之一第四項所規定之共有人優先購權發生競合時,應優先適用土地法第一○四條基地承租人之優先購買權。

❷共有土地或建築改良物之共有人出賣其應有部分時,依土地法規定他共有人得優先承購,試述其立法意旨及優先購買權之效力。【82基層乙等】

❸平均地權條例對於私有土地面積最高額之標準如何規定?其超額土地如何處理?【81年普考】

❹依土地法第十條第二項規定:「私有土地之所有權消滅,為國有土地」,試述私有土地所有權消滅之原因有那些?【81基丙】

❺英籍牧師約翰來台傳教多年,今擬由其服務的教堂出資並由其具名購買林地一筆闢為花園使用。試述如何辦理土地移轉登記。【81年土地代書檢覈】

❻試述十種不得私有之土地?上述土地已為私有者應如何處理?【81年土地代書檢覈】

❼試述外國人租買土地之程序及權利義務關係為何?【82普】

❽試述現行土地法之規定,外國人在我國取得土地之基本條件及其取得土地權利之限制為何?【83土地代書檢

覈】

❾現行土地法及其施行法與平均地權條例及其施行細則，對限制私有土地面積最高額之限制及其立法意旨，試分述之。【83土地代書檢覈】

❿一般而言，私有土地的利用效率較佳，但是否所有土地均可開放為私有？【83年土地代書檢覈】

⓫尚未建築之私有建築用地土地所有權擁有面積最高額限制為何？如有超額土地如何處理？試分述之。【84年土地代書檢覈】

⓬試述國家對私有土地面積最高額限制之有關規定及對超過規定者之處分方法？【84土代①】

⓭按現行「土地法」及「平均地權條例」之規定，解釋下列名詞之定義：【84年普考】
(1)自耕能力
(2)土地債券
(3)農業用地
(4)自用住宅
(5)土地改良物

⓮甲乙二人共有建築基地，持分各二分之一，丙為該基地之地上權人，並已擁有地上之房屋所有權；試問當乙出賣其應有部份時，就甲和丙二人之優先購買權而言，應以誰優先？其理由為何？【84年土地代書】

⓯何謂公有土地？現行土地法對公有土地之處分、設定負擔與租賃有何限制規定？又此等規定有無缺失之處？試

申論之。【85年普考】

⓰何謂私有土地？私有土地之處分限制為何？試就土地法規定說明之。【85年基層四等】

⓱外國人甲君繼承我國林業用地一筆，請問土地法對甲君取得該土地有何限制？【92特三】

⓲土地法第一百零七條對於耕地出賣時之優先購買權有何規定？其與土地法第三十四條之一之共有人優先購買權發生競合時，應優先適用那條規定？其理由何在？

答：

㈠土地法一〇七條規定，出租人出賣耕地時，承租人有依同樣條件優先承買之權。優先購買權人，於接到出賣通知後十日內不表示者，其優先購買權視為放棄，出賣人未通知優先購買權人而與第三人訂立買賣契約者，其契約不得對抗優先購買權人。

㈡而土地法第三十四條之一第四項規定：「共有人出賣其應有部分時，他共有人得以同一價格或單獨優先承購」，並無如同法第一〇四條第二項後段：「出賣人未通知優先購買權人而與第三人訂立買賣契約時，其契約不得對抗優先購買權人」之類似規定，則共有人之優先購買權，乃為共有人間之權利義務關係，僅具債權效力。故土地法第一〇七條對於耕地出賣時承租人之優先購買權與土地第三十四條之一之共有人優先購買權發生競合時，應優先適用土地法第一〇七條之規定。

⓳依土地法第三十四條之一第四項規定，共有人出賣其應有部分時，他共有人得以同一價格共同或單獨優先承購。請問行使此項優先購買權應具備那些要件？其效力如何？【92年不動產經紀人特考】

⓴依土地法之規定，那些土地不得移轉、設定、負擔或租賃於外國人？【90年不動產經紀人特考】

㉑何謂「私有土地」？又那類的土地不得為私有？試說明之。【88年不動產經紀人普考】

㉒何謂共有土地？依土地法第三十四條之一規定，其處分應如何進行？試說明之。【88年不動產經紀人特考】

㉓外國人欲在我國租賃或購買土地，其資格上必須具備之基本條件為何？外國人購買之土地應依法登記，而其租賃之土地是否也應經登記，方得依法令之所定，享受權利，負擔義務？試說明之。【88年不動產經紀人特考】

㉔外國人在我國取得地權之基本條件與限制為何？請依規定說明之。【110經紀人普】

㉕某甲為台裔美國人，不具我國國籍，其父某乙所有位於某縣非都市山坡地保育區一筆林業用地，嗣後某乙不幸於民國106年初過世。請問：某甲擬繼承取得該筆土地，應檢附何種文件申辦登記？又某甲繼承取得該筆土地，可否永世持有？其理由為何？試說明之。【106地政士普】

㉖關於不動產優先購買權，於土地法中設有明文。請舉出其中三項規定，申述其所定優先購買權之行使要件，並說明其法律性質。【111經紀人普】

社會 A8

上億元不動產 繼承人不動產

迄今三年未辦繼承登記 另一案因先人嗜賭 雖留下價值七百萬土地 妻小仍拋棄繼承

【記者吳文良／台北縣報導】台北縣樹林、三峽和鶯歌有超過六億元不動產沒人要？樹林地政事務所主任涂炳鑫指出，如果過了法定告期限，這些看來是祖產的土地、房屋會被拍賣啦。

樹林地政事務所轄樹林市和三峽、鶯歌兩鎮，最近清查去年轄內逾期未辦繼承移轉登記的土地、房屋，繼承人有七十九人，土地四六十九筆、房屋廿棟，若依公告現值計算總值超過六億元。涂炳鑫說，依法「土地以登記為準」，既便死者生前立遺囑，若未辦繼承移轉登記，死者生前的土地、房屋，後人還是無法繼承。

地政所指出，單筆土地面積最大的是在三峽鎮成福里，達一萬一千六百九十二平方公尺，價值超過七百萬元，屬陳姓男子所有。

地政人員訪查發現廖姓男子在民國九十一年元月死亡，他生前擁有樹林市山佳地區大批工業土地，直到今天他的妻子和兒女都未辦繼承登記，但他戶人家未說明末辦原因；陳姓男子則在九十一年七月身故，他的家人都已搬離，但鄰居指出陳姓男子生前嗜賭，積欠大筆賭債，妻兒在他身後都已辦「拋棄繼承」。

涂炳鑫說，依土地法，不動產所有權人死亡超過一年沒辦繼承移轉登記，地政機關從本月一日起在戶籍地鄉鎮市公所公告三個月，並通知繼承人；如公告完畢未辦理移轉，將列冊管理十五年。逾期移請開有財產局標售，標售所得價款在扣除必繳稅費、提存法院十年，期限屆滿由國庫收入。

涂炳鑫表示，許多人是因遺產糾紛無法辦登記，這可先以「公同共有」的法律關係來解決；更多人是不知親人生前究竟留有多少不動產，這可向地政機關查詢；他常看到社會上許多人爭遺產，他道裡卻有大筆不動產沒人要。

第三篇　地籍

　　地籍，乃標示人地關係之圖冊記載，亦即記載土地位置、界址、種類、面積、權利狀態與使用情形之圖冊也（例如：土地登記簿、地籍圖、地價冊、地籍總歸戶冊……等）。地之須有地籍，猶如人之須有戶籍（例如：土地登記簿謄本──戶籍謄本；土地所有權狀、戶口名簿）。

　　地籍之重要性：㈠政府課稅之依據；㈡確保私人產權；㈢便利土地管理；㈣建設事業之基礎；㈤土地改革之張本。

　　地籍總歸戶：為將每一土地所有權人在全國或某一行政地區範圍內之全部土地，予以歸納於其戶籍所在地之同一戶名下，並編製冊卡，以加強地籍管理。其功用為：㈠便利土地改革之實施；㈡作為賦稅征收之依據；㈢幫助土地改良工作（因可顯示使用狀況）。目前歸戶方法之缺失為僅以「市縣」為歸戶單位。

一、地籍整理（Arrangement of Cadastration）

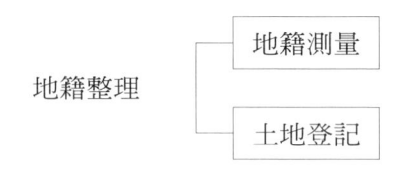

```
                    ┌─ 地籍測量
        地籍整理 ──┤
                    └─ 土地登記
```

(一) 地籍整理之意義

係指政府主管機關，依法定程序，就各宗土地之自然形狀、界址、位置、面積及使用狀況等加以詳實調查，記載做成地籍圖，編成登記簿，以便明瞭各宗土地之有關狀況，確定各個權利人之權利種類及範圍之工作，其「目的」──在於建立地籍制度，便利土地管理，了解土地之質與量，進而調整土地之「分配」，促進土地之「利用」。

●**魚鱗圖冊**：乃以「田」為主，逐坵通接，如魚鱗狀，故名為魚鱗圖冊。**黃冊**：係以「戶」為綱之稅籍冊。

孟子曰：「仁政必自經界始」，管子曰：「地為政之本」，中山先生曰：「全縣土地測量完峻為實施地方自治之先決條件。」

(二) 地籍整理之程序

土地法第卅六條，地籍整理之程序，為地籍測量及土地登記。

1. **地籍測量**：乃應用測量儀器及測量技術，測量一定行政區範圍內各宗土地，（包含建築改良物）之位置、形狀、界址、面積、調查地籍、繪製地籍圖（建物位置圖及平面圖），以明瞭土地之客觀的分佈狀況也。

2. **土地登記**：土地登記謂土地及建築改良物之所有權與他項權利之登記。（土地法37 I）為將已測量各宗（棟）土地（建物）之土地「標示」及「權利關係」，記載並登記於官署所備置之土地（建物）登記簿上以公示土地（建物）之人為權利狀態之行為。地籍測量與土地登記有如車之兩輪，鳥之雙翼，二者相輔相成以達清釐地籍，確定地權之目的。

(三)地籍整理之區域單位

地籍整理以直轄市或縣（市）為單位，直轄市或縣（市）分區，區內分段，段內分宗，按宗編號（土地法第四十條。）土地總登記得分若干登記區辦理。前項登記區，在直轄市不得小於區，在縣（市）不得小於鄉（鎮、市、區）。（土地法第四十二條）

試依土地法及相關法令之規定，說明地籍圖重測之意義、法定原因及其辦理程序。（98年地政士）

二、地籍測量

(一)地籍測量之方法

1. **地面測量**——簡稱地測,乃由測量人員於地面上利用儀器,測定各宗土地之位置、形狀、界址、面積等而繪成地籍圖。

2. **航空攝影測量**——簡稱航測,乃利用航空器中攝影機,攝取地面各宗土地型態之照片,用立體測圖或正射投影,糾正鑲嵌等法,以調繪成地籍圖。

(二)地籍測量之程序

土地法第四十四條:地籍測量依下列次序辦理:
一、三角測量、三邊測量或精密導線測量。
二、圖根測量。
三、戶地測量。
四、計算面積。
五、製圖。

1. **三角測量、三邊測量或精密導線測量**:乃於欲測量之地區,選擇適當位置,布設諸多可為基準之三角點或導線測站,結合諸點而成多數互相連接而有系統之三角形或導線網,網罩全測區,一一視其間之角度或邊長,而由已測知基線長度或已知邊,經平差計算以推求各三角點、導線點在地面上之精確位置,作為水平控制之用(此控制點

土地登記錯一字 戶政所須賠兩百萬

旗山戶政所26年前烏龍案 誤將哥哥鍾日有土地登記為弟弟鍾月有 法院判賠

〔記者鮑建信／高雄報導〕高雄縣旗山戶政事務所在廿六年前辦理土地重新登記，誤將縣民鍾日有土地，登記為其胞弟鍾月有所有，一字之差，造成當事人權益受損，高雄地院判決戶政機關應賠償鍾日有二百多萬元的損失。

高雄縣杉林鄉月眉段一二一六之一六號土地，所有權人為鍾日有，但六十五年間，旗山戶政事務所改採用新登記簿，誤認舊簿手寫「日」為「月」字，登記為鍾胞弟鍾月有所有，縣政府並在七十年七月間，將該筆土地分割為三筆。

八十二年一月初，鍾月有過世後，其子辦妥繼承登記，並以上開土地權狀遺失為由，向旗山戶政機關聲請原權狀公告作廢，取得新權狀後，於八十七年三月間，將當中的二筆土地，轉售予李姓女子，持往台灣銀行貸款。

八十九年間，鍾日有因土地權狀損壞，請求旗山戶政機關補換新權狀時，始發現土地已登記在他人名下，當中有二筆土地被設定抵押，聲請國家賠償。

旗山戶政機關不否認誤登之事，但辯稱依照國家賠償法規定，自請求權人知有損害起，因二年間不行使而消滅，自損害發生時起，逾五年亦同。

因此，從登記錯誤至今，已超過廿年，鍾日有請求權時效應早已消滅。

承辦法官調查，加害人侵權行為如持續發生，被害人請求權時效應重新起算，認定原告並未喪失請求權，並審酌土地價值，判決旗山戶政事務所應賠償二百七十二萬元。

91.3.16 自由時報

可使在廣大地區測量之誤差不致傳播與累積）。（地籍測量實施規則第六條）

2. **圖根測量**：施行於三角測量、三邊測量或精密導線測量之後，為次級水平控制系統。蓋三角點分配甚稀，相距過遠，不敷控制戶地測量之需，故於三角系或導線網空隙中，配布次級控制之圖根點以導線測量法及交會測量法測定相互間之位置，以為戶地測量之依據。

3. **戶地測量**：為依圖根點之成果，測定一縣市鄉鎮區內各宗土地之位置、形狀、界址、查註地目、編列地號，並查土地座落、四至、畝分……等。此為產權測量之疆界測量，亦為地籍測量真正目的。

4. **計算面積**：依地籍原圖算各宗土地之面積。

5. **製圖**：根據地籍原圖摹繪、縮繪或曬印、複製各種地籍圖。

(三) 地籍圖之重測（Resurvey of Cadastral Map）

地籍圖冊因使用年久，每易模糊破損，造成界址糾紛，影響人民產權，加以自然或人為因素之變遷，使地籍圖與實地情況不符，故乃有地籍之重測以提高其精確度。

1. **重測原因**

土地法第四十六之一條：

已辦地籍測量之地區因地籍原圖之破損、滅失、比例尺變更或其他重大原因，得重新實施地籍測量。

2. **重測程序**

農地誤載建地 地政所判賠億元

【記者王文玲／台北報導】聶姓婦人購地和鑫唐建設公司合建房屋，但售屋後卻收到「建地本是農地」的通知，建照因此被撤銷，損失慘重；登載錯誤的台中縣豐原地政事務所，因此付出一億三千多萬元的國賠代價。

引發爭議的土地地號是台中縣豐原市下坑南段八二八—一號，原地主於八十一年間向豐原地政所申請辦理分割，新增八二八—三號，八十二年間再申辦把八二八—三號的「農牧用地」變更「丙種建築用地」；承辦人一時疏忽，將另一筆地也登記為丙種建築用地。

聶婦在八十四年買進登記錯誤的土地，由鑫唐建設在八十五年興建透天厝出售。

八十六年間，中縣府發現有誤，撤銷建屋使用執照，將土地更正回農牧用地；聶婦和鑫唐投入的資金付諸流水，還得賠償房地買受人的損害，拆除地上物。聶婦和鑫唐建設就損失提起兩億餘元的國家賠償訴訟，歷審都認定豐原地政事務所人員有疏失，應負國賠責任，但賠償金額不同。法院最後認定，以台中縣政府發函通知撤銷使用執照的時間為計算損害賠償（包括利息的計算基準點，賠償範圍則限於聶婦的購地價差及鑫唐建設興建房子的必要支出，也就是積極損害，但不包括因售屋可預期的必要支出，也就是積極損害，全案確定。

總計豐原地政事務所共應賠償一億三千多萬元，其中聶婦可得五千三百多萬元，鑫唐建設七千八百多萬元，利息另計。

①劃定重測地區
需要重測之地區應先由市縣地政機關勘定,繪圖說明並公佈之。

②地籍調查
土地所有權人應於地政機關通知之期限內,自行設立界標,並到場指界。以確定每一宗土地之地目、位置、形狀、面積等。

③地籍測量
使用測量儀器,施測各宗土地之位置、界址、形狀、面積等。

④成果檢查
對地籍測量之成果予以檢查。

⑤異動整理及造冊
在重測期間,對於分割、合併、界址鑑定、複丈結果的異動,進行重測異動整理,重測後,重測主管機關應編造重測結果清冊、地目變更清冊、合併清冊、分割清冊……等。

⑥繪製公告圖
依據重測結果繪製地籍圖,供公告用。

⑦公告通知
主管機關將圖、清冊公告展覽之。公告期間為三十日。公告期滿土地所有權人無異議,即據為辦理土地標示變更登記,登記完畢後,將登記結果通知土地所有權人。

⑧異議處理

土地所有權人如認為重測結果有錯誤,應於公告期間內,以書面提出異議,並聲請複丈。複丈結果無誤或經訂正者,據以辦理土地標示變更登記。

⑨**複製地籍圖**

重測後,根據地籍原圖複製一份,發交地政事務所保管使用。地籍原圖則交由省市地政機關集中保管。

3. **重測過程中遭遇之困難**,如:土地所有權人不到場指界、不設立界標或不能明確辨認界址……等。

地籍圖重測界址之施測以何為準?如對重測成果不服,異議人之資格有無限制?異議方式及處理程序各為何?(89普)

---

4. **界址認定解決之道**:為促請所有權人重視界址,藉以減少錯誤與糾葛,土地法第四十六條之二第一項規定:重新實施地籍測量時,土地所有權人應於地政機關通知之限期內,自行設立界標,並到場指界。逾期不設立界標或到場指界者,**得依下列順序逕行施測**:

(1)鄰地界址。
(2)現使用人之指界。
(3)參照舊地籍圖。
(4)地方習慣。

5. **界址爭議之處理**:土地法第四十六條之二第二項規定:土地所有權人因設立界標或到場指界發生界址爭議

時,準用第五十九條第二項規定處理之——亦即應由該管市縣地政機關予以調處,不服調處者,應於接到調處通知後十五日內,向司法機關訴請處理,逾期不起訴者,依原調處結果辦理之。

> ・大法官解釋
> 【84.03.17釋字374號】
> 　　依土地法第四十六條之一至第四十六條之三之規定所為地籍圖重測,純為地政機關基於職權提供土地測量技術上之服務,將人民原有土地所有權範圍,利用地籍調查及測量等方法,將其完整正確反映於地籍圖,初無增減人民私權之效力。故縱令相鄰土地所有權人於重新實施地籍測量時,均於地政機關通知之期限內到場指界,毫無爭議,地政機關依照規定,已依其共同指定之界址重新實施地籍測量。則於測量結果公告期間內即土地所有權人以指界錯誤為由,提出異議,測量結果於該公告期間屆滿後即行確定,地政機關應據以辦理土地標示變更登記。惟有爭執之土地所有權人尚得依法提起民事訴訟請求解決,法院應就兩造之爭執,依調查證據之結果予以認定,不得以原先指界有誤,訴請另定界址為顯無理由,為其敗訴之判決。

6. **重測之複丈**：地籍圖重測，攸關人民之權益。因此，土地法第四十六條之三規定：重新實施地籍測量之結果，應予公告，其期間為三十日，土地所有權人認為前項測量結果有錯誤，除未依前條之規定設立界標或到場指界者外，得於公告期間，向該管地政機關繳納複丈費，聲請複丈。經複丈者，不得再聲請複丈。

(四)**土地複丈**

　1.**土地複丈之意義**

　　土地所有權人認為地籍測量或地籍重測結果有錯誤，或土地標示變更，或土地鑑界需要，得向該管地政機關繳納複丈費，聲請複丈。

　2.**土地複丈之原因**

　　①地籍測量完竣，辦理土地總登記，公布登記區地籍圖時，土地所有權人認為測量有錯誤。

　　②地籍圖重測，公布結果時，土地所有權人認為測量有錯誤。

　　③土地發生自然增加、浮覆、坍沒、分割、合併、經界不明或變更者。

　　④一宗土地之部分設定地上權、農育權、不動產役權或典權者。

　3.**土地複丈程序**

　(1)申請複丈

　　①申請複丈：由土地所有權人或管理人向土地所在地

之地政事務所申請之。申請土地複丈應填具土地複丈申請書，並附具權利書狀及有關文件。

②繳納費用：申請人申請土地複丈，須繳納複丈費。但有下列原因，申請人得請求退還：

A 申請人在原定複丈日期三天前撤回申請。

B 申請再鑑定界址，經查明第一次複丈確有錯誤。

C 經通知補正，逾期未補正而承回者。

D 其他依法令應予退還者。

③審核文件：主管機關於收到申請案件後，應即審核以決定派員複丈或駁回。

⑵複丈流程

①通知複丈：填發土地複丈通知單與申請人，通知於指定年、月、日、時，邀同其鄰接之土地所有權人準時前往指定地點，俾作複丈。

②實施複丈：複丈人員應依指定時間準時前往複丈地點實施複丈，複丈之界址應由申請人與關係人當場指定。

③通知結果：複丈成果經核定後，通知申請人及關係人。

④訂正圖籍：土地複丈成果，需訂正地籍圖冊者，應於完成登記後更正之。

三、土地登記

(一) 土地登記之意義

土地登記，為以公示方法，確認土地之人為的權利狀態及變動情形。亦即，將土地、建築改良物之所有權與他項權利及其得、喪、變更情形，依法定程序登記於地政機關掌管之簿冊，並掣發權利書狀給權利人執管，以利地籍管理，並保障交易安全之一種行為。

(二) 土地登記之目的（功用）

1. 整理地籍

地籍整理之程序，為地籍測量及土地登記，土地之登記，使整理地籍得以完成。

2. 確定產權

土地登記使產權確定，有絕對效力。

3. 便利移轉

土地權利明白登載於地籍圖冊與權利書狀，使得土地移轉非常便捷。

4. 規定地價

土地登記時，須同時申報地價。規定地價因登記而完成法定手續。

5. 公平負擔

課稅須賴地籍圖冊。地籍圖冊則登記予以更新。

6.土地改革

土地登記使土地改革得能掌握土地之分配與利用。

(三)我國土地登記制度

1. **民法**：民法物權篇第七百五十八條規定：「不動產物權，依法律行為而取得、設定、喪失及變更者，非經登記，不生效力。」（即**設權登記**）同法第七五九條又規定：「因繼承、強制執行、徵收、法院之判決或其他非因法律行為，於登記前已取得不動產物權者，應經登記，始得處分其物權」（即**宣示登記**）——乃採德國權利登記制精神。

2. **土地法**：乃採民法物權所採德國權利登記制之特長，兼採澳州托崙斯登記制之優點融合而成一種新的土地登記制。

①強制登記——法律行為之變動非經登記不生效力，法律行為以外之事實（如繼承）非經登記不得處分。

②實質審查——瑕疵之駁回與補正。

③發給權利書狀。

④設登記儲金，負損害賠償之責。

⑤登記有絕對效力。以保護善意第三人，維護交易安全。

何謂「土地登記」？其效力為何？（92交升）

依現行法規說明我國土地登記之特色。（91特三）

⑥登記簿之編製，採物的編成主義。依地號或建物順序編成。

⑦登記時完成規定地價程序。

(四)土地登記之辦理機關

土地法第三十九條規定：「土地登記，由直轄市或縣（市）地政機關辦理之。但各該地政機關得在轄區內分設登記機關，辦理登記及其他有關事項。」土地登記規則第三條亦規定：「土地登記，由土地所在地之直轄市、縣（市）地政機關辦理之。但該直轄市、縣（市）地政機關在轄區內另設或分設登記機關者，由該土地所在地之登記機關辦理之。建物跨越兩個以上不同登記機關轄區者，由該建物門牌所屬之登記機關辦理之。」

(五)土地登記之範圍及種類

1.土地登記之範圍

(1)應登記之權利主體(1)自然人(2)法人(3)外國人

(2)應登記之權利客體：土地及建物之所有權與他項權利（土地法第卅七條：土地登記，謂土地及建築改良物之所有權與他項權利之登記）。

(3)應登記之權利及法律關係：(1)權利種類──所有權與他項權利(2)登記之法律關係──指土地或建物之取得、設定、移轉、變更或消滅等。

2.土地登記之種類（總登記、變更登記、更正登記、

塗銷登記、限制登記、土地權利信託登記）

(1)總登記

①**土地總登記**：謂依法辦理地籍測量之市縣，於一定期間內，就市縣土地之全部為土地登記。亦即前此未經依法辦理正式登記之市縣，於地籍測量完竣後，普遍施行第一次土地登記。此項登記不但所有權須登記，各種他項權利亦須登記；不但公有土地須登記，私有土地亦須登記；不論自然人、法人、外國人、本國人……均須登記，故謂之總登記。

②**建物第一次登記**（亦稱保存登記）土地法第三十七條：土地登記為土地及建築改良物所有權與他項權利之登記（土地法第卅八條謂土地總登記應包括土地及建物之全部，惟在實務上未採行建物全面強制登記制）。

(2)變更登記

①土地或建物權利變更登記：土地法第七十二條：土地總登記後，土地權利有移轉、分割、合併、設定、增減或消滅時，應為變更登記──動態登記。另，土地建物權利之變更，除權利主、客體變更外，尚有權利內容變更──如抵押權內容變更……等。

②其他變更登記：

更名登記、住址變更登記、標示變更登記、書狀換給或補給登記等。

(3)更正登記：

謂因登記之錯誤或遺漏，經一定程序，將之重加更正

而為之登記。亦即登記員或利害關係人於登記完畢後，發現登記「錯誤」或「遺漏」時，依法辦理更正之登記。

(4)塗銷登記及消滅登記：

塗銷登記：謂因權利消滅或其他原因，原登記事實失其效力，而塗銷既存登記事項為目的之登記。

消滅登記：謂因土地或建物權利標的物之滅失，其所有權及他項權利歸於消滅而為之登記。

(5)限制登記：乃基於當事人聲請或法院囑託，將已登記之土地或建物權利，暫維持原狀，以防止登記名義人任意處分並保全請求權人之權益，如：預告登記、假扣押、查封、假處分……等。

(6)土地權利信託登記：指土地權利依信託法辦理信託而為變更之登記。

●主登記：乃土地或建物權利在登記簿所為之獨立登記，其並非前一順序登記事項之延長。如：權利之取得、設定、移轉……等。

●附記登記：乃附隨主登記之登記，為主登記之延長。附記登記之次序應依主登記之次序，但附記登記各依其先後。如：住址變更登記。

●「土地登記之種類」另依土地登記規則之歸類，計有下列幾種：

(1)總登記（含土地總登記及建物所有權第一次登

記)。

(2)所有權變更登記。

(3)他項權利登記。

(4)其他登記（含更名登記、住址變更登記、書狀換給或補給、更正登記、地目變更登記、限制登記等）。

> 土地法第78條規定：「左列登記，免繳納登記費：一、因土地重劃之變更登記。二、更正登記。……八、限制登記。」試問：此一法條中所稱「限制登記」之意涵為何？請分別就其意義及效力申述之。（97年經紀人）

(六) 土地登記之效力

土地法第四十三條規定「**依本法所為之登記，有絕對效力**」亦即土地權利一經登記確定，則登記名義人即享有絕對不可推翻之權利，以此強化土地之公信力；然為避免不法之詐欺及侵權行為，司法院曾於廿八年為本條做補充解釋：「……所謂登記有絕對效力，係為保護第三人起見，將登記事項賦予絕對真實之公信力，故第三人信賴登記而取得土地權利時，不因登記原因之無效或撤銷而被追奪；惟此項規定，並非保護交易安全必要限度以外，剝奪真正之權利，如在第三人信賴登記而取得土地權利之「前」，真正權利人仍得對登記名義人主張登記原因之無效或撤銷，提塗銷登記之訴……」（司法院廿八年院字第

非法土地移轉 枋寮地政所判國賠三億

賴斗永祭祀公業29筆土地遭轉給建設公司蓋屋出售 土地登記有瑕疵 承辦人員判重刑、調職

【記者潘柏麟、宋耀光／屏東報導】屏東縣枋寮地政事務所在八十三年間承辦佳冬鄉賴斗永祭祀公業29筆土地移轉，和代書勾結，把土地非法轉給建設公司辦抵押貸款後，蓋屋出售，被害人向法院提出國家賠償，屏東地方法院昨天判枋寮地政事務所應賠償三億元，及從八十五年起至清償日止按週年利率百分之五計算的利息。

賴斗永祭祀公業位於佳冬鄉佳冬段的廿九筆土地，面積三點一一四六公頃，八十三年間，公業原管理員勾結劉雪鳳等十人曾聯名陳情及阻擋土地移轉登記，並指證件錯誤，但辛德安、陳振豐為圖利土地代書劉雪鳳，違背職務，仍將該土地非法移轉完成登記。

代書、枋寮地政事務所課長辛德安、課員陳振豐，把土地移轉到公業派下員賴賜深的名下，再輾轉移轉到威龍建設公司名下。

在土地非法轉移時，公業其他派下員四十人曾聯名陳情及阻擋土地移轉登記，並指證件錯誤，但辛德安、陳振豐為圖利土地代書劉雪鳳，違背職務，仍將該土地非法移轉完成登記。

枋寮地政事務所在法院審理時答辯說，前任祭祀公業管理人賴賜深和代書勾結，利用佳冬鄉公所准予備查的漏洞，惡意欺瞞該所承辦人員，致承辦人員發生錯誤，而且本件移轉登記，因申請資料齊全，都依土地登記規則辦理，且曾命賴賜深切結。

蓋好後，因土地爭議，乏人問津，大部分淪為法拍屋，近幾年來房地產低迷，房子更賣不出去。被害人認為枋寮地政事務所承辦人員辦移轉登記時，未依照祭祀公業土地清理要點的規定辦理，顯有瑕疵，而考量社會整體經濟、土地鑑價中心報告等，判決枋寮地政事務所應給付原告三億元。

屏東地方法院審理後，認為枋寮地政事務所承辦人員辦移轉登記時，未依照祭祀公業損失，依當年市價換算，土地價值十八億元，乃訴請求國家賠償。

後才准登記，已盡公務員查證的義務，自無疏失可言。

承辦本案的地政事務所人員辛德安、陳振豐都已被判重刑，正在上訴，目前降為枋寮地政事務所校對，陳振豐在案發後調潮州地政所，如今已停職。

一九一九號及廿九年院字第一九五六號解釋）。

公信力（絕對效力）又有絕對公信力與相對公信力之說。

例：甲有地一宗為乙詐欺，冒名申請登記並經確定，嗣為甲發覺，如乙尚未移轉於丙（既登記完竣前）則可向法院提出塗銷登記之訴並由法院囑託地政機關辦理查封，以追回權利，但如乙已移轉於丙並經登記完竣則：

- 絕對主義→不能推翻。
- 相對主義
  - 善意→不能推翻（我國則採相對主義→最高法院卅三年上字第五九〇九號判例）→
  - 惡意→可以推翻

●債務人於查封後所為之不動產移轉登記，對債權人不生效力，自無土地法第四十三條規定之適用（最高法院51台上一八一九號判例）。

(七)登記錯漏或虛偽之救濟

1. 登記錯漏、虛偽之損害賠償

土地登記既有絕對效力，倘有因登記錯誤、遺漏或虛偽，致真實權利人蒙受損害者，自應予受害人以賠償，以填補其損失。

土地法第六十八條第一項規定：「**因登記錯誤、遺漏或虛偽致受損害者，由該地政機關負損害賠償責任。但該**

地政機關證明其原因應歸責於受害人時，不在此限。」此乃明示因登記錯誤、遺漏或虛偽致土地權利人受損害，採無過失賠償責任主義。惟地**政機關所負之損害賠償責任，如因登記人員之重大過失所致，由該登記人員償還撥歸登記儲金**。（土地法第七十條第二項）

　　賠償金之來源：土地法第七十條第一項規定，地政機關所收登記費，應提存**百分之十**作為登記儲金，專備第六十八條所定賠償之用。

　　損害賠償請求權之時效：

　　登記損害賠償請求權之時效，現行土地法未為規定，自應從國家賠償法之規定，依該法第八條第一項：「賠償請求權，自請求人知有損害時起，因二年間不行使而消滅；自損害發生時起，逾五年者亦同。」

　　2.登記錯漏之更正：

　　登記錯漏之更正，亦即辦理更正登記。土地法第六十九條規定：「登記人員或利害關係人，於登記完畢後，發現登記錯誤或遺漏時，非以書面聲請該管上級機關查明核准後，不得更正。」

・請依土地法之規定，說明我國土地登記之損害賠償制度。（90升）

　　但登記錯誤或遺漏，純屬登記人員記載時之疏忽，並有原始登記原因證明文件可稽者，由登記機關逕行更正之。

四、各國土地登記制度

(一) **契據登記制**（System of Registration of Deeds）（法國登記制）

1. **任意登記**
土地登記與否，由當事人決定，法律不強制規定。

2. **登記對抗**
土地權利之變動，以訂立契據，即生效力，而登記僅為對抗第三人之要件。

3. **形式審查**
登記機關對於申請之登記，只作形式審查，而不作實質審查。如申請文件完備，即予以登記，不問權利內容是否有瑕疵。

4. **無公信力**
已登記之權利無公信力，亦即無確定產權之效力。若有無效或撤銷等原因，得推翻之。

(二) **權利登記制**（System of Registration of Title）（德國登記制）

1. **強制登記**：一切土地權利必須登記。
2. **登記生效**：土地權利之變動，必須登記方發生效力。
3. **實質審查**：登記機關對於申請之登記，須為實質之

審查，即不只審查申請文件之完備，且亦審查獲利之內容。

> 何謂權利登記制與契據登記制，我國土地登記制度採那一種制度？（91特四）

4. **有公信力**：已登記之權利有公信力，亦即登記簿上所載權利事項，公眾可信賴其確定之效力。

(三) **托崙斯登記制**（Torrens Title System）（澳洲土地制）

1. **任意登記**：土地權利登記與否，由當事人決定（指未登記之土地）。
2. **登記生效**：一經登記後之土地，如其權利有變動，非經登記不生效力（指已登記之土地）。
3. **實質審查**：登記機關對於申請之登記，須為實質之審查。
4. **有公信力**：土地權利一經登記後，登記名義人即享有不可推翻之權利，此項權利由國家保證之。
5. **國家賠償**：因登記錯誤、虛偽等致真正權利人受損時，由登記機關負賠償之責。
6. **發給書狀**：登記機關發給土地權利人權利書狀作為取得權利之憑證。

五、土地、建物總登記
（General Registration of Land）

依土地登記規則第五十三條規定，辦理土地建物登記之程序如下：㈠收件㈡計徵規費㈢審查㈣公告㈤登簿（校對）㈥繕發書狀㈦異動整理㈧歸檔。

另依土地法第四十八條規定，土地總登記依左列次序辦理（建物所有權第一次登記，除登記規則第七十八條至八十二條規定者外，準用土地總登記程序──登記規則第八十四條）：

㈠**調查地籍**：在明瞭土地客觀狀態與權屬關係，並使土地權利人得查對地籍圖冊；如建物則須建物勘測，領取建物位置圖及平面圖以辦理保存登記。

㈡**公布登記區及登記期限**：公布登記區即明示各該登記區範圍，以便權利人聲請有所依據、循率。其登記期限土地法（第四十九條）規定，不得少於二個月。

㈢**接收文件**：**簡稱收件**。依土地法之規定，登記之請求，由土地或建物之權利主體提出。其由私人提出者以聲請方式為之，由政府機關提出者，以囑託方式為之。

㈣**審查並公告**：我國土地登記制係採實質審查主義，故審查結果，如聲請或囑託手續之形式要件尚欠完備而可以補正者，應予補正；其登記原因有瑕疵不能成立或無效者，應予駁回。登記機關對審查無誤之登記案件，應公告之。

●所謂「**補正**」係指登記申請案，經登記機關審查結果認為不完備，而請申請人補改正之謂，土地登記規則第五十六條規定：「審查結果有下列各款情形之一者，登記機關應通知申請人於接到通知書之日起十五日內補正。

1. 申請人之資格不符或其代理人之代理權有欠缺者。
2. 申請書不合程式，或者提出之文件不符者。
3. 申請書記載事項，或關於登記原因之事項，與登記簿或其證明文件不符，而未能證明其不符之原因者。
4. 未依規定繳納登記規費者。

●所謂「**駁回**」係指登記申請案，經登記機關審查結果，認為不合法定程序或要件，以書面敘理由，不准予受理登記之謂。依土地登記規則第五十七條規定，審查結果，有下列各款情形之一者，登記機關應以書面敘明理由，駁回登記之申請。

1. 不屬受理登記機關管轄者。
2. 依法不應登記者。
3. 涉及私權爭執者。
4. 逾期未補正或未照補正事項完全補正者。

已駁回之登記案件，重新申請登記時，應另行辦理收件（土地登記規則第六十條）。

●所謂**公告**乃以公示方法將土地登記案件揭示於眾，使利害關係人得提出異動，以發生法律之效果。

公告揭示地方：

⑴主管登記機關門首之公告地方。
⑵申請登記土地所在地之公共地方或村里辦公處所。
公告期間：
①土地總登記、建物所有權第一次登記，無人保管公有土地之公告不得少於十五日；無主土地合法占有地上權設定之公告不得少於三十日。（土地法第五十八條）
②時效取得地上權登記及權利書狀補給登記之公告為三十日。

㈤**登記、發給書狀、造冊**：土地法第六十二條：聲請登記之土地權利，公告期滿無異議或經調處成立或裁判確定者，應即為確定登記，發給權利人土地所有權狀或他項權利證明書。

造冊：編造土地、建物登記簿按地號或建號順序，採直式活頁方式裝訂。

㈥**計徵登記規費（含登記費與書狀費二種）**：土地法第六十五條：土地總登記，應由權利人按申報地價或土地他項權利價值繳納登記費千分之二。

六、時效取得土地所有權之登記

和平繼續占有之土地，依民法第七百六十九條或第七百七十條之規定，得請求登記為所有人者，應於登記期限內，經土地四鄰證明，聲請為土地所有權之登記（土

54）。

取得時效：

㈠以所有之意思，二十年間和平公然繼續占有他人未登記之不動產者，得請求登記為所有人（民769）。

㈡以所有之意思，十年間和平公然繼續占有他人未登記之不動產，而其占有之始為善意並無過失者，得請求登記為所有人（民770）。

㈢占有人自行中止占有，或變為不以所有之意思而占有，或其占有為他人侵奪者，其所有權之取得時效中斷。但依第九百四十九條或第九百六十二條之規定，回復其占有者，不在此限（民771）。

●占有他人未登記之不動產而具備民法第七百六十九條或第七百七十條所定要件者，性質上係由一方單獨聲請地政機關為所有權之登記，並無所謂登記義務人之存在，亦無從以原所有人為被告，訴由法院逕行判決予以准許，此就所有權取得時效之第一要件須以所有之意思，於他人未登記之不動產上而占有，暨依土地法第五十四條規定旨趣參互推之，實至明瞭。（68年台上第1584號）

●占有為一種單純事實，故占有人本於民法第七百七十二條準用第七百七十條取得時效規定，請求登記為地上權人時，性質上並無所謂登記義務人存在，無從以原所有人為被告，訴請命其協同辦理該項權利登記，僅能依土地法規定程序，向該管市縣地政機關而為聲請。（68年台上第3308號）

七、土地權利變更登記
（Registration of Land Changes）

土地總登記後，土地權利有移轉、分割、合併、設定、增減或消滅時，應為變更登記（土地法第七十二條）。

(一)所有權移轉登記

1.意義
係指土地或建物於辦竣總登記後，因所有權發生移轉，權利主主體變更，所為之所有權移轉登記。

2.種類
(1)買賣所有權移轉。
(2)贈與所有權移轉。
(3)交換所有權移轉。
(4)共有物分割所有權移轉。
(5)土地徵收所有權移轉。
(6)照價收買所有權移轉。
(7)拍賣所有權移轉。
(8)判決所有權移轉。
(9)和解（或調解）所有權移轉。
(10)其他。

(二)他項權利登記

1.意義：

地上權、不動產役權、典權、農育權、普通抵押權及耕作權等六種他項權利之取得、設定、移轉、變更、消滅，所為之他項權利登記。

2.種類：

(1)地上權登記。
(2)不動產役權登記。
(3)典權登記。
(4)農育權登記。
(5)普通抵押權登記。
(6)耕作權登記。

(三)繼承登記

繼承登記係指已完成所有權或他項權利登記之土地或建物，因登記名義人死亡，由其合法繼承人依法繼承，所為之登記。

●土地法第七十三條之一（未聲請繼承登記之土地或建築改良物之代管）

1.土地或建築改良物，自繼承開始之日起**逾一年**未辦理繼承登記者，經該管直轄市或縣市地政機關查明後，應即公告繼承人於**三個月**內聲請登記；逾期仍未聲請者，得由地政機關予以列冊管理。但有不可歸責於聲請人之事

由，其期間應予扣除。

2. 前項列冊管理期間為**十五年**，逾期仍未聲請登記者，由地政機關將該土地或建築改良物清冊移請國有財產局公開標售。繼承人占有或第三人占有無合法使用權者，於標售後喪失其占有之權利；土地或建築改良物租賃期間超過**五年者**，於標售後以五年為限。

3. 依第二項規定標售土地或建築改良物前應公告三十日，繼承人、合法使用人或其他共有人就其使用範圍依序有優先購買權。但優先購買權人未於決標後**十日**內表示優先購買者，其優先購買權視為放棄。

4. 標售所得之價款應於國庫設立專戶儲存，繼承人得依其法定應繼分領取。**逾十年**無繼承人申請提領該價款者，歸屬國庫。

- 有關逾期未辦繼承登記之土地或建築改良物，地政機關應如何處理？於何種情況下，此等土地或建築改良物得舉行公開標售？所應遵循之原則為何？分別說明之。（89、91地政士）
- 土地法對繼承登記之申請期限及逾期申請之處理方式規定為何？（91高三）

---

5. 第二項標售之土地或建築改良物無人應買或應買人所出最高價未達標售之最低價額者，由國有財產局定期再標售，於再行標售時，國有財產局應酌減拍賣最低價額，

酌減數額不得逾**百分之二十**。經**五次**標售而未標出者，登記為國有並準用第二項後段喪失占有權及租賃期限之規定。自登記完畢之日起**十年內**，原權利人得檢附證明文件按其法定應繼分，向國有財產局申請就第四項專戶提撥發給價金；經審查無誤，**公告九十日**期滿無人異議時，按該土地或建築改良物**第五次標售底價**分算發給之。

(四)**標示變更登記**

1.意義：

凡土地或建物標示因天然或人為原因，致其標示有所改變時，所為之登記。

2.種類：

(1)分割登記。
(2)合併登記。
(3)地目變更登記。
(4)地目等則調整登記。
(5)面積增減登記。
(6)土地重劃登記。
(7)地籍圖重測確定登記。

(五)**更正登記**

登記人員或利害關係人，於登記完畢後，發現登記錯誤或遺漏時，以書面聲請該管上級機關查明核准後，所為之登記。

(六)更名登記

已登記土地或建物,權利人之姓名或名稱或其管理人、管理機關有變更,所為之更名登記。

(七)住址變更登記

土地及建物之登記名義人於完成登記後因住址變更所為之登記。

(八)書狀補換給登記

土地權利書狀因破損、滅失、逕為分割、逕為變更等,所為之書狀換發、補給登記。

八、限制登記（保全登記）

限制登記,依土地登記規則第一百三十六條規定,謂限制登記名義人處分其土地權利所為之登記。包括預告登記、查封、假扣押、假處分或破產登記,及其他依法律所為禁止處分之登記。其目的在於保全將來可能實現之土地權利,對於現在已經確定登記之土地權利,申請予以限制處分之登記亦稱之為保全登記：

(一)**預告登記**：係預為保全對於他人土地權利之移轉、消滅,或其內容或次序變更為標的之保全請求權所為之登記,土地法第七十九之一條,聲請保全左列請求權之預告

登記，應由請求權人檢附登記名義人之同意書為之（程序）。

> 何謂「限制登記」？依現行法規說明限制登記包括那些事項之登記？（92特四）

1. 關於土地權利移轉或使其消滅之請求權
如預約買賣、拆除建物等。
2. 土地權利內容或次序變更之請求權
如地上權存續期間變更及抵押權設定次序之讓與。
3. 附條件或期限之請求權。
如**供役地**所有權人與不動產役權人訂定，在**供役地內建**屋時，不動產役權人應為拋棄不動產役權之意思表示。如甲售地予乙，約定五年內買回等。

預告登記之要件：(1)須有請求人(2)須為保全請求權人之利益(3)須以他人之土地權利為請求對象(4)須為保全物權的權利變更之請求權(5)須經土地權利登記名義人之同意。

預告登記之效力：土地法第七十九之一條：預告登記未塗銷前，登記名義人就其土地所為之處分，對於所登記之請求權有妨礙者無效，但對因徵收、法院判決或強制執行而為新登記，無排除之效力。

㈡**查封**：為保全債權人之債權，依債權人之聲請，由執行法院就執行標的物予以封存，禁止債務人處分標的物。

(三)**假扣押**：為債權人就金錢請求或得易為金錢請求之請求，因保全對於債務人財產之強制執行，而禁止債務人處分其財產之行為。（民事訴訟法第五百二十二條）

(四)**假處分**：係保全債權人就金錢請求以外之請求（例：請求返還被不法侵占之物，在未經法院確定前先予假處分。假處分、假扣押應提供擔保金約債權之三分之一）。（民訴532）

(五)**破產**：「破產」者，謂債務人不能清償其債務時，應為使各債權人獲得平等滿足，兼顧各債權人之利益，經債權人或債務人之聲請，由法院宣告其破產，並將債務人之財產分配予債權人，以免除其債務之一種強制執行程序。有破產聲請時，法院得為必要之保全處分，囑託為破產之登記。（破產法七十五條）

九、塗銷登記

(一) 意義

已登記之土地或建物權利，因權利之拋棄、混同、存續期間屆滿、債務清償、撤銷權之行使或法院之判決等，致權利失其效力，所為之塗銷登記。

(二) 原因

1. 拋棄。

> 何謂預告登記？得申請辦理預告登記之原因及辦理後之效力為何？（91特三）

2. 混同。（債權與債務同歸一人之事實）
3. 存續期間屆滿。
4. 債務清償。
5. 撤銷權之行使。
6. 法院判決。
7. 其他。

十、土地權利信託登記

(一)意義

土地登記規則第一百二十四條規定：本規則所稱土地權利信託登記（以下簡稱信託登記），係指土地權利依信託法辦理信託而為變更之登記。

土地權利信託登記作業辦法附件二規定：土地權利因成立信託關係而移轉或為其他處分所為之登記。不論其原因係法律規定，或以契約、遺囑為之，一律以信託為登記原因。

(二)信託登記之種類

除上開信託登記外,依土地權利信託登記作業辦法第三條規定可分為:

(一)**受託人變更登記**:土地權利信託登記後,受託人有變動、死亡……等所為之受託人變更登記。

(二)**塗銷信託登記**:土地權利於委託人與受託人間,因信託關係之消滅或其他原因而回復至原委託人所有時所為之登記。

(三)**信託歸屬登記**:土地權利因信託關係消滅而移轉予委託人以外之歸屬權利人時所為之登記。

(四)**信託取得登記**:受託人於信託期間,因信託行為取得土地權利所為之登記。

土地法第43條規定:「依本法所為之登記,有絕對效力。」試問:適用本條規定之土地登記,應具備那些要件?請詳細闡述之。(110地政士普)

歷屆國家考題

❶試述限制登記之意義及種類?【75年普考】

❷何謂「土地登記」?我國土地登記制度有何特點?【76年基層丙等】

❸我國土地登記制度與托倫斯登記制度有何異同?試依我國土地法之有關條文分析?【77年高考】

❹何謂重新實施地籍測量?在何種情形下始行辦理?其測量結果應經何項程序始告確定?【77年基層乙等】

❺何以要實施地籍圖重測?其辦理程序如何?土地所有權人對於重測結果認為有錯誤時應如何請求救濟?試分別說明之。【78年基層丙等】

❻對土地或建築改良物逾期未辦理繼承登記,土地法第七十三條之一有何規定?【78年基層乙等】

❼何謂「地籍」?何謂「地籍整理」?地籍整理之程序如何?地籍測量之程序如何?【80年普考】

❽何謂「托倫斯登記制度」?我國土地法地籍編,為何要採用此種登記制度之基本精神?【80年普考】

❾試就現行土地法之規定,申述我國土地登記之損害賠償制度。【81年普考】

❿何謂時效取得土地權利?土地總登記後,合法占有人因主張時效完成,得申請何種土地權利登記?【85中興碩】

84 土地法規與稅法

⓫ 試述地籍圖重測之原因,地籍圖重測時其界址如何認定?重測後法律效力確定程序為何?(91土登、92特三、91特、90普)

⓬ 土地法第 73 條之 1 規定逾期未辦不動產繼承登記之相關處置措施(行政介入),其旨在促使繼承人儘早聲請繼承登記,試列點說明該處置措施之內容。(108地政士普)

遺失的國土 找回萬餘頃

地籍圖重測 國庫增加 10 億元資產

【記者黃福其/台北報導】「遺失的國土」找到了?內政部最近完成全國最新地籍圖重測統計,自民國六十二年至今年,共計完成五百八十一萬多筆土地地籍圖重測,找出未登錄土地達一萬多公頃,全部收歸國有財產局。

內政部發言人顏萬進說,若以每平方公尺一百元計算,地政司土地測量局已替國庫增加十億元資產。

台灣地區原有地籍圖是日治時期測繪至今,謬誤嚴重,政府自卅三年前推動地籍圖重測,年可完成重測。

至今共完成五百八十一筆土地重測,其中台北市、高雄市、基隆市、新竹市、台中市、嘉義市及台南市已完成。

地政司司長吳萬順說,地籍圖重測除達到維護公私產權、提供各單位規畫應用等效益,也可減少民眾界址糾紛、法院官司及地政單位申訴負荷。

他說,目前還有四百萬筆土地待重測,其中有一百八十萬筆具急迫性,預計民國一百零三年可完成重測。

第四篇　土地使用

一、土地使用

(一)土地使用之意義

土地法第八十條規定：「土地使用，謂施以勞力、資本為土地之利用」依此規定，所謂「土地使用」，乃人類投施可移動之勞力、資本於不可移動之土地，而為開發、改良、保育、利用之經濟行為。其影響使用之因素大致有：1.自然條件（如地勢、地質、氣候）2.經濟條件（如：地租、利潤）3.土地制度……等等。

(二)土地使用之目標

土地使用之最高目標即是地盡其利。**地盡其利**乃我國土地使用政策之最高指導原則。

亦即能將土地在合理詳密的計劃下，作最有效、最經濟、最充分的利用，造福國計民生。

(三)土地使用之編定

1.土地使用編定之涵義

所謂土地使用編定,係指國家為謀求土地之經濟、合理使用,避免資源之誤用與浪費,乃由地政機關會同有關機關,依國家經濟政策、地方需要情形及土地所能提供使用之性質,全面規劃各宗土地之使用類別,以為實行土地使用管制之依據。

2. **使用地之編定原則**──土地法第八十一條規定:「直轄市或縣(市)地政機關得就管轄區內之土地,依(1)國家經濟政策。(2)地方需要情形。(3)土地所能提供使用之性質,分別會同有關機關,編為各種使用地。

另依平均地權條例第五十二條規定:為促進土地合理使用,並謀經濟均衡發展,主管機關應依(1)國家經濟政策。(2)地方需要情形。(3)土地所能提供使用之性質。(4)與區域計劃及都市計劃之規定,全面編定各種土地用途。

3. **編定後之使用限制**

(1)得繼續從來之使用

①編為某種使用地之土地,於其所定之使用期限前,仍得繼續為從來之使用(土地法第八十三條)。

②土地使用編定後,其原有使用或原有建築物不合土地使用分區者,在政府令其變更使用或拆除建築物前,得為從來之使用(非都市土地使用管制規則第八條)。

(2)實施管制

①凡編為某種使用地之土地,不得供其他用途之使用。

②都市土地,其使用依**都市計畫法**管制之;非都市土

地，其使用依**非都市土地使用管制規則**管制之。

4.編定後之變更使用（乃配合社會實際情況之演變）

①該管市縣地政機關之核准變更──土地法第八十二條：凡編為某種使用地之土地，不得供其他用途之使用，但經該管市縣地政機關核准，得為他種使用者，不在此限。

②上級地政機關之命令變更──土地法第八十五條，使用地編定公布後，上級地政機關認為有較大利益或較重要之使用時，得令變更之。

5.使用地編定或變更之公佈

使用地之種別或其變更，經該管直轄市或縣（市）地政機關編定，由直轄市或縣（市）政府公布後，應分別通知土地所有權人，並報請中央地政機關備查（土地法第八十四條及其施行法第廿條）。

依土地法與平均地權條例之規定，請說明編定各種土地用途時，所依據之原則。（87普）

二、空地之使用管制

(一)空地之意義

1. 土地法之規定：凡編為建築用地，未依法使用者，為空地。土地建築改良物價值不及所占基地申報地價百分之二十者，視為空地。（土地法第八十七條）

2. 平均地權條例之規定：空地，指已完成道路，排水及電力設施，於有自來水地區，並已完成自來水系統，而仍未依法建築使用；或雖建築使用，而其建築改良物價值不及所占基地申報地價百分之十，且經直轄市或縣（市）政府認定應予增建、改建或重建之私有及公有非公用建築用地。（第三條第七款）

(二)劃定空地應符合之要件（範圍之劃定）

直轄市或縣（市）政府對於轄區內之空地，得視建設發展情形，由工務（建設）機關會同地政、稅捐機關，分別劃定區域，限期建築、增建、改建或重建。

劃定空地限期建築使用之地區範圍，應符合左列規定：

1. 都市土地依法得核發建造執照，或非都市土地經編為乙種建築用地屆滿五年。

2. 無限建、禁建情事。（平均地權條例施行細則第四十條）

> 何謂「空地」？並請說明相關法規對空地的處罰原則。（85高三）

(三) 消除空地之方法（空地之處理方式）

1. **土地法之規定**：限期強制依法使用，逾期未使用者，應於依法使用前加徵空地稅。土地法第八十九條規定：「市縣地政機關對於管轄區內之私有空地及荒地，得劃定區域，規定期限，強制依法使用。」另依同法第一七三條規定：「私有空地，經限期強制使用而逾期未使用者，應於依法使用前，加徵空地稅。

前項**空地稅**，不得少於應繳地價稅之**三倍**，不得超過應繳地價稅之十倍。」

2. **平均地權條例之規定**：限期建築使用，逾期仍未建築、增建、改建或重建者，加徵空地稅或照價收買。平均地權條例第廿六條規定：「直轄市或縣（市）政府對於私有空地，得視建設發展情形，分別劃定區域，限期建築、增建、改建或重建；逾期未建築、增建、改建或重建者，按該宗土地應納地價稅基本稅額加徵**二倍至五倍之空地稅**或**照價收買**。經依前項規定限期建築、增建、改建或重建之土地，其新建之改良物價值不及所占基地申報地價**百分之五十者**，直轄市或縣（市）政府不予核發建築執照。」

(四) 空地限建之期限

直轄市或縣（市）政府劃定空地限期建築使用之地區範圍，其請領建造執照開工建築之期限，在直轄市或省轄市為二年，在縣轄市或鄉鎮為三年（平均地權條例施行細則第四十一條）。

三、荒地之使用管制

(一) 荒地之意義

1. **土地法之規定**——凡編為農業或其他直接生產用地，未依法使用者，為荒地。但因農業生產之必要而休閒之土地，不在此限。（土地法第八十八條）

2. **平均地權條例之規定**——凡農業用地閒置不用者，為荒地。但有下列情形之一者不在此限：（第二十六條之一）

(1)因農業生產或政策之必要而休閒者。
(2)因地區性生產不經濟而休耕者。
(3)因公害污染不能耕作者。
(4)因灌溉、排水設施損壞不能耕作者。
(5)因不可抗力不能耕作者。

(二)荒地之處理方式

1.土地法

(1)加徵荒地稅——直轄市或縣（市）地政機關對於管轄區內之私有荒地，得劃定區域，規定期限，強制依法使用，逾期未使用者，應於依法使用前加徵**荒地稅**。前項荒地稅不得少於應徵之地價稅，不得超過應繳地價稅之**三倍**。（第八十九條及第一百七十四條參照）

(2)照價收買——私有荒地，逾期不使用者，該管市縣政府得照申報地價收買之。（第八十九條第二項）

2.平均地權條例

(1)限期使用或委託經營——農業用地閒置不用，經直轄市或縣（市）政府報經內政部核准通知限期使用或命其委託經營。

(2)加徵荒地稅——用地逾期仍未使用或委託經營者，按應納**田賦**加徵**一倍至三倍**之荒地稅。

(3)照價收買——用地閒置不用，經加徵荒地稅滿三年，仍不使用者，得照價收買。（第二十六條之一參照）

四、農場之擴大經營

為改善傳統人、畜力之耕作及農場之細碎分散、技術落後、資本缺乏……等現象，以適應現代化、企業化、機械化之經營。

(一)土地法（第八十六條）

直轄市或縣（市）地政機關於管轄區之農地，得依集體耕作方法，商同主管農林機關，為集體農場面積之規定……。（此處之集體農場係以自由平等、互助合作、不否定私有財產權及集體耕作所獲利益統歸農民公平分享為原則，其與共產制度之沒收土地及控制生產工具顯有不同。）

(二)農業發展條例

第三十條：主管機關應獎勵輔導家庭農場，擴大經營規模；並籌撥資金，協助貸款或補助。

前項擴大經營規模，得以組織農業產銷班、租賃耕地、委託代耕或其他經營方式為之。

第三十一條：耕地之使用及違規處罰，應依據區域計畫法相關法令規定，其所有權之移轉登記依據土地法及民法之規定辦理。

第三十三條：私法人不得承受耕地。但符合第三十四條規定之農民團體、農業企業機構或農業試驗研究機構經取得許可者，不在此限。

五、區域計劃

由於工商之發展與都市化速度之加劇，造成都市之惡性膨脹，引起整個經濟發展與社會建設之失調，如：都市土地投機、地價暴漲、交通混亂、公害嚴重、都市與農村人口分佈不均、資源開發不平衡及個別都市計劃間之衝突……等。鑒於上述都市化所遭遇之種種問題，為求健全都市與鄉村之均衡發展及人力與自然資源之合理運用，乃有區域計畫之產生。區域計畫上承全國土地綜合開發計畫，下續都市計畫、單一開發建設事業計畫及非都市土地分區使用計畫，故其亦為具有聯繫與協調功能之計畫。

(一)區域計畫之意義、目的（目標）與性質

意義——區域計畫法第三條：所稱區域計畫，係指基於地理、人口、資源、經濟活動等相互依賴及共同利益關係而制定之區域發展計畫。

目的——為促進土地及天然資源之保育利用，人口及產業活動之合理分布，以加速並健全經濟發展，改善生活環境，增進公共福利（區域計畫法第一條）。

性質——區域計畫法第十一條規定：「區域計畫公告實施後，應擬定市鎮計畫、鄉街計畫、特定區計畫。凡依區域計畫或已有計畫而須變更者，當地都市計畫主管機關應按規定期限辦理擬定或變更手續。未依期限辦理者，其上級主管機關得代為擬定或變更之。」另於第十二條規

定:「區域計畫公告實施後,區域內有關之開發或建設事業計畫,均應與區域計畫密切配合。必要時應修正其事業計畫,或建議主管機關變更區域計畫。」故區域計畫在性質上為都市計畫、工業區計畫或新市鎮開發計畫……等低階計畫之直接指導計畫。

(二)區域計畫之內容與區域範圍(應擬定區域計畫之地區)

內容——區域計畫法第七條規定:區域計畫應以文字及圖表,表明下列各項:

1. 區域範圍。
2. 自然環境。
3. 發展歷史。
4. 區域機能。
5. 人口及經濟成長、土地使用、運輸需要、資源開發等預測。
6. 計畫目標。
7. 都市發展模式及工業區位計畫。
8. 自然資源之開發及保育。
9. 土地分區使用計畫及土地分區管制。
10. 區域性產業發展計畫。
11. 區域性運輸系統計畫。
12. 區域性公共設施計畫。
13. 區域性觀光遊憩設施計畫。

14. 區域性環境保護設施計畫。
15. 實質設施發展順序。
16. 實施機構。
17. 其他。

範圍──區域計畫法第五條規定，下列地區應擬定區域計畫：
1. 依全國性綜合開發計畫或地區性綜合開發計畫所指定之地區。
2. 以首都、直轄市、省會或省（縣）轄市為中心，為促進都市實質發展而劃定之地區。
3. 其他經內政部或省政府指定之地區。

●臺灣地區區域計畫分區（內政部67.8.15台內地字第八〇二六八八號函）
1. 臺灣北部：臺北、桃園、基隆、新竹、宜蘭。
2. 臺灣中部：苗栗、臺中、彰化、南投、雲林。
3. 臺灣南部：嘉義、臺南、高雄、屏東、澎湖。
4. 臺灣東部：臺東、花蓮。

(三)區域計畫之訂定與變更

訂定：
1. 擬定機關：
   (1)跨越兩省（市）行政區以上之區域計畫，因中央主管機關擬定。
   (2)跨兩個縣（市）行政區之上之區域計畫，由中央主

管機關擬定。

(3)跨越兩個鄉、鎮（市）行政區以上之區域計畫，由縣主管機關擬定。

2. 核定程序：

(1)中央主管機關擬定之區域計畫，應經中央區域計畫委員會審議通過，報請行政院備案。

(2)省（市）主管機關擬定之區域計畫，應經直轄（市）區域計畫委員會審議通過，報請中央主管機關核定。

(3)縣（市）主管機關擬定之區域計畫，應經縣（市）區域計畫委員會審議通過，報請省主管機關核定，並轉報中央主管機關備案。（區域計畫法第六、九條參照）。

變更：區域計畫法第十三條規定：區域計畫公告實施後，擬定計畫之機關應視實際發展情況，每五年通盤檢討一次，並作必要之變更，但有下列情事之一者，得隨時檢討變更之：

(1)發生或避免重大災害。

(2)興辦重大開發或建設事業。

(3)區域計畫推行委員會之建議。

(四)**區域土地使用管制**

區域內之土地使用管制可分為都市土地與非都市二種。

1. **都市土地使用之管制**──應依區域計畫劃定之都市

地區範圍，由都市計畫主管機關依都市計畫法規定，按規定期限，分別辦理擬定或變更其市鎮計畫、鄉街計畫或特定區計畫之手續，實施都市土地分區使用計畫及使用管制。

2. **非都市土地使用之管制**，應由有關直轄市或縣市政府，按照區域計畫所定「非都市土地分區使用計畫」劃定非都市土地各種使用區域或專用區界線，制定「非都市土地使用分區圖」並編定各種使用地，實施土地分區使用管制。故其結構由上而下可分為三個層次，即：(1)區域計畫之「非都市土地分區使用計畫」；(2)使用分區之「劃定非都市土地使用區」及(3)使用編定之「編定各種使用地」——非都市土地使用管制之結構。違反管制使用規定者，該管直轄市，縣（市）政府得限期令其變更使用或拆除其建築物，恢復土地原狀……。

(五)非都市土地「使用區」之劃定

使用區之類別，依區域計畫法施行細則及非都市土地使用管制規則之規定，計有下列十類。

非都市土地得劃定為下列各種使用區：

1. **特定農業區**：優良農地或曾經投資建設重大農業改良設施，經會同農業主管機關認為必須加以特別保護而劃定者。
2. **一般農業區**：特定農業區以外供農業使用之土地。
3. **工業區**：為促進工業整體發展，會同有關機關劃定

者。

4. **鄉村區**：為調和、改善農村居住與生產環境及配合政府興建住宅社區政策之需要，會同有關機關劃定者。

5. **森林區**：為保育利用森林資源，並維護生態平衡及涵養水源，依森林法等有關法令，會同有關機關劃定者。

6. **山坡地保育區**：為保護自然生態資源、景觀、環境，與防治沖蝕、崩塌、地滑、土石流失等地質災害，及涵養水源等水土保育，依有關法令，會同有關機關劃定者。

7. **風景區**：為維護自然景觀，改善國民康樂遊憩環境，依有關法令，會同有關機關劃定者。

8. **國家公園區**：為保護國家特有之自然風景、史蹟、野生物及其棲息地，並供國民育樂及研究，依國家公園法劃定者。

9. **河川區**：為保護水道、確保河防安全及水流宣洩，依水利法等有關法令，會同有關機關劃定者。

10. **其他使用區域特定專用區**：為利各目的事業推動業務之實際需要，依有關法令，會同有關機關劃定並註明其用途者。

(六)非都市土地「編定」使用地之種類

依區域計畫法施行細則及非都市土地使用管制規則之規定，計編定為左列十八種用地。

1. **甲種建築用地**：供山坡地範圍外之農業區內建築使

用者。
　　2. **乙種建築用地**：供鄉村區內建築使用者。
　　3. **丙種建築用地**：供森林區、山坡地保育區、風景區及山坡地範圍之農業區內建築使用者。
　　4. **丁種建築用地**：供工廠及有關工業設施建築使用者。
　　5. **農牧用地**：供農牧生產及其設施使用者。
　　6. **林業用地**：供營林及其設施使用者。
　　7. **養殖用地**：供水產養殖及其設施使用者。
　　8. **鹽業用地**：供製鹽及其設施使用者。
　　9. **礦業用地**：供礦業實際使用者。
　　10. **窯業用地**：供磚瓦製造及其施設使用者。
　　11. **交通用地**：供鐵路、公路、捷運系統、港埠、空運、氣象、郵政、電信等及其設施使用者。
　　12. **水利用地**：供水利及其設施使用者。
　　13. **遊憩用地**：供國民遊憩使用者。
　　14. **古蹟保存用地**：供保存古蹟使用者。
　　15. **生態保護用地**：供保護生態使用者。
　　16. **國土保安用地**：供國土保安使用者。
　　17. **墳墓用地**：供喪葬設施使用者。
　　18. **特定目的事業用地**：供各種特定目的之事業使用者，前項各種使用地編定完成後，直轄市或縣（市）政府應報內政部核備。變更編定時，亦同。

(七) 非都市土地使用之管制

依非都市土地使用管制規則之規定，非都市土地之使用，除國家公園內土地，由國家公園主管機關依法管制外，其餘均按其編定使用地之類別（不再以地目為管制手段），由直轄市或縣（市）政府管制其使用，並由當地鄉、鎮（市）（區）公所隨時檢查，其有違反編定使用者，應即報請直轄市或縣（市）政府處理。山坡地範圍內之森林區、山坡地保育區及風景區，在未編定使用地之類別前，適用林業用地管制。使用編定後，不合土地使用分區規定者，在政府令其變更使用或拆除建物前，得為從來之使用。

> 試依區域計畫法之規定，說明非都市土地使用管制之結構為何？又，依土地稅法之規定，都市計畫公共設施保留地之地價稅如何課徵？依都市計畫法之規定，私有公共設施保留地之取得方式為何？以上三問，請依序分別說明之。【106經紀人普】

六、都市計畫

「都市」歷來為政治、經濟、文化中心，其經濟活動與社會結構非常複雜，各種生產交易、消費事業對土地需

要之迫切、利用之集約,也遠非其他使用地所可比擬。加以都市土地稀少,地位之優劣又決定其使用價值,如容許土地使用權之絕對自由,勢必發生投機壟斷與嚴重之衝突。因此,都市土地使用之整體規劃設計與實施各種管制,乃為促進都市健全發展與謀求全體居民利益之不可或缺的工作。

(一)都市計畫之意義與目的

都市計畫,係指在一定地區內有關都市生活之經濟、交通、衛生、保安、國防、文教、康樂與重要設施,作有計畫之發展,並對土地使用作合理之規劃。其目的乃為改善居民生活環境,並促進市、鎮、鄉街有計畫之均衡發展(都市計畫法第一、三條)。

(二)都市計畫之種類及適用地區

依都市計畫法之規定,其種類及適用範圍分別如下:(參照都市計畫法第九、十、十一、十二條)

1. 市(鎮)、計畫:下列各地方應擬定市(鎮)計畫:

(1)首都、直轄市。

(2)省會、市。

(3)縣(局)政府所在地、及縣轄市。

(4)鎮。

(5)其他經內政部或縣(市)(局)政府指定應係本法

擬定市（鎮）計劃之地區。

  2. **鄉街計畫**：下列各地方應擬定鄉街計畫：

(1)鄉公所所在地。

(2)人口集居五年前已達三千，而在最近五年內已增加三分之一以上之地區。

(3)人口集居達三千，而其中工商人口占就業總人口百分之五十以上之地區。

(4)其他經縣（局）政府指定應依本法擬定鄉街計畫之地區。

  3. **特定區計畫**：為發展工業或為保持優美風景或因其他目的而劃定之特定地區，應擬定特定區計畫。

(三)都市計畫之內容

  都市計畫之訂定，依其內涵分為「主要計畫」及「細部計畫」兩個層次。**主要計畫**乃都市計畫之基本構想，為擬定細部計畫之準則。其包括有主要計畫書及主要計畫圖。主要計畫書，應視實際情形，表明下列事項：

  1. 當地自然、社會及經濟狀況之調整與分析。

  2. 行政區域及計畫地區範圍。

  3. 人口之成長、分布、組成、計劃年期內人口與經濟發展之推計。

  4. 住宅、商業、工業及其他土地使用之配置。

  5. 名勝、古蹟及具有紀念性或藝術價值應予保存之建築。

6. 主要道路及其他公眾運輸系統。

7. 主要上下水道系統。

8. 學校用地、大型公園、批發市場及供作全部計畫地區範圍使用之共公設施用地。

9. 實施進度及經費。

10. 其他應加表明之事項。

前項主要計畫書,除用文字、圖表說明外,應附主要計畫圖,其比例尺不得小於一萬分之一;其實施進度以五年為一期,最長不得超過二十五年。(都市計畫法第十五條)

細部計畫係以主要計畫為指導原則,用細部計畫書及細部計畫圖表明左列事項,以做為實施都市計畫之依據。

1. 計畫地區範圍。

2. 居住密度及容納人口。

3. 土地使用分區管制。

4. 事業及財務計畫。

5. 道路系統。

6. 地區性之公共設施用地。

7. 其他。

前項細部計畫圖比例尺不得小於一千二百分之一,以期與地籍圖相配合。主要計畫之實施進度,應訂定分區**發展優先次序**,其列為第一期發展地區應於主要計畫發布實施後,最多**二年**完成細部計畫,並於細部計畫發布後,最多五年完成公共設施。未發布細部計畫地區,為避免人民

濫建，應限制其建築使用及變更地形。主要計畫發布已逾二年以上，而能確定建築線或主要公共設施已照主要計畫興建完成者，得依有關建築法令規定，由主管建築機關**指定建築線，核發建築執照**（都市計畫法第十七條參照）。

(四)都市計畫之擬定程序

1.擬定計畫之機關

都市計畫法第九條規定：都市計畫分為市鎮計畫、鄉街計畫、特定區計畫等三種，依同法第十三、十四條規定，其擬定機關如下：

(1)市計畫由市政府擬定，鎮、縣轄市及鄉街計畫分別由鎮、縣轄市及鄉公所擬定，必要時得由縣（局）政府擬定。

(2)特定區計畫由直轄（市）、縣（市）（局）政府擬定。

(3)相鄰接近之行政地區，得由有關行政單位之同意，會同擬定聯合都市計畫，但其範圍未逾越省境或縣（局）境者，得由縣（局）政府擬定。

2.公開展覽與審議

主要計畫擬定後，應先送該管都市計畫委員會審議，惟於審議前應在直轄市、縣（市）（局）政府及鄉、鎮或縣轄市公所公開展覽三十天及舉行說明會，在此期內，任何公民或團體得向該管政府以書面載明姓名或名稱及地址提出意見，由該管政府都市計畫委員會予以參考審議，連

同審議結果及主要計畫一併報請上內政部予以核定（同法第十九條）

3.核定與發布實施

都市計畫法第二十條規定，主要計畫應依左列規定分別層報核定之：(1)首都之主要計畫，由內政部核定，轉報行政院備案。(2)直轄市、省會及省市之主要計畫，由內政部核定。(3)縣政府所在地及縣轄市之主要計畫，由內政部核定。(4)鎮及鄉街之主要計畫，由內政部核定。(5)特定區計畫由縣（市）（局）政府擬定者，由內政部核定；直轄市政府擬定者，由內政部核定，轉報行政院備案；內政部訂定者，報行政院備案。

主要計畫經核定或備案後，當地直轄市、縣（市）（局）政府應於接到核定或備案公文之日起三十日內，將主要計畫書及計畫圖發布實施，並應將發布地點及日期登報周知，使人民以公開閱覽。內政部訂定之特定區計畫，層交當地直轄市、縣（市）（局）政府依前項之規定發布實施。當地直轄市、縣（市）（局）政府未依前項規定之期限發布者，上級政府得代為發布之（都市計畫法第二十一條）。

(五)都市計畫之變更

1. **定期變更**──都市計畫法第廿六條規定：「都市計畫經發布實施後，不得隨時任意變更。但擬定計畫之機關每五年至少應通盤檢討一次，依據發展情況並參考人民建

議作必要之變更。對於非必要之公共設施用地,應變更其使用。」──每五年通盤檢討一次。

2. **迅行變更**──都市計畫法第廿七條規定:「都市計畫經發布實施後,遇有下列情事之一時,當地直轄市、縣(市)(局)政府或鄉、鎮、縣轄市公所,應視實際情況迅行變更:

(1)因戰爭、地震、水災、風災、火災或其他重大事變遭受損壞時。

(2)為避免重大災害之發生時。

(3)為適應國防或經濟發展之需要時。

(4)為配合中央或省(市)興建之重大設施時。

前項都市計畫之變更,上級政府得指定各該擬定之機關限期為之,必要時並得逕為變更。

(六)**都市土地使用分區管制**

1. **土地使用之區別**:依都市機能不同,一般劃分為住宅、商業、工業、行政、文教、風景、農業保護區或特定專用區,再按使用區別,配合交通運輸系統,規劃重要公共設施布置之。

(1)土地法第九十一條:都市區域之土地得依都市計畫法,分別劃定為限制使用區及自由使用區(各國現多不許有自由使用區之存在)。

(2)都市計畫法第三十二條:都市計畫得劃定住宅、商業、工業等使用區,並得視實際情況劃定其他使用區或特

定專用區。

　　2. **土地使用區之管制**：亦即對都市計畫各種使用區及特定專用區內土地、建物之使用種別（如：住宅區以建築住宅為主）、使用強度（如：建蔽率、建物物高度、容積率……）等，依規定予以限制使用。

　　●**建蔽率**：指建築物面積占基地面積之比率（如都市計畫法台灣省施行細則規定：住宅區建蔽率為十分之六；商業區為十分之八；農業區為十分之一）。

　　●**容積率**：即建築物各層（包括地下層）之總樓地板面積與建築基地面積之比率，其單位以％表示之。

　　●**空地比率**：即基地內空曠地面積與基地總面積之比率。

(七)公共設施用地與公共設施保留地（預定地）

　　1. **公共設施用地**：指供做公共設施使用之土地，依都市計畫法第四十二條規定，都市計畫地區範圍內，應視實際情況，分別設置下列公共設施用地：

　　⑴道路、公園、綠地、廣場、兒童遊樂場、民用航空站、停車場所、河道及港埠用地。

　　⑵學校、社教機關、體育場所、市場、醫療衛生機構及機關用地。

　　⑶上下水道、郵政、電信、變電所及其他公用事業用地。

　　2. **公共設施保留地**：指都市計畫範圍內，經劃設公共

設施用地而未經開闢或使用之公私有土地。台灣地區之公共設施保留地,有日據日期保留迄今者,有光復後保留迄今者;此種長期凍結土地之措施,不但影響土地所有權人之權益,而且也造成都市之環境更趨惡劣。

3. 公共設施保留地之取得

⑴應儘先利用適當之公有土地(都市計畫法第四十二條)

⑵土地法對公共設施預定地保留徵收之規定——第九十三條:依都市計畫已公布為道路或其他公共使用之土地得為保留徵收。

●保留徵收——謂就舉辦事業將來所需用之土地,在未需用以前,預為呈請核定公布其徵收之範圍,並禁止妨礙徵收之使用(土地法第二一三條)

⑶都市計畫法對公共設施保留地取得、補償與使用限制之規定。

A 取得方式

①公用事業——徵收或購買(如水、電、郵政、電信用地)。

②其他道路、公園等:由該管政府或鄉鎮公所以——徵收、區段徵收、市地重劃等方式取得。都市計畫法第四十八條規定:「依本法指定之公共設施保留地供公共事業使用者,由各該事業機構依法予以徵收或購買。其餘由該管政府、鄉、鎮縣轄市公所依下列方式取得:1.徵收。2.區段徵收。3.市地重劃。」

B 徵收之補償：

依都市計畫法徵收或區段徵收之公共設施保留地，其地價補償以徵收當期毗鄰非公共設施保留地之平均公告土地現值爲準，必要時得加成補償之，但加成最高不超過百分之四十爲限；其地上建築改良物之補償以重建價格爲準。（都市計畫法第四十九條）

C 公共設施保留地之使用限制

①公共設施保留地在未取得前，得爲臨時建築使用。

公共設施保留地在未取得前，得申請爲臨時建築使用。

前項臨時建築之權利人，經地方政府通知開闢公共設施並限期拆除回復原狀時，應自行無條件拆除，其不自行拆除者，予以強制拆除。都市計畫公共設施保留地臨時建築使用辦法，由內政部定之。（都市計畫法第五十條）。

②公共設施保留地不得爲妨礙其指定目的之使用。

依都市計畫法指定之公共設施保留地，不得爲妨礙其指定目的之使用。但得爲繼續爲原來之使用或改爲妨礙目的較輕之使用。（第五十一條）

4. 公共設施保留地之減免賦稅

⑴地價稅之減免——平均地權條例第廿三條規定：「都市計畫公共設施保留地，在保留期間仍爲建築使用者，除自用住宅用地依第二十條之規定外，統按千分之六計徵地價稅；其未作任何使用並與使用中之土地隔離者，免徵地價稅。」

(2)增值稅之減徵──平均地權條例第四十二條規定：「被徵收之土地，免徵其土地增值稅。

依都市計畫法指定之公共設施保留地尙未被徵收前之移轉，準用前項規定，免徵土地增值稅。但經變更爲非公共設施保留地後再移轉時，以該土地第一次免徵土地增值稅前之原規定地價或前次移轉現值爲原地價，計算漲價總數額，課徵土地增值稅。

依法得徵收之私有土地，土地所有權人自願按徵收補償地價售與需地機關者，準用第一項之規定。

經重劃之土地，於重劃後第一次移轉時，其土地增值稅減徵百分之四十。」

(3)所得稅、遺產稅或贈與稅之免徵──都市計畫法第五十條之一規定：「公共設施保留地因依第四十九條第一項徵收取得之加成補償免徵所得稅；因繼承或因配偶、直系血親間之贈與而移轉者，免徵遺產稅或贈與稅。」

5. **公共設施保留地之收回權**──都市計畫法第八十三條規定：「依本法規定徵收之土地，其使用期限，應依照其呈經核准之計畫期限辦理，不受土地法第二百一十九條之限制。不依照核准計畫期限使用者，原土地所有權人得照原徵收價額收回其土地。」

6. **公共設施保留地取得所需經費來源**：(1)編列年度預算(2)工程受益費之收入(3)土地增值稅部分收入之提撥(4)私人團體之捐獻(5)上級政府之補助(6)其他辦理都市計畫事業之盈餘(7)都市建設捐之收入(8)發行公債或土地債券（都

市法第七十七、七十八條）。

七、新市區之建設

㈠**新市區建設之意義**：由於都市急速膨脹，社會病態重生，為謀容納、疏導擁擠市中心之不正當工業與人口過密，促進土地經濟合理之利用，乃於大都市外，有計畫選擇適當地點，規劃建設新市鎮或新社區，依都市計畫法之規定，新市區建設係指建築物稀少，尚未依照都市計畫實施建設發展之地區。

㈡**新市區建設之用地取得**

1. 土地法之規定（區段徵收）

土地法第九十二條規定：「新設之都市，得由政府依都市計畫法，將市區之全部或一部依法徵收、整理重劃，再照徵收原價分宗放領，但得加收整理土地所需之費用。」

2. 都市計畫法之規定（區段徵收或土地重劃）

縣（市）（局）政府為實施新市區之建設，對於劃定範圍內之土地及地上物得實施區段徵收或土地重劃。（都市計畫法第五十八條）

3. 平均地權條例之規定（區段徵收或市地重劃）

各級主管機關為開發新都市、新社區之需要，得選擇適當地區實施區段徵收或市地重劃（參照平均地權條例第五十三條及第五十六條）

八、舊市區之更新（都市更新）

(一)**舊市區更新之意義**：指舊有建築物密集，畸零破舊，有礙觀瞻，影響公共安全，必須拆除重建、就地整建或特別加以維護之地區而言（都市計畫法第七條）

舊市區更新之目的

實施都市更新之目的或功能約有左列八項：
1. 創造良好都市生活環境。
2. 防患災害或重建災區。
3. 改善社會環境。
4. 增加都市中心地區之住宅供應。
5. 經濟合理使用土地資源。
6. 改善都市空間結構，配合發展需要，充實或改變都市功能。
7. 維護文化古蹟，並發揮文化古蹟之教育功能。
8. 創造就業機會，協助開闢建材市場。

(二)**都市更新地區之處理方式**

都市更新處理方式分為下列三種：（都市計畫法第六十四條第一項）

1. **重建**：係為全地區之徵收、拆除原有建築、重新建築、住戶安置，並得變更其土地使用性質或使用密度。
2. **整建**：強制區內建築物為改建、修建、維護或設備之充實，必要時對部分指定之土地及建築物徵收、

拆除及重建，改進區內公共設施。
3. **維護**：加強區內土地使用及建築管理，改進區內公共設施，以保持其良好狀況。

㈢**都市更新之土地取得**：辦理更新計畫，對於更新範圍內之土地及地上物，得依法實施徵收或區段徵收（都市計畫法第六十八條）。其地價補償則比照平均地權條例第十條之規定，以徵收當期之公告現值為準，並得發行土地債券給付之（都市計劃法第七十八條）。

●土地重劃、土地徵收及區段徵收之區別（本篇於第五篇另有詳述）。

1. 土地重劃與土地徵收及區段徵收之區別

私有地經徵收（含區段徵收）原土地所有權人領取地價補償費即喪失土地所有權，而私有土地經重劃後，其面積、形狀雖有變更，但仍分配予原所有權人。

2. 土地徵收（一般徵收）與區段徵收之區別

⑴範圍──前者限於事業實際所需用之土地，面積較小，而後者係一定區域內之土地全部徵收。

⑵徵收後之土地所有權──二者均喪失唯區段徵收後，如經土地所有權人之申請，得以徵收後可供建築之土地抵付──即抵價地。抵價地總面積以徵收總面積百分之五十為原則；其因情形特殊，經上級主管機關核准者不在此限。但不得少於百分之四十。

九、房屋及基地租用

(一)房屋租用

1.房屋不足之救濟

①城市地方,應由政府建築相當數量之準備房屋,供人民承租自住之用。

②直轄市或縣(市)政府為救濟房屋不足,經行政院核准,得減免新建房屋之土地稅及改良物稅,並定減免期限。

③城市地方每一人民自住之房屋間數,得由直轄市或縣(市)政府斟酌當地情形,為必要之限制。但應經民意機關之同意(土地法第九十四條~九十六條)。

2.房屋租金之限制

①**政府興建之準備房屋**

城市地方,應由政府建築相當數量之準備房屋,供人民承租自住之用。其租金不得超過土地及其建築物價額年息百分之八(土地法第九十四條)。

②**其他房屋**。

城市地方房屋之租金,以不超過土地及其建築物申報總價額年息百分之十為限。約定房屋租金超過前項規定者,該管直轄市或縣(市)政府得依前項所定標準強制減定之(土地法第九十七條)。

3.租賃擔保金之限制

以現金為租賃之擔保者,其現金利息視為租金之一部。前項利率之計算,應與租金所由算定之利率相等。又此擔保之金額,不得超過二個月房屋租金之總額,已交付之擔保金,超過前項之限制者,承租人得以超過之部分,抵付房租(土地法第九十八~九十九條)。

4.終止租約收回房屋之限制

①民法之規定

⑴**租賃定有期限者**,其租賃關係於期限屆滿時消滅。但租賃期限屆滿後,承租人仍為租賃物之使用收益。而出租人不即表示反對之意思者,視為以不定期限繼續契約(民法第四百五十條及第四百五十一條)。

⑵**租賃未定期限者**,各當事人得隨時終止契約,但有利於承租人之習慣者,從其習慣。前項終止契約,應依習慣先期通知(民法第四百五十條)。

⑶**無論定期租賃或未定期租賃**,有下列情形之一時,出租人得終止租賃契約:

①承租人不依約定方法於租賃房屋之使用收益,出租人阻止而仍繼續為之者(民法第四百三十八條)。

②承租人遲延支付房屋租金達二個月之總額,經出租人定相當期限催告,而承租人於期限內不為支付者(民法第四百四十條)。

③承租人非經出租人承諾,將租賃之房屋全部轉租於他人時,或有反對一部轉租之約定,而承租人仍將房屋一部分轉租於他人時(民法第四百四十三條)。

> 土地法對於房屋不足地區之救濟有何規定？出租人終止租約，收回房屋之限制，土地法有何規定？（88升）

②土地法之規定

出租人非因下列情形之一，不得收回房屋：

(1)出租人收回自住或重新建築時。

(2)承租人違反民法第四百四十三條第一項規定轉租於他人時。

(3)承租人積欠租金額，除以擔保金抵償外，達二個月以上。

(4)承租人以房屋供違反法令之使用時。

(5)承租人違反租賃契約時。

(6)承租人損壞出租人之房屋或附著財物，而不為相當之賠償時（土地法第一百條）。

●判例

【68年台上字第1340號】

土地法第一百零一條雖規定：「因房屋租用發生爭議，得由該管市縣地政機關予以調處」，既僅定為「得」由該管地政機關調處，自非「應」由執行機關調處之強制規定，則被上訴人未經該項調處程序，逕行起訴，仍為法之所許。

【70年台上字第1401號】

土地法第一百條第一款所謂出租人收回重新建築，係以充分利用土地為目的，故祇須租賃物在客觀上有重建之

必要者，出租人即得依該款規定終止租約。至出租人收回房屋係由自己重新建築，抑或與他人合建，甚至供由他人重建，均非所問。

【79年台上字第2678號】

房屋所有人與基地所有人間就基地有租賃關係，如當事人間無相反之特約，則房屋所有人將其房屋一部分供與他人使用，是為所有人對於地上房屋使用收益權之行使，此與單純之基地轉租有別，尚難構成終止基地租約之原因。

(二)基地租用

1.地上權之登記：

租用基地建築房屋，應由出租人與承租人於契約成立後二個月內，聲請該管直轄市或縣（市）地政機關為地上權之登記（土地法第一百零二條）。（學說稱為「準地上權」）

2.基地租金與擔保金之限制：

城市地方租用基地租金以不超過基地申報地價總額年息百分之十為限，約定租金超過此項規定者，該管市縣政府得依法強制減定之。其租賃擔保金額不得超過二個月基地租金之總額，已交付之擔保金額超過前項限度者，承租人得以超過部分抵付基地租金（土地法第一百零五條；同法第九十七條及第九十九條規定參照）。

3.基地收回之限制：

租用建築房屋之基地，非因下列情形之一，出租人不

得收回：

(1)契約年限屆滿時。

(2)承租人以基地供違反法令之使用時。

(3)承租人轉租於他人時。

(4)承租人積欠租金額，除以擔保現金抵償外，達二年以上時。

(5)承租人違反租賃契約（土地法第一百零三條）。

4.基地或房屋之優先購買權：

基地出賣時，地上權人、典權人或承租人有依同樣條件優先購買之權。房屋出賣時，基地所有權人有依同樣條件優先購買之權，其順序以**登記之先後定之**。

前項優先購買權人。於接到出賣通知後十日內不表示者，其優先權視為放棄。出賣人未通知優先購買權人而與第三人訂立買賣契約者，其契約不得對抗優先購買權人（土地法第一百零四條）。

土地法第一百零四條所規定之優先購買權，具有**物權效力**，而與第三十四之一條之所規定之共有人優先購買權僅具**債權效力**者不同（最高法院六十八年台上三一四一號判例）。蓋因土地法第一百零四條第二項後段訂有「出賣人未通知優先購買權人而與第三人訂立買賣契約者，其契約不得對抗優先購買權人」之明文，而使此一優先購買權，不僅於當事人之間可以主張，對於第三人亦得主張。依最高法院六十七年台上第二○六二號判決：「查修正土地法第一百零四條第一項所規定之優先購買權，其立法理

由在於避免土地所有與土地利用分離，違反該條規定者，依同條第二項之規定，其買賣契約不得對抗優先購買權人。反之，同法第三十四之一條第四項所規定之共有人優先承購權，僅係共有人間之權利、義務關係，並無對抗第三人之效力，足見前者之效力較之後者強大。且現行土地政策之避免土地畸零及所有權分散等，係對農地及空地而言，如地上已由第三人建有房屋，即無保護基地共有人，使其優先承購他共有人應有部分之必要。故應認修正土地法第一百零四條第一項之優先購買權，較共有人之優先購買權優先，方合立法本旨。」

所謂「**優先購買權**」即學說上所謂「**先買權**」，係指於該基地或房屋出賣與第三人時，有權向所有人以意思表示，使其負有依同樣條件優先於第三人移轉其所有權於自己之義務，而自己負有支付所有權人原與第三人所約定代價之義務之權。

土地法第一百零四條係規定租用基地建築房屋之承租人，於出租人之基地出賣時，有優先承買權，其出租人於承租人之房屋出賣時，有優先購買權。**旨在使基地與基地上之房屋合歸一人所有**，以盡經濟上之效用，並杜紛爭，如基地承租人於基地上根本未為房屋之建築者，當無該條規定之適用（最高法院六十五台上字第五三○號判例）。

土地法第一百○四條對基地或房屋之優先買權有何規定？（91地政士）

●定有存續期間之地上權,於期限屆滿時,地上權當然消滅(最高法院六十九年度第七次民事庭會議決議參照),……原地上權人既已不再享有地上權,自不得主張優先承買權(內政部(79)內地字第八四八一九九號函)。

●土地法第一百零四條第一項規定:基地出賣時,地上權人、典權人或承租人有依同樣條件優先購買之權。房屋出賣時,基地所有權人有依同樣條件優先購買之權。係指房屋與基地分屬不同之人,所有房屋所有人對於土地並有地上權、典權或租賃關係存在之情形而言。(69台上字第945號)

(三)基地租用爭議之處理

土地法第一百零五條規定:「第九十七條、第九十九條及第一百零一條之規定,於租用基地建築房屋,均準用之。」亦即租用基地建築,出租人與承租人發生爭議時,得由該管市縣地政機關予以調處,不服調處者,得向司法機關訴請處理。

> 土地法第100條、第103條分別規定:「出租人非因左列情形之一,不得收回房屋:一、出租人收回自住或重新建築時。……。」、「租用建築房屋之基地,非因左列情形之一,出租人不得收回:……二、承租人以基地供違反法令之使用時。三、承租人轉租基地於

> 他人時。……。」試問：前開法條規定中，所稱「收回自住或重新建築」、「以基地供違反法令之使用」及「轉租基地」之意涵各為何？請詳細闡述之。（110地政士普）

十、耕地租用

耕地租用，係指「以自任耕作為目的，約定支付地租，使用他人之農地者」而言（土地法第一百零六條），亦即耕地三七五減租條例所稱之「耕地租佃」。

(一)最高租額之限制

1. 土地法——耕地地租不得超過地價百分之八（第一百一十條）

2. 耕地三七五減租條例——耕地地租額，不得超過主要作物正產品全年收穫總量千分之三百七十五；原約定地租超過千分之三百七十五者，減為千分之三百七十五，不及千分之三百七十五者，不得增加。前項所稱主要作物，係指依當地農業習慣種植最為普遍之作物，或實際輪植作物。所稱正產品，係指農作物之主要產品而為種植之目的者。（耕地三七五減租條例第二條）

(二)租約之書面訂立與申請登記

耕地三七五減租條例第六條規定：「本條例施行後，

耕地租約應一律以書面為之；租約之訂立、變更、終止或換訂，應由出租人會同承租人申請登記。前項登記辦法，由省政府擬訂，報請行政院核定。」

(三) 最短租期之限制

耕地三七五減租條例第五條規定：「耕地租佃期間，不得少於六年，其原約定租期超過六年者，依其原約定。」

(四) 終止租約之限制

1. 耕地租佃「期限未屆滿前」終止租約之限制

⑴土地法之規定

土地法第一百一十四條規定：依不定期限租用耕地之契約，僅得於下列情形之一時終止之：

①承租人死亡而無繼承人時。

②承租人放棄其耕作權利時。

③出租人收回自耕時。

④耕地依法變更其使用時。

⑤違反民法第四百三十二條及第四百六十二條第二項之規定時。即承租人未盡善良管理人之注意保管耕地，並保持耕地之生產力，或耕地租用附有農具、牲畜或其他附屬物，因可歸責於承租人之事由以致滅失，而不為補充之謂。

⑥違反第一百零八條之規定時。即承租人將耕地全部或一轉租於他人而言。

⑦地租積欠達二年之總額時。

(2)**耕地三七五減租條例之規定**（參照第十七、十八條）

耕地租約在租佃期限「未屆滿期」，非有下列情形之一不得終止，且耕地租約之終止，應於收益季節後次期作業開始前為之。但當地有特殊習慣者，依其習慣：

①承租人死亡而無繼承人時。
②承租人放棄耕作權時。
③地租積欠達兩年之總額時。
④非因不可抗力繼續一年不為耕作時。
⑤經依法編定或變更為非耕地使用時。

依前項第五款規定，終止租約時，除法律另有規定外，出租人應給予承租人下列補償：

A、承租人改良土地所支付之費用。但以未失效能部分之價值為限。

B、尚未收穫農作物之價額。

C、終止租約當期之公告土地現值，減除土地增值稅後餘額三分之一。

(3)**平均地權條例之規定**（含收回、補償及終止租約程序）

①出租耕地經依法編為建築用地者，出租人為收回自行建築或出售作為建築使用時，得終止租約。依前項規定終止租約，實際收回耕地屆滿一年後，不依使用計劃建築使用者，直轄市或縣市政府得照價收買之。（第七十六條）

> - 耕地租約在租佃期限未屆滿前,出租人欲終止租約之條件為何?(92普)
> - 依平均地權條例之規定終止耕地租約時有何特殊規定?(89北碩)

②耕地出租人依法終止租約收回耕地時,除應補償承租人為改良土地所支付之費用及尚未收穫之農作改良物外,應就申請終止租約當期之公告土地現值,預計土地增值稅,並按該公告土地現值,減除預計土地增值稅後餘額三分之一給予補償。前項改良土地所支付之費用,以承租人已依耕地三七五減租條例第十三條規定,以書面通知出租人者為限。

③依第七十六條規定終止耕地租約時,應由土地所有權人,以書面向直轄市或縣(市)政府提出申請,經審核其已與承租人協議成立者,應准終止耕地租約;其經審核尚未與承租人達成協議者,應即邀集雙方協調。承租人拒不接受協調或對補償金額有爭議時,由直轄市或縣(市)政府,依前條規定標準計算承租人應領之補償金,並通知領取。其經領取或依法提存者,准予終止耕地租約。耕地租約終止後,承租人拒不返還耕地時,由直轄市或縣(市)政府移送法院裁定後,強制執行之,不受耕地三七五減租條例關於租佃爭議調解調處程序之限制。(第七十八條)

2. 耕地租佃「期滿」收回之限制

(1)土地法之規定

土地法對定期耕地租約之終止並無明文，參照其施行法第廿七條補充規定，計有下列四種情形：A承租人死亡而無繼承人時B承租人放棄其耕作權利時C承租人違反第一○八條之規定（轉租他人）時D積欠地租達二年之總額時。

(2)耕地三七五減租條例之規定：（參照第十九條）

耕地租約期滿時，有下列情形之一者，出租人不得收回自耕：

①出租人不能自任耕作者。

②出租人所有收益足以維持一定生活者。但出租人為擴大家庭農場經營規模，收回與其自耕地同一或鄰近地段內之耕地自耕不在此限。

③出租人因收回耕地，致承租人失其家庭生活依據者。出租人不能維持其一家生活而有第一項第三款情事時，得申請鄉（鎮、市、區）公所耕地租佃委員會予以調處。

出租人依前項規定收回耕地時，準用第十七條第二項規定補償承租人。耕地租約於租期屆滿時，除出租人依本條例收回自耕外，如承租人願繼續承租者，應續訂租約。（第二十條參照）──此造成耕地出租等於無法收回，於現之農業政策已不合時宜。

(五) 耕地優先承受權之保障（優先購買權）

1. 土地法之規定

(1)出租人出賣或出典耕地時，承租人有依同樣條件優先承買或承典之權。第一百零四條第二項之規定於前項承買、承典準用之。（第一百零七條）

(2)收回自耕之耕地再出租時，原承租人有優先承租之權。自收回自耕之日起未滿一年而再出租時，原始承租人得以原租用條件承租。（第一百一十七條）

2. 耕地三七五減租條例之規定

耕地出賣或出典時，承租人有優先承受之權，出租人應將賣典條件以書面通知承租人，承租人在十五日內未以書面表示承受者，視為放棄。出租人因無承買或受典而再行貶價出賣或出典時，仍應照前規定辦理。出租人違反前二項規定而與第三人訂立契約者，其契約不得對抗承租人。（第十五條）其與土地法之不同主要有三①加強規定出租人必須將賣典條件以書面通知承租人②法定期限由十日，延長為十五日。③貶價之再通知。

(六) 耕地轉租之禁止

1. 土地法

承租人縱經出租人承諾，仍不得將全部或一部轉租於他人（第一百零八條）。

2. 耕地三七五減租條例

承租人應自任耕作，並不得將耕地全部或一部轉租於他人，承租人違反前項規定時，原訂租約無效，得由出租人收回自行耕種或另行出租。承租人因服兵役而承租耕地全部或一部託人代耕者，不視為轉租（第十六條）。

(七)租佃爭議之處理

1. 土地法之規定

　　因耕地租用，業佃間發生爭議，得由該管市縣地政機關予以調處，不服調處者，得向司法機關訴請處理。（第一百二十二條）

2. 耕地三七五減租條例之規定

　　出租人與承租人口因耕地租佃發生爭議時，應由當地鄉（鎮、市、區）公所耕地租佃委員會調解；調解不成立者，應由直轄市或縣（市）政府耕地租佃委員會調處；不服調處者，由直轄市或縣（市）政府耕地租佃委員會移送該管司法機關，司法機關應迅予處理。並免收裁判費用。前項爭議案件非經調解、調處，不得起訴；經調解、調處成立者，由直轄市或縣（市）政府耕地租佃委員會給予書面證明。（第二十六條）耕地租佃爭議案件，經調解、調處成立者，當事人之一方不履行其義務時，他當事人得逕向該管司法機關聲請強制執行，並免收執行費用。（第二十七條參照）

十一、山坡地之保育利用

臺灣山坡廣闊,由於平地面積有限,人口不斷增加,導致不法之徒私入山區濫墾,破壞山林,造成國家天然資源莫大損失,因此乃「依自然特徵、應用工程、農藝或植生等方法,以防治沖蝕、地滑、崩坍、土石流失等災害,保護自然生態景觀,涵養水源之水土保持處理與維護,並為有效之經濟利用」謂之山坡地保育、利用。

所稱「山坡地」係指國有林事業區、試驗用林地及保安林地以外,經中央或直轄市主管機關參照自然形勢、行政區域或保育、利用之需要,就合於下列之情形者劃定範圍,報請行政院核定公告之公私有土地:

㈠**標高在一百公尺以上。**

㈡**標高未滿一百公尺,而其平均坡度在百分之五以上者。**(山坡地保育利用條例第三條)。

山坡地之劃定使用區及編定使用地:山坡地應按土地自然形勢、可利用限度及其他有關因素,依照區域計劃法或都市計劃法有關規定,分別劃定各種土地使用區或編定各種使用地,實施使用管制……(保育條例第六條)。

十二、土地重劃(Land consolidation)

土地重劃,乃將一定區域內各宗畸零狹小,使用分散之地坵、地塊,加以整理合併,重新規劃地界;同時配合

興闢公共設施，改善環境，而使成為整齊劃一，適合經濟使用之規格與面積之標準宗地單位，再按交換方式，乃分配與原土地所有權人之制度。

其目的在於增加土地經濟供給（如：減少田埂用地），並提高土地利用。

土地重劃之種類，因其實施地區「土地使用性質」之不同，可分為1.市地重劃。2.農地重劃。

市地重劃：乃為改善房屋建築之雜亂無章，街路狹隘、並增進市容之觀瞻及衛生與環境之改善……等，而將原畸零細碎、環境破敗或受災損毀之地區，重新劃分區段經界，整理而興建各項公共設施……等。其應與細部計劃配合。

農地重劃：乃將農村支離破碎、犬牙交錯之農地結構，加以交換分合，或整理規劃，使耕作面積更合經濟使用並配合機械化之實施。其實施方式有二(1)交換分合。(2)區劃整理。

交換分合常用於旱地、果園、牧林地，而區劃整理則多在平坦及傾斜較緩水田及須灌溉、排水、整建農路之地區行之。

(一)土地重劃之事業範圍

1. **市地重劃**──即重劃區內土地使用分區、街廓劃分、各宗建地之坵塊調整、溝渠、廣場、鄰里公園、市場、自來水、電力、電訊等公共設施之興建，均列為市地

重劃之事業範圍；並以市地重劃方式，為開發新都市、新社區及更新舊都市之主要手段。

2. **農地重劃**——其事業範圍包括：(1)土地區劃整理，重新規劃地界，以改進農地結構型態(2)交換分合，整併坵塊，以便農場經營管理(3)開發改良，災區重建，以增進農地之經濟使用(4)興建農路、水路及其建造物等工程設施，以改善農業生產環境(5)配合農業發展規劃與農村社區建設，以擴大農場經營面時，促進農業之現代化。

(二)市地重劃

1. 市地重劃之原因

(1)土地法之規定

土地法第一百三十五條規定：「直轄市或縣（市）地政機關因下列情形之一，經上級機關核准，得就管轄區內之土地，劃定重劃地區，施行土地重劃，將區內各種土地，重新規定其地界。

①實施都市計劃者。

②土地面積畸零狹小，不適合於建築使用者。

(2)平均地權條例之規定：

平均地權條例第五十六條第一項規定：

各級主管機關得就下列地區報經上級主管機關核准後辦理市地重劃：

①新設都市地區之全部或一部，實施開發建設者。

②舊都市地區為公共安全、公共衛生、公共交通或促

進土地合理使用之需要者。

③都市土地開發新社區者。

④經中央主管機關指定限期辦理者。

(3)都市計畫法之規定

都市計畫法第五十八條第一項規定：「縣（市）（局）政府為實施新市區之建設，對於劃定範圍內之土地及地上物，得實施區段徵收或土地重劃。」

2. 舉辦主體：

(1)政府主動辦理：

依據平均地權條例第五十六條規定如下：

①直轄市或縣（市）主管機關為促進土地建築使用或為開發新都市、新社區，得選擇適當地區辦理市地重劃。

②依前項規定辦理市地重劃時，該主管機關應擬具市地重劃計畫書，送經上級主管機關核定公告滿三十日後實施之。

③在前項公告期間內，重劃地區私有土地所有權人半數以上，而其所有土地面積超過重劃地區土地總面積半數者，表示反對時，主管機關應予調處，並參酌反對理由，修訂市地重劃計畫書，重行報請核定，並依其核定結果公告實施。

④市地重劃地區之選定、公告禁止事項、計畫之擬訂、核定、公告通知、測量、調查、地價查估、計算負擔、分配設計、拆遷補償、工程施工、地籍整理、交接清償及財務結算等事項之實施辦法，由中央主管機關定之。

> 近年來,「自辦式市地重劃」已為國人關注焦點,請依平均地權條例之規定說明其辦理之條件,以及獎勵措施。(90地政士)

(2)人民申請政府優先辦理:

依據平均地權條例第五十七條規定,適當地區內之私有土地所有權人半數以上,而其所有土地面積超過區內私有土地總面積半數者之同意,得申請該管直轄市或縣(市)政府核准後優先實施市地重劃。

(3)獎勵地主自行辦理:由土地所有權人組織重劃會辦理。

依據平均地權條例第五十八條之規定,為促進土地利用擴大辦理市地重劃,中央主管機關得訂定辦法,獎勵土地所有權人自行組織重劃會辦理之。其獎勵事項如左:

①給予低利之重劃貸款。
②免收或減收地籍整理規費及換發權利書狀費用。
③優先興建重劃區及其相關地區之公共設施。
④免徵或減徵地價稅與田賦。
⑤其他有助於土地重劃之推行事項。

3. 市地重劃之程序

市地重劃作業程序,依**市地重劃實施辦法**之規定,主要分為十項:即(1)選定重劃地區;(2)重劃計劃之擬訂、核定及公告通知;(3)測量、調查及地價查估;(4)土地分配設計(包括計算負擔及土地交換分合設計);(5)工程規劃、

設計與施工（包括改良物拆遷及補償）；(6)分配結果之公告、通知及異議處理；(7)地籍整理；(8)交換及清償；(9)財務結算；(10)重劃成果報告。茲依平均地權條例及其施行細則與都市計劃法及市地土地重劃實施辦法之規定，分述如次：

(1)選定重劃地區

市地重劃，依平均地權條例第五十六條第一項規定，以開發新都市、新社區，或辦理都市更新為實施目標，選擇適當地區辦理之。重劃地區之範圍，由直轄市或縣（市）政府初勘後，報請上級主管機關複勘核定（市重六條）。

(2)重劃計畫之擬定、核定及公告、通知

重劃地區選定後，直轄市或縣市主管機關應擬具市地重劃計畫書，報請上級主管機關核定；核定公告滿三十日後實施之。在公告期間內，重劃地區私有土地所有權人半數以上，而其所有土地面積超過重劃地土地總面積半數者表示反對時，主管機關應予調處，並參酌反對理由，修訂市地重劃計畫書，重行報請核定，並依其核定結果公告實施，土地所有權人不得再提異議。

(3)測量、調查及地價查估

①現況測量及調查

依據市地重劃實施辦法第十九條規定，「重劃計畫書經核定公告滿三十日後，主管機關應即實施重劃區範圍、公告設施用地及土地使用現況之測量，並調查各宗土地使

用現況,編造有關清冊」。

②查估重劃前後地價

依據平均地權條例施行細則第八十一條之規定:「直轄市及縣(市)政府依本條例第五十六條規定辦理市地重劃時,應調查各宗土地之位置、交通及利用情形,並斟酌重劃後各宗土地利用價值,相互比較估計重劃後前地價,提經地價評議委員會評定後,作為計算公共用地負擔、費用負擔、土地交換分配及變通補償之標準。

(4)計算重劃負擔及分配設計

①重劃負擔之計算:由土地所有權人按其土地受益比例共同分擔之「**重劃負擔**」項目計有:公共設施用地負擔、工程費用、重劃費用及貸款利息等四項,後三項負擔並由各受益土地所有權人以重劃區內未建築土地按重劃後評定地價折價抵付,而合稱為「**費用負擔**」(市地重劃實施辦法第二十一條)。

②土地分配設計

A分配之原則

重劃區內之土地扣除折價抵付共同負擔之土地後,其餘土地仍依各宗土地地價數額比例分配與原土地所有權人。但應分配土地之一部或全部因未達最小分配面積標準,不能分配土地者,得以現金補償之。

B分配位置之準則與調查分配之方法

依市地重劃實施辦法第三十一條規定,「重劃後土地分配之位置,以重劃前原有土地相關位次,分配於原街廓

之面臨原路街線者為準。」

(5)工程規劃、設計及施工

重劃計畫書經上級主管機關核定後，主管機關應即依計畫書所列工程項目進行規劃、設計及施工。

(6)重劃分配結果之公告、異議及確定

主管機關於辦理重劃分配完畢後，應將分配結果公告三十日，並通知土地所有權人。土地所有權人對於重劃之分配結果有異議時，應於公告期間內向該管直轄市或縣（市）政府以書面提出異議；未提出異議者，其分配結果於公告期滿時確定。市地重劃後，重行分配與原土地所有權人之土地，自分配結果確定之日起，視為其原有之土地。但對於行政上或判決上之處分，其效力與原有土地性質上不可分者，不適用之。

(7)地籍整理及權利清理

土地分配結果公告確定後，主管機關應依重劃前後土地分配清冊所載分配面積及重劃土地分配圖之分配位置，實地埋設界標，辦理地籍測量。重劃土地辦竣地籍測量後，重劃主管機關應將重劃前、後土地分配對照清冊及重劃土地分配圖，送由該管登記機關逕為辦理土地權利變更登記。其存在於土地重劃前之他項權利等，並應依有關規定，即予辦理。

(8)交接及清償

市地重劃區內，經重劃分配之土地，重劃機關應以書面分別通知原土地所有權人及使用人，限期辦理遷讓或接

管；逾期不遷讓者，得移送法院強制執行；逾期不接管者，自期限屆滿之日起，視為已接管。其分配結果，實際分配之土地面積多於應分配之面積者，**應繳納差額地價**；實際分配面積少於應分配之面積者，應發給差額地價。前述應繳納之差額地價經限期繳納而逾期未繳納者，得移送法院強制執行。未繳納差額地價之土地，不得移轉。但因繼承而移轉者，不在此限。

(9)財務結算

主管機關對於每一重劃區之帳務，應於重劃計劃書所載重劃工程完竣後一年，完成結算公告之（市地重劃實施辦法第五十五條）。

(10)重劃成果報備

重劃主管機關應於市地重劃完成結算後六個月內撰寫重劃報告，檢同有關圖冊，層報中央主管機關備查（市地重劃實施辦法第五十七條）。

4. 原設定他項權利之清理辦法：

(1)**地上權**、**農育權**及**不動產役權**因市地重劃致不能達其設定目的者，各該權利視為消滅。地上權人、農育權人或不動產役權人得向土地所有權人請求相當之補償（平均地權條例第六十四條）。

(2)土地建築改良物經設定**普通抵押權**或**典權**，因市地重劃致不能達其設定目的者，各該權利視為消滅。普通抵押權人或典權人得向土地所有權人請求以其所分配土地，設定抵押權或典權（平均地權條例第六十四條）。

⑶實施重劃未受土地分配者,其原設定抵押權或典權之權利價值,由重劃機關在不超過土地所有權人應得補償之數額內予以協調清理(平均地權條例第六十四條之一)。

5. **租賃關係的清理辦法:**

⑴**出租人之公私有耕地**因實施市地重劃致不能達到原租賃目的者,由直轄市或縣市政府逕為註銷其租約並通知當事人。承租人並得依下列規定請求或領取補償:

①重劃後分配土地者,承租人得向出租人請求按重劃計畫書公告當期該土地之公告土地現值三分之一之補償。

②重劃後未受分配土地者,其應領之補償地價由出租人領取三分之二,承租人領取三分之一。

③因重劃抵充公共設施用地之公有出租農業用地,由直轄市或縣市政府逕為註銷租約,並按重劃計畫書公告當期該公地之公告土地現值三分之一補償承租人,所需費用列為重劃共同負擔。(平均地權條例第六十三條)

⑵**耕地或農業用地以外之出租土地**,因重劃而不能達到原租賃目的者,承租人得終止租約,並得向出租人請求相當於一年租金之補償。其因重劃而增減其利用價值者,出租人或承租人得向對方請求變更租約及增減相當之租金。

6. **市地重劃之負擔:**

重劃負擔分兩種:

⑴公共設施用地負擔:依平均地權條例規定,土地所

有權人共同負擔之公共設施用地,指重劃區內公共使用之道路、溝渠、兒童遊樂場、鄰里公園、廣場、綠地、國民小學、國民中學、停車場、零售市場**等十項用地**,扣除重劃區內原有道路、溝渠、河川及未登記等土地後,由參加重劃土地所有權人按其土地受益比例所算得之分擔而言。

(2)**費用負擔**:指工程費用、重劃費用及貸款利息,由參加重劃土地所有權人依其土地受益比例,按評定重劃後地價折價抵付之負擔(俗稱**抵費地**)而言。無建築土地者,改以現金繳納。

上列重劃區內由土地所有權人折價抵付共同負擔之公共設施用地負擔及費用負擔之土地,其合計面積以不超過各種重劃區土地總面積百分之四十五為限。經重劃區內私有土地所有權人半數以上且其所有土地面積超過區內私有土地總面積半數之同意者,不加限制。

7. 市地重劃之效益

(1)提高土地利用,增加土地所有權人利益。

(2)提供建築用地,促進都市建設。

(3)重新釐定經界,消除畸零狹小土地。

(4)加速公共建設,改善都市環境。

(5)無償取得公共設施用地,減輕百姓負擔。

(6)消除違章建築,改善人民生活。

(7)促進都市繁榮,增加政府稅收。

(8)取得重劃抵費地興建國民住宅。

(9)清理地籍,加強地籍管理。

⑽配合開發新社區。

8. 市地重劃與區段徵收之比較

市地重劃與區段徵收同為促進土地利用，開發新市鎮及新社區之有效手段，惟實施方法與結果則有顯著不同，分述如下：

(1)辦理方式不同

市地重劃可由政府主動發起辦理，亦可由私有土地所有權人半數之同意申請政府優先辦理，或由土地所有權人自行組織重劃辦理，區段徵收則為政府公權行為之行使，僅限於政府辦理。

(2)地權關係互異

私有土地經辦理重劃後，其土地面積、地形、界址雖有變更，但仍分配給原土地所有權人所有，由其支配使用。而私有土地經區段徵收後，原土地所有權人於受領地價補償後，即喪失其所在地，其經重行規劃整理後之土地，除部分由原土地所有權人領回以折領補償地價外，其餘土地係由政府分宗出售給需用土地人建築使用。

(3)實施難易有別

由於市地重劃之過程採行民主方式，手段溫和，且土地所有權人並不因重劃而喪失其所有權，故較能為地主所樂意接受，區段徵收則屬政府公權力之強制行為，因此實施阻力較大。

(4)費用負擔不同

辦理市地重劃時，重劃區內之公共設施用地及工程費

用,重劃費用與貸款利息均由該重劃區土地所有權人按其土地受益比例共同負擔,費用負擔公平合理;區段徵收所需費用全由政府先行墊支,再經由開發後可供使用之土地處分收入收回,因資金龐大,故籌措困難。

(二)農地重劃

1. 農地重劃之原因

(1)土地法之規定——市縣地政機關因下列情形之一,得施行農地重劃:

①耕地分配不適合於農事工作或不利於排水灌溉者。
②將散碎之土地交換合併,成立標準農場者。
③應用機器耕作,興辦集體農場者。

(2)農地重劃條例之規定——直轄市或(縣)市主管機關因下列情形之一,得就轄區內之相關土地勘選為重劃區,擬定農地重劃計畫書,連同範圍圖說,報經上級主管機關核定,實施農地重劃:

①耕地坵形不適於農事工作或不利於灌溉、排水者。
②耕地散碎,不利擴大農場經營規模或應用機械耕作者。
③農路、水路缺少,不利於農事經營者。
④須新闢灌溉、排水系統者。
⑤農地遭受水沖、砂壓等重大災害者。
⑥舉辦農地之開發或改良者。

2. 農地重劃之舉辦主體:(1)政府主動辦理;(2)人民申

請，政府優先辦理；(3)土地所有權人自行辦理。

3. 農地重劃之程序

農地重劃作業程序依農地重劃條例之規定，約可分為：

(1)選定重劃區。

(2)重劃計畫書之擬訂、核定及公告。

(3)測量、調查及查估單位區段地價。

(4)重劃工程之規劃、設計與施工。

(5)土地分配設計。

(6)分配結果之公告、通知及異議處理。

(7)換地交接及差額補償。

(8)地籍整理。

(9)成果維護。

分配土地之標準——重劃土地分配標準依農地重劃條例第二十一條第二項規定，重劃土地之分配，按各宗土地原來面積，扣除應負擔之農路、水路用地及抵付工程費用之土地，按重新查定之單位區段地價，折算成應分配之總地價，再按重新分配區單位區段地價折算面積，分配予原所有權人。但限於實際情形，應分配土地之一部或全部未達最小坵塊面積不能妥為分配者，得以現金補償之。

分配宗地之位次——重劃區內同一分配區之土地辦理分配時，應按原有位次分配之。但同一所有權人在同一分配區有數宗土地時，面積小者應盡量向面積大者集中；出租土地與承租人所有土地相鄰時，應盡量向承租人所有土地集中。

4. 費用負擔

(1)農地重劃費用之負擔

農地重劃條例第四條規定:「農地重劃,除區域性排水工程由政府負擔費用外,其餘農路、水路及有關工程所需工程費用,由政府與土地所有權人分擔,其分擔之比例,由行政院定之。前項土地所有權人應分擔之工程費用,得由土地所有權人提供重劃區內土地折價抵付之。」同條例第三十六條並規定:「重劃分配之土地,在農地重劃工程費用或差額地價未繳清前,不得移轉。但承受人承諾繳納者,不在此限。」

(2)公共設施用地之負擔

農地重劃條例第十一條規定:「重劃後農路、水路用地,應以重劃區內原為公有及農田水利會所有農路、水路土地抵充之;其有不足者,按參加重劃分配土地之面積比例分擔之。前項應抵充農路、水路用地之土地,直轄市或(縣)市主管機關應於農地重劃計畫書公告時,同時通知其管理機關或農田水利會不得出租、處分或設定負擔。」

5. 農地重劃之效益:

(1)改善農場結構

(2)改善水利設施

(3)改善人際關係

(4)改善交通設施

(5)增加生產量

(6)便於農業機械化之耕作及共同經營。

歷屆國家考題

❶土地法對房屋租金及終止租約之適用情形？【74年普考】

❷依平均地權條例之規定，說明辦理市地重劃時，重劃區內之土地所有權人應共同負擔之項目、抵付這些負擔之方式及其分配土地之準則？【77年普考】

❸土地法對於房屋租金及擔保金的規定及租賃契約終止的規定如何？【79年普考】

❹實施市地重劃時，如有出租土地因面積太小，未受分配土地而領取現金補償者，平均地權條例對於該土地原承租人之權益有那些保護之規定？【82年土地代書】

❺試述空地與荒地的意義與區別，有關法律中對這兩種土地有那些促進其利用之辦法？【82年土地代書檢覈】

❻都市土地與非都市土地係如何區分？各有什麼法律對其加以使用加以管制？【82年土地代書檢覈】

❼何謂「市地重劃」？現行法令對於重劃地區勘選、公共設施用地負擔、費用負擔有何具體規定？試述其要。【83年土地代書】

❽某甲向某乙承租其所有基地建築房屋，某乙為週轉資金，未經通知逕將該宗土地轉售某丙，並已委託代書某丁辦妥所有權移轉登記，致某甲喪失購地良機。試問，某甲得否主張自己之權利？其理由為何？【83年土地代書】

❾試分述土地法對房屋租金及終止租約收回之房屋之限制？【84年土地代書檢覈】

❿試述實施土地重劃的各種原因。【84年土地代書檢覈】

⓫何謂「空地」？現行「平均地權條例」有關私有空地處理辦理之規定為何？其對促進土地利用有何效果？試分述之。【84年普考】

⓬何謂「市地重劃」？市地重劃實施後有關租賃土地處理之規定為何？試述明之。【84年土地代書】

⓭按現行「土地法」與「平均地權條例」之規定，解釋下列名詞之定義：【85年普考】
 (1)私有土地
 (2)空地
 (3)耕地
 (4)區段徵收
 (5)累進起點地價

⓮試依土地法及其施行法與平均地權條例及其施行細則之規定，列出私有耕地出租租約訂有期限者，得以終止或註銷租用契約之情形。【86年土地代書檢覈】

⓯何謂「空地」？政府對於私有空地得劃區域限期建築使用，逾期未建築使用者之處罰為何？此「逾期」如何界地？試以平均地權條例及其施行細則之規定說明之。【86年土地代書檢覈】

⓰依土地法之規定說明租用建築房屋之基地，出租人收回之限制為何？【91特四、90土登】

第五篇　土地稅

一、土地稅概述（Land Taxation）

土地稅，乃以土地為課稅客體，向納稅義務人徵收之重賦稅。我國土地稅制度向來以田賦為主，惟田賦係按地力肥瘠、產量多寡，已劃分等則、訂定賦率，計畝課徵；在土地滄桑多變、久未清理之情況下，使賦稅失去公平。因此，現行土地稅制，乃以從「價」課徵為主，並將「規定地價」、「照價徵稅」、「照價收買」、「漲價歸公」列為平均地權之四大要綱。

(一) 土地稅之種類

1. 土地法第一百四十四條規定：「土地稅分地價稅及土地增值稅二種。」
2. 土地稅法第一條及土地稅減免規則第二條規定：「土地稅分為地價稅，田賦及土地增值稅」

(二) 土地稅之功能（實施平均地權課徵土地稅之政策功能為地盡其利）

1. 抑制地價上漲：透過租稅政策，增加土地之經濟供

給，以穩定地價。

2. 促進土地利用：如課徵荒地稅、空地稅。

3. 消除不勞而獲：如課徵土地增值稅。

4. 籌措公共設施財源。

(三)土地稅課徵之主體

土地稅課徵之主體，乃指土地稅之徵稅權或其收入之劃解歸屬而言。土地法第一百四十六條規定：「土地稅為地方稅。」第一百九十條亦規定：「土地改良物稅全部為地方稅」。

二、規定地價

(一)孫中山先生對地價政策之主張

1. 以「規定地價」為實施平均地權四大辦法之重心，並據以辦理「照價徵稅」、「照價收買」及「漲價歸公」。

2. 以規定地價做為衡量公私地權界限之方法──規定地價後，地主所報之價仍為地主所有，將來自然之增價，悉歸公有，歸國民共享。

3. 規定地價之時機，應於每縣開創自治之時，即行舉辦──因此時地價尚低，早日規定地價，私有地權歸私者少，將來自然增值歸公者則愈多。

4.規定地價之方法，由地主自報地價，政府不加任何限制。

　　5.規定地價後所報之地價永以爲定，不舉辦重新規定地價。

　　6.規定地價後所有土地之買賣，悉由公家經手，地主不得私相授受──規定地價後，採取「公買公賣」制度，一可防止低報買賣地價，二可抑制土地投機，三可直接收取土地之自然漲價全部歸公（此即有人倡議之土地公買公賣制）。

(二)規定地價之意義與目的

　　「規定地價」即指規定「素地」之地價，人爲改良及地面建築則不與焉。規定地價之目的，在劃分公私土地權利，實施照價徵稅，照價收買與漲價歸公，故其乃平均地權之主要步驟。孫中山先生手著「地方自治開始實行法」將「定地價」一事列爲地方自治綱目之一，復於建國大綱第十條規定「每縣開創自治之時，必須先規定全縣私有土地之價……」可見規定地價意義之重大，而爲平均地權之核心。

(三)規定地價之方法

　　1.孫中山先生主張：由地主自行申報。

　　2.土地法規定：僅得爲「標準地價」百分之二十以內增減，申報之；不申報時，以標準地價爲法定地價。

3. 平均地權條例規定：以「公告地價」增減百分之二十為申報範圍；未申報者，以公告地價百分之八十為其申報地價。

(四) **地價之種類**

1. **市價**：土地買賣價格，亦稱時價。

2. **收益地價**：依收益決定之價格，亦稱自然價格或資本還原價格。

地價＝純收益／流行利率。即 $V = a / r$

3. **估定地價**：估地地價係指地價查估人員收集影響地價之有關資料加以檢討分析後，利用市價比較估價法或收益還原法等估價方法，評估產生之試算價格，再予以適當地調整所得之估價額。

4. **標準地價**（土地法所稱之標準地價，即平均地權條例中所稱之公告地價）。

依土地法之規定，地政機關規定地價時，應抽查最近兩年內土地市價或收益價格，就地價相近及地段相連或地目相同之土地，劃分為地價區級，並就每區段內抽查宗地之市價或收益價格，以其平均數或中數為其平均地價，該平均地價報經該管市縣政府公布後，即為標準地價。標準地價之目的在作為土地所有權人申報地價之參考。

5. **法定地價**（依土地法之規定所申報之地價）

依土地法之規定，土地所有權人聲請登記所有權時依法所申報之地價，謂之法定地價，土地所有權人申報地價

時，僅得為標準地價百分之二十以內之增減，其不同時申報地價時，以標準地價為法定地價。法定地價之目的在作為課徵地價稅之依據。

6. **公告地價**（為平均地權條例規定申報地價之依據）

依平均地權條例規定，直轄市或（縣）市地政機關辦理規定地價或重新規定地價時，應分區調查最近一年之土地買賣價格或收益價格，據以劃分地價區段，並估計區段地價後，提交地價評議委員會評議公告之宗地單位地價。其目的在作為土地所有權人申報地價之參考。

7. **公告現值**（依平均地權條例規定，為每年公告以作為審核移轉現值及徵收土地補償之依據）

依平均地權條例規定「直轄市或（縣）市地政機關對於轄區內之土地，經常調查其地價動態，繪製地價區段圖及估計區段地價後，提經地價評議委員會評定，據以編製土地現值表，於每年一月一日公告之地價」，謂之公告現值。公告現值之目的在作為土地移轉及設定典權時，申報土地移轉現值之參考，並作為主管機關審核土地移轉現值及補償徵收土地地價之依據。

8. **申報地價**：乃人民向政府陳報之土地價格，以便於照價收買、照價徵稅、漲價歸公等。在土地法中稱為「法定地價」，亦即平均地權條例中稱「申報地價」。

(五) 規定地價之程序

土地法之規定

規定地價,土地法採先估後報法,其辦理程序及方法,依土地法第一百四十九條規定:「直轄市或(縣)市地政機關辦理地價申報之程序如下:一、查定標準地價。二、業主申報。三、編造地價冊。」茲分述如下:

1. 查定標準地價

標準地價之查估步驟如下:

⑴調查地價:地政機關應抽查最近二年內土地市價或收益價格,以為查定標準地價之依據,其抽查宗數,應視地目繁簡,地價差異為之。

⑵劃分地價等級:應據地價調查結果,就地價相近及地段相連或地目相同之土地,分別區段,劃分地價等級。

⑶計算並公布標準地價:於地價等級劃分後,應就每等級內抽查宗地之市價或收益價格,以其平均數或中數為各該地價等級之平均地價。

⑷公布標準地價:每一地價等級之平均地價,應由該管市縣地政機關報請市縣政府公布為標準地價。

⑸異議處理:土地所有權人對於標準地價認為規定不當時,如有該區內同一地價等級之土地所有權人過半數之同意,得於標準地價公布後三十日內,向該管市縣政府提出異議。市縣政府接受前項異議後,應即提交標準地價評議委員會評議之。

2. 業主申報地價

土地所有權人聲請登記所有權時,應同時申報地價,

但僅得為標準地價百分之二十以內增減。土地所有權人依法所申報之地價，即成為法定地價。土地所有權人聲請登記而不同時申報地價者，以標準地價為法定地價。又土地所有權人認為標準地價過高，不能依前項規定為申報時，得聲請該管市縣政府照標準地價收買其土地。（第一百五十六、一百五十七、一百五十八條）

3. 編造地價冊及總歸戶冊

每直轄市或（縣）市辦理地價申報完竣後，應即編造地價冊及總歸戶冊，送該管市縣財政機關。以為課徵地價稅及土地增值稅之依據。

4. 重新規定地價

地價申報滿五年，或一年屆滿而地價已較原標準地價百分之五十以上之增減時，得重新規定地價。（第一百六十條）

平均地權條例（現行）之規定

直轄市或（縣）市地政機關辦理規定地價或重新規定地價之程序如下：

1. 分區調查最近一年之土地買賣價格或收益價格。
2. 依據調查結果劃分地價區段並估計區段地價後，提交地價評議委員會評議。
3. 計算宗地單位地價。
4. 公告及申報地價，其期限為三十日。舉辦規定地價

或重新規定地價時,土地所有權人未於公告期間申報地價者,以公告地價百分之八十為其申報地價。土地所有權人於公告期間申報地價者,其申報之地價超過公告地價百分之一百二十時,以公告地價百分之一百二十為其申報地價,申報之地價未滿公告地價百分之八十時,得照價收買或以公告地價百分之八十為其申報地價。

　　5.編造地價冊及總歸戶冊。

　　6.重新規定地價。規定地價後,每三年重新規定地價一次。但必要時得延長之。重新規定地價者亦同。

(六)土地法與平均地權條例所定規定地價程序之比較

　　1.評議地價先後之不同。

　　2.可否提出異議之不同。

　　3.公告地價名稱之不同。

　　4.申報地價之方法不同。

　　5.重新規定地價之時機不同。

地價冊:係記載每一宗土地之區段、地號、地目、面積、「地價」、所有權人姓名、住所之簿冊。

總歸戶冊:係將同一土地所有權人在同一縣市內所有各宗土地,統歸併於該所有權人戶名之下,而彙載其戶號、區段、地號、地目、面積、地價總額、土地所有權人姓名、住所之簿冊,其係以縣市為單位,依土地所有權人住所之鄉鎮、村里鄰戶次序排列編造之。

重新規定地價:平均地權條例第十四條(規定地價

後,每三年重新規定地價一次。但必要時得延長之。重新規定地價者亦同)。贊成重新規定地價論者所持理由為「地價永以為定,容易造成投機、壟斷及稅負不公」,惟反對論者每以「本應屬社會公有(土地自然漲價)之財富,僅以地價稅收回部分,實得不償失」而主張恢復課徵定期增值稅。且因重新規定之地價遠較「素地」地價為高,故每逢重新規定地價之年,政府為減輕人民之地價稅負擔,動輒援引土地法第一百九十三條之規定,採行打折課稅之措施;做法實有待商榷。

規定地價:孫中山先生主張**「永以為定」**,此後凡公家收買土地悉照此價,不得增減。

- 地價永以為定之

利:使增值部分能漲價歸公(孫中山先生主張百分之百,現行最高40%)

弊:低課地價稅,及影響土地利用(如不出售……等)。

利>弊,唯現行法令仍採重新規定地價而非永以為定。

- 地價評議委員會

依土地法一百五十四條、平均地權條例第十五條、第四十六條之規定,標準地價、公告地價及公告土地現值,須經地價評議委員會評議。有關地價評議委員會組織之規定,如下:

依土地法第一百五十五條之規定:「標準地價評議委

員會之組織規程,由中央地政機關定之。前項委員會之委員,應由地方民意機關之代表參加。」**平均地權條例第四條規定**:「本條例所定地價評議委員會,由直轄市或(縣)市政府組織之,並應由地方民意代表及其他公正人士參加;其組織規程由內政部定之。」故內政部於民國七十六年二月二日公布「地價評議委員會暨標準地價評議委員會組織規程」,又於民國八十一年一月十日公布「地價評議委員會暨標準地價評議委員會組織規程補充規定」,以為地價評議組織之依據。

三、地價稅

(一)**地價稅之意義**

照法定地價向土地所有權人逐年課徵之稅。

(二)**地價稅之作用**

1. 財務作用

地價稅在地方財務稅收占有很重要的地位。其稅收穩定、稽徵便利。

2. 經濟作用

地價稅照素地地價課徵。地主若充分利用土地,則稅負並不因而增加。若不利用,有時卻要增加稅負(如荒地稅、空地稅等。)

3. 社會作用

地價稅在使全體國民共享土地之天然收益。又以地價稅手段迫使投機壟斷土地者，加重稅負；並優惠稅率及基本稅率，保障生存、生產必須要之土地，顯示地價稅具有實施社會政策之功能。

(三)課徵地價稅之規定

土地法規定

1. 課稅時機——土地法第一百六十七條規定：「地價稅照法定地價按年徵收一次，必要時得准分兩期繳納。」

2. 納稅義務人

地價稅向所有權人徵收之，其設有典權之土地，由典權人繳納。（第一百七十二條）

3. 稅率結構

土地法第一百六十八條規定：「地價稅照法定地價按累進稅率徵收之」：

(1)基本稅率

土地法第一百六十九條規定，地價稅以其法定地價數額千分之十五為基本稅率。

(2)累進級距及稅率

土地法第一百七十條規定：土地所有權人之地價總額，未超過累進起點地價時，依基本稅率徵收，超過累進起點地價時，依下列方法累進課稅。

①超過累進起點地價在百分之五百以下者，其超過部

分加徵千分之二。

②超過累進起點地價在百分之一千以下者，除按前款規定徵收外，就其已超過百分之五百部分加徵千分之三。

③超過累進起點地價在百分之一千五百以下者，除按前款規定徵收外，就其已超過百分之一千部分加徵千分之五，以後每超過百分之五百，就其超過部分遞加千分之五，以加至千分之五十為止。

所謂累進起點地價，指土地所有權人所有土地之地價總額達於開始累進稅率課稅之地價標準而言。

稅率：①比例稅：無論地價數額多寡，以同一稅率課徵之。

②累進稅：A全額累進制：一律按課稅地價數額相當之累進級稅率課徵。

B超額累進：兼採比例稅與累進稅，先課以一般比例稅，對超額部份課以分級累進稅。現行土地法採超額累進稅率，對未依法使用採差別稅率（如：課以荒地稅、空地稅）。

4. 空地加徵空地稅

私有空地，經限期強制使用，而逾期未使用者，應於依法使用前，加徵空地稅。其稅額按該宗空地應繳之基本稅率計算，不得少於其應繳地價稅之三倍，不得超過應繳地價稅之十倍。由該管市縣政府擬訂，層轉行政院核定。（參照土地法第一百七十三條及其施行法第三十六、四十

三條）

5. 荒地加徵荒地稅

私有荒地，經限期強制使用，而逾期未使用者應於依法使用前加徵荒地稅。其稅額按該宗荒地應繳之基本稅率計算，不得少於其應繳之地價稅，不得超過應繳地價稅之三倍。由該管市縣政府擬訂，層轉行政院核定。（參照土地法第一百七十三條及其施行法第三十六、四十三條）

6. 地價稅之優惠與減免

一、土地法之規定

㈠公有土地之減免

根據土地法第一百九十一條之規定：「公有土地及公有建築改良物，免徵土地稅及改良物稅。但供公營事業使用或不作公共使用者，不在此限。」

㈡私有土地之減免

私有土地之減免，依土地法之規定可分為一般情形及特殊情況二種：

1. 一般情形之減免

依土地法第一百九十二條規定：「供下列各款使用之私有土地，得由財政部會同中央地政機關呈經行政院核准，免稅或減稅：

一、學校及其他學術機關用地。

二、公園及公共體育場用地。

三、農林、漁牧試驗場用地。

四、森林用地。

五、公立醫院用地。

六、公共墳場用地。

七、其他不以營利為目的之公益事業用地。」

2. 特殊情形之減免

(1)因地方發生災難或調劑社會狀況

土地法第一百九十三條規定：「因地方發生災難或調劑社會經濟狀況，得由財政部會同中央地政機關呈經行政院核准，就關係區內之土地，於災難或調劑期中，免稅或減稅。」

(2)因保留徵收或依法限制使用

依土地法第一百九十四條規定：「因保留徵收或依法律限制不能使用之土地，概應免稅。但在保留徵收期內，仍能為原來之使用者，不在此限。」

(3)因自然環境及技術上無法使用之土地

依土地法第一百九十五條規定：「在自然環境及技術上無法使用之土地，或在墾荒過程中之土地，由財政部會同中央地政機關呈經行政院核准，免徵地價稅。」

二、平均地權條例及土地稅法之規定

關於地價稅之優惠與減免，平均地權條例及土地稅法之規定如下：

(一)自用住宅用地之優惠稅率

自用住宅用地係指土地所有權人或其配偶，直系親屬

於該地辦竣戶籍登記,且無出租或供營業用之住宅用地(平均地權條例第三條,土地稅法第九條)。自用住宅用地,於都市土地面積未超過**三公畝部分**,非都市土地面積未超過**七公畝部分**,其地價稅之稅率按**千分之二**計徵。惟土地所有權人與其配偶及未成年之受撫養親屬,適用自用住宅用地稅率繳納地價稅者,以一處為限(平均地權條例第二十條,土地稅法第十七條)。

地價稅累進起點地價之計算公式:

$$地價稅累進起點地價 = \frac{直轄市或縣(市)規定地價總額 - (工業用地地價 + 礦業用地地價 + 農業用地地價 + 免稅地地價)}{直轄市或縣(市)規定地價總面積(公畝) - (工業用地用地地價面積 + 礦業用地地價面積 + 農業用地地價面積 + 免稅地地價面積)} \times 7 \text{(公畝)}$$

(二)國民住宅、勞工宿舍用地之優惠稅率

國民住宅及企業或公營事業興建之勞工宿舍,自動工興建或取得土地所有權之日起,其用地之地價稅,按千分之二稅率計徵之(平均地權條例第二十條,土地稅法第十七條)。

(三)工礦等事業用地之優惠稅率

供(1)工業用地、礦業用地,(2)私立公園、動物園、體育場所用地,(3)寺廟、教堂用地、政府指定之名勝古蹟用地,(4)依都市計畫法規定設置之加油站及供公眾使用之停

車場用地，(5)其他經行政院核定之土地等事業直接使用之土地，一律按千分之十計徵地價稅。但未按目的事業主管機關核定規劃使用者，不適用之（平均地權條例第二十一條，土地稅法第十八條）。

(四)公共設施保留地之減稅或免稅

都市計畫公共設施保留地，在保留期間仍為建築使用者，除自用住宅用地按千分之二計徵外，其他建築用地統按千分之六計徵地價稅。公共設施保留地未作任何使用並與使用之土地隔離者，免徵地價稅（平均地權條例第二十三條，土地稅法第十九條）。

(五)公有土地之免稅

公有土地按基本稅率徵收地價稅或田賦。但公有土地供公共使用者，免徵地價稅或田賦（平均地權條例第二十四條，土地稅法第二十條）。

(六)公用或公益用土地之減免

供國防、政府機關、公共設施、騎樓走廊、研究機構、教育、交通、水利、給水、鹽業、宗教、醫療、衛生、公私墓、慈善或公益使用之土地及重劃、墾荒、改良土地者，其地價稅或田賦得予以適當之減免，其減免標準與程序，由行政院定之（平均地權條例第二十五條，土地稅法第六條）

平均地權條例、土地稅法之規定
1. 課稅範圍

> 地價稅之納稅義務人為何？在何情況下，主管稽徵機關得指定土地使用人負責代繳其使用部分之地價稅。（86土登）

平均地權條例第十七條規定：「已規定地價之土地，應按申報地價，依法徵收地價稅。」

2. 課稅時機

依土地稅法第十五條規定，地價稅按每一土地所有權人在每一直轄市或（縣）市轄區內依法定程序辦理規定地價或重新規定地價，經核列歸戶冊之地價總額計徵。每年徵收一次，必要時得分二期徵收；其開徵日期，由省（市）政府定之。（參照土地稅法第四十條）

3. 納稅義務人及代繳義務人

土地稅法第三條規定：「地價稅之納稅義務人」如下：

(1)**土地所有權人**。土地所有權屬公有或公同共有者，以**管理機關**或**管理人**為納稅義務人。其分別共有者，以**共有人**各按其應有部份為納稅義務人。

(2)設有典權土地，為**典權人**。

(3)承領土地，為**承領人**。

(4)承墾土地，為**耕作權人**。

(5)土地為信託財產者，於信託關係存續中，為**受託人**。

(6)以土地為信託財產，受託人依信託本旨移轉信託土地與委託人以外之**歸屬權利人**時，以該**歸屬權利人**為納稅義務人，課徵土地增值稅。

土地有下列情形之一者，主管稽徵機關得指定「土地使用人」負責**代繳**其使用部分之地價稅：

(1)納稅義務人行蹤不明者。
(2)權屬不明者。
(3)無人管理者。
(4)土地所有權人申請由**占有人**代繳者。

土地所有權人在同一直轄市、（縣）市內有兩筆以上土地，為不同之使用人所使用時，如土地所有權人之地價稅係按累進稅率計算，各土地使用人應就所使用土地之地價比例負代繳地價稅之義務。

第一項第一款至第三款代繳義務人代繳之地價稅，得抵付使用期間應付之地租或納稅義務人求償。（土地稅法第四條）

> 何謂「累進起點地價」？試依平均地權條例規定，說明地價稅課徵之一般稅率結構為何？（89特）

(四)**稅率結構**

依照平均地權條例第十八條前段規定：「地價稅採累進稅率」與土地法同，惟為配合社會，經濟政策，適應各種不同土地使用情形，兼行差別稅率。茲分述如下：

1. 累進稅率

(1)累進起點地價

①計算方法

平均地權條例第十八條規定：地價稅採累進稅率，以各該直轄市或（縣）市土地七公畝之平均地價為累進起點地價。但不包括工業用地、礦業用地、農業用地及免稅土地在內。

②缺點

A各縣市累進起點地價高低不同，稅負互異，非但與照價累進課稅之精神違背，且易令土地投機者有可乘之機：在現制下，以每一縣市一定面積（七公畝）平均地價為累進起點地價，致各縣市累進起點地價不同。因此與照價徵稅、按價累進之精神相違背。且以縣市為標準訂定累進起點地價，恆使投機者分散資金在不同縣市分購土地，而迴避累進課稅之適用。

B與現行區域均衡發展政策之目標相衝突：由於繁榮都市之累進起點地價較偏遠城鎮之地價為高，地價稅之負擔相對偏低，致經濟活動更趨往都市地區集中，與區域均衡發展政策之目標似有抵觸。

地價稅課徵之累進起點地價如何計算？地價稅之基本稅率為何？超過累進起點地價者，如何累進課徵？（89土登）

(2)基本稅率

地價稅基本稅率為千分之十。（平均地權條例第十九條前段）

(3)累進級距及稅率

平均地權條例第十九條後段規定、土地所有權人之地價總額未超過土地所有地直轄市及（縣）市累進起點地價時，其地價稅按基本稅率徵收；超過累進起點地價時，依下列規定累進課徵：

①超過累進起點地價未達五倍者，就其超過部分課徵千分之十五。

②超過累進起點地價五倍至十倍者，就其超過部分課徵千分之二十五。

③超過累進起點地價十倍至十五倍者，就其超過部分課徵千分之三十五。

④超過累進起點地價十五倍至二十倍者，就其超過部分課徵千分之四十五。

⑤超過累進起點地價二十倍以上者，就其超過部分課徵千分之五十五。

2. **比例稅率**

(1)自用住宅用地

①自用住宅用地之涵義

所謂自用住宅用地指土地所有權人或其配偶、直系親屬於該地辦竣戶籍登記，且無出租或供營業用之住宅用地。（平均地權條例第三條第六款）

②自用住宅用地之**優惠稅率**

依平均地權條例第二十條之規定，合於下列規定之自用住宅用地，其地價稅按**千分之二**計徵：A都市土地面積未超過三公畝部份。B非都市土地面積未超過七公畝部分。土地所有權人與其配偶及未成年之受扶養親屬適用前項自用住宅稅率繳納地價稅者，以一處為限。

綜合上述之規定，**自用住宅用地適用優惠稅率之要件**如下：

A設籍限制——即土地所有權人或其配偶、直系親屬於土地所在地辦竣戶籍登記。

試依土地稅法與平均地權條例及兩者之施行細則之規定，說明按千分之十計徵地價稅之土地有那些用地。（90土登）

B用途限制——該土地並無出租或供營業使用。

C面積限制——都市土地面積未超過三公畝部份，非都市土地面積未超過七公畝部份。

D處數限制——土地所有權人與其配偶及未成年之受扶養親屬，適用本優惠稅率以一處為限。

E產權限制——土地之建築改良物屬於土地所有權人或其配偶、直系親屬所有者為限。

(2)國民住宅及勞工宿舍用地

國民住宅及企業或公營事業興建之勞工宿舍，自動工

興建或取得土地所有權之日起,其用地之地價稅按**千分之二**計徵。(土地稅法第十七條第二項)

(3)工業用地等事業直接使用之土地

依土地稅法第十八條規定:供下列事業直接使用之土地,按**千分之十**計徵地價稅。但未按目的事業主管機關核定規劃使用者,不適用之:

①工業用地、礦業用地。

②私立公園、動物園、體育場所用地。

③寺廟、教堂用地、政府指定之名勝古蹟用地。

④經主管機關核准設置之加油站及依都市計畫法規定設置之,供公眾使用之停車場用地。

⑤其他經行政院核定之土地

在依法劃定之工業區或工業用地公告前,已在非工業區或工業用地設立之工廠,經政府核准有案者,其直接供工廠使用之土地,準用前項規定。

何謂「累進起點地價」?又土地為信託財產者,於信託關係存續中,該信託土地之地價稅如何計徵?(90升)

---

(4)都市計劃公共設施保留地

都市計劃公共設施保留地,在保留期間仍為建築使用者,除自用住宅用地適用優惠稅率之規定外,統按千分之六計徵地價稅。其未作任何使用並與使用中之土地隔離

者，免徵地價稅。（平均地權條例第二十三條）

四、漲價歸公之實施方法

「漲價歸公」究應「全部歸公」，抑或「部分歸公」，在理論上頗有爭論；其是否會影響土地利用，亦各有不同之看法。惟一般均認為目前之增值稅制有如下之缺失：一、以「倍數」多寡累進，有時漲價金額多數而倍數少，反而造成輕課現象。二、稅率太輕，不足防止投機。其改進之道為：按漲價「倍數」及「金額」累進並用，並提高其稅率。

五、土地增值稅

(一)土地增值稅之意義及性質

土地增值稅係就土地所有權人不勞而獲之土地自然增值部分所課徵之賦稅，蓋因土地自然增值，係由人口增加、交通開闢、政治改良等因素所造成，乃為社會大眾共同努力的成果，土地所有權人未曾施予投資改良，僅因其持有土地所有權而得以享受此超額利潤，純屬不勞利得，自應收歸全民公有共享，以符社會正義之原則。

土地增值稅為實現平均地權漲價歸公政策之理想手段，其性質如下：

1. 就租稅體系而言，土地增值稅屬於「財產交易所得稅」或「資產增益稅」之範圍，為直接稅中所得稅之形態。

2. 就土地政策而言，土地增值稅係基於「漲價歸公」之理論，將土地自然增值逐漸收歸社會公有，為實現平均地權最有效的手段，其目的在稅去私人之不勞利得，防止土地投機壟斷，而使社會大眾所創造之財富，還諸社會大眾共享，並去除社會財富分配之不平，達到「地利共享」；故其對社會政策之作用，遠超過財政政策之效果。

3. 就本質而言，土地增值稅雖以稅為名，但並非徵稅性質，而與單純之租稅有別。故縱租之為稅，亦不應因名害義，以致混淆其本質。

(二)課徵增值稅之規定

土地法之規定

1. 課稅時機

(1)移轉土地增值稅

土地增值稅於土地所有權移轉時，徵收之。但因土地徵收或土地重劃，致所有權有移轉時，不徵收土地增值稅。（土地法第一百七十六條及第一百九十六條）

(2)定期土地增值稅

①土地所有權無移轉屆滿十年時：即自第一次規定地價後未曾移轉者，應自第一次規定地價之日起計算，每屆滿十年徵收之。但農人之自耕地及自住地，於十年屆滿無

移轉時，不徵收土地增值稅。（參照土地法第一百七十六條及第一百九十七條）

②實施工程地區，於工程完成後屆滿五年時：土地法第一七七條規定：「依第一百四十七條實施工程地區，其土地增值稅於工程完成後屆滿五年時徵收之。」蓋因建築道路、堤防、溝渠或其他土地改良之水陸工程之地區，地價上漲迅速，特縮短課徵期間，以杜土地投機者，謀取暴利。

2. 納稅義務人

(1)移轉土地增值稅

土地所有權之移轉為絕賣者，其增值稅向出賣人徵收之。如為繼承或贈與者，其增值稅向繼承人或受贈人徵收之。（土地法第一百八十二條）

(2)定期土地增值稅

規定地價後十年屆滿，或實施工程地區五年屆滿，而無移轉之土地，其增值稅向土地所有權人徵收之。其設有典權者，其增值稅得向典權人徵收之。但於土地回贖時，出典人應無息償還。（土地法第一百八十三條）

3. 課稅標準

土地法所定土地增值之計算方法，依第一百七十六條前段：「土地增值稅，照土地增值之實數額計算」及第一百八十條：「土地增值總數額，除去免稅額，為土地增值實數額」之規定，土地增值稅之課徵，係土地增值「實數額」為標準，其計算方法為土地增值「總數額減去免稅

額」後之餘額。

土地增值總數額之計算

依土地法第一百七十八條規定：土地增值總數額之標準，依下列之規定：

(1)規定地價後，未經過移轉之土地，於絕賣移轉時，以現賣價超過原規定地價之數額為標準。

(2)規定地價後，未經過移轉之土地，於繼承或贈與移轉時，以移轉時之估定地價超過原規定地價之數額為標準。

(3)規定地價後，曾經移轉之土地，於下次移轉時，以現移轉價超過前次移轉時地價之數額為標準。

以上各款所謂：「原規定地價及前次移轉時之地價」稱為原地價。原地價遇一般物價有劇烈變動時，市縣財政機關應依當地物價指數調整計算之，並應經地方民意機關之同意。（土地法第一百七十九條）

土地增值免稅額之計算

土地所有權移轉時，尚須支出印花稅、登記費、手續費、介紹費等各項費用，因屬成本性質，不能以不勞而獲之增值視之，應予扣除，免課增值稅，此即所謂：「免稅額」也。惟此種費用過於零星，計算不易，且其數額不大，故各國立法例概設定一標準扣除額，並多按照原地價百分比計算。土地法施行法四十二條規定，免稅額應由該管市縣政府擬訂，層轉行政院核定。

土地增值實數額之扣減

土地法第一百八十四條規定：「土地增值實數額，應減去土地所有權人為改良土地所用之資本及已繳納之工程受益費。」蓋土地所有權人**投施改良**之地價增值非屬自然增值，自不應課徵增值稅。

4. 稅率結構

　　土地法所定土地增值稅係採行「超額累進稅率」，按土地增值倍數多寡，分別其稅率之輕重，以逐步達成「漲價歸公」之理想。而於土地法第一百八十一條規定：土地增值稅之稅率，依下列之規定：

⑴土地增值實數額在原地價百分之一百以下者，徵收其增值實數額百分之二十。

⑵土地增值實數額在原地價百分之二百以下者，除按前款規定徵收外，就其已超過百分之一百部分徵收百分之四十。

⑶土地增值實數額在原地價百分之三百以下者，除按前二款規定分別徵收外，就其超過百分之二百部分徵收百分之六十。

⑷土地增值實數額在原地價百分之三百者，除按前三款規定分別徵收外，就其超過百分之三百部分徵收百分之八十。

5. 土地增值稅之減免

⑴公有土地，免徵土地稅，但供公營事業使用或不作公共使用者，不在此限。（土地法第一百九十一條）

⑵因土地徵收或土地重劃，致所有權移轉時，不徵收

土地增值稅。（土地法第一百九十六條）

(3)農地，因農人施用勞力與資本，致地價增漲時，不徵收土地增值稅。（土地法第一百九十八條）

(4)農人之自耕地自住地，於十年屆滿無移轉時，不徵收土地增值稅。（土地第一百九十七條）

平均地權條例、土地稅法之規定（現行）

1. 課稅時機

(1)移轉土地轉值稅

平均地權條例第三十六條第一項規定：「土地增值稅之徵收，應依照土地漲價總額計算，於土地所有權移轉或設定典權時行之。但因繼承而移轉者，不徵收土地增值稅。」亦即凡已規定地價之土地，於土地所有權移轉時，應按其土地漲價總數額徵收土地增值稅。其移轉原因諸如買賣、贈與、交換、拍賣、徵收等，但不包括繼承移轉在內。（參照土地稅法第二十八條）

(2)設定典權土地預徵土地增值稅

平均地權條例第三十六條第一項規定：「土地增值稅之徵收，於土地所有權移轉或設定典權時行之。」按土地稅法第二十九條之規定，已規定地價之土地，設定典權時，出典人應依法預繳土地增值稅，但出典人回贖時，原繳之土地增值稅，應無息退還（設定典權之預徵增值稅，乃在防止典權人作到期不贖除斥期間之經過以取得所有

權,從而逃避土地增值稅)。

> 土地增值稅之課稅時機及納稅義務人,分別說明之。
> (92交升)

2. 納稅義務人

平均地權條例第三十七條規定:「土地增值稅,以**原土地所有權人**為納稅義務人。但土地所有權無償移轉者,以取得**所有權人**為納稅義務人。」易言之,土地所有權為有償移轉者,如買賣、交換、政府照價收買或徵收等,其土地增值稅向原所有人徵收;土地所有權為**無償移轉**者,如遺贈及贈與等其土地增值稅向取得所有權之人徵收;**土地所有權為無償移轉者,如遺贈及贈與等其土地增值稅向取得所有權之人徵收**;土地設定典權者,向**出典人**徵收之。(土地稅法第五條)土地所有權移轉,其應納之土地增值稅,納稅義務人未於規定期限內繳納者,得由取得所有權之人代為繳納。依第四十七條規定由權利人單獨申報土地移轉現值者,其應納之土地增值稅,應由權利人代為繳納。(平均地權條例第五十條)

3. 代繳義務人

(1)取得所有權之人

土地所有權移轉,其應納之土地增值稅,納稅義務人未於規定期限內繳納者,得由取得所有權之人代為繳納。依平均地權條例第四十七條規定由權利人單獨申報土地移

轉現值者,其應納之土地增值稅,應由權利人代為繳納(土稅5-1)。

(2)信託土地之受託人

受託人就受託土地,於信託關係存續中,有償移轉所有權、設定典權或依信託法第三十五條第一項規定轉為其自有土地時,以受託人為納稅義務人,課徵土地增值稅(土稅5-2Ⅰ)。

(3)歸屬權利人

以土地為信託財產,受託人依信託本旨移轉信託土地與委託人以外之歸屬權利人時,以該歸屬權利人為納稅義務人,課徵土地增值稅(土稅5-2Ⅱ)。

(4)拍定人

經法院拍賣之土地,依規定審定之移轉現值核定其土地增值稅者,如拍定價額不足扣繳土地增值稅時,拍賣法院應俟拍定人代為繳清差額後,再行發給權利移轉證書(土稅51Ⅰ)

●土地增值稅既是執行「漲價歸公」政策之手段,自應向獲得土地自然漲價之利益徵收,始符合租稅公平之原則。平均地權條例為防止土地所有權移轉延避辦理變更登記,逃匿繳納土地增值稅,乃明定土地所有權移轉或設定典權時,權利人及義務人應於訂定契約之日起一個月內聲請登記,並申報其土地所移轉現值,經主管機關審核,低於當期公告土地現值者,得照價收買或以公告土地現值徵收土地增值稅;其不低於當期公告土地現值者,照申報移

轉現值徵收土地增值稅。至納稅義務人及權利人未於規定期間內申請登記繳納土地增值稅，嗣後再申請登記繳納時，除依法處罰或加計利息外，如土地公告現值有不同者，其因自然漲價所生之差額利益，既非原納稅義務人所獲得，就此差額計算應納之部份土地增值稅，即應於有法定徵收原因時，另向獲得該項利益者徵收，始屬公平。（司法院大法官會議議決釋字第一八○號解釋）

> 依現行土地稅法規定，試就土地增值稅之納稅義務人及土地增值稅之代繳規定。（83檢）

4.課稅標準

土地增值稅之徵收，應依照**土地漲價總數額**計算。土地漲價總數額之計算，係以土地所有權移轉或設定典權時，權利人及義務人會同申報之移轉現值超過原規定地價或前次移轉時申報之現值，並就其超過總數額減去土地所有權人為**改良土地**已支付之全部費用。原規定地價或前次移轉時申報之現值，應按政府公告之**物價指數調整**後，再計算其土地漲價總數額（平均地權條例第三十八、三十九條），茲分述如下：

(1)公告現值之意義與用途

所謂「公告現值」按平均地權條例第四十六條之規定，係指直轄市或（縣）市地政機關對於轄區內之土地，經常調查其地價動態、繪製地價區段圖及估計區段地價

後,提經地價評議委員會評定,據以編製土地現值表,於每年一月一日公告之土地價格。公告土地現值之目的有三:

①作為土地移轉或設定典權時,申報土地移轉現值之參考。

②作為主管機關審核土地移轉現值之依據。

③作為政府補償徵收土地地價之依據。

(2)土地移轉現值之審核標準

土地所有權移轉或設定典權時,權利人及義務人應於訂定契約之日起三十日內,檢同契約及有關文件,共同申請土地所有權移轉或設定典權登記,並共同申報土地移轉現值。但依規定得由權利人單獨申請登記者,權利人得單獨申報其移轉現值。

申報人申報之移轉現值,經審核低於公告土地現值者,得由主管機關照其自行申報之移轉現值收買或照公告土地現值徵收土地增值稅。經審核超過公告土地現值者,應以其自行申報之移轉現值為準,徵收土地增值稅。(第四十七條之一第二項)

申報移轉現值之審核標準如下(平均地權條例第四十七條之一、土地稅法第三十條):

❶申報人於訂定契約之日起三十日內申報者,以**訂約日**當期之公告土地現值為準。

❷申報人逾訂定契約之日起三十日始申報者,以受理申報機關**收件日**當期之公告土地現值為準。

❸遺贈之土地，以遺贈人**死亡日**當期之公告土地現值為準。

❹依法院判決移轉登記者，以申報人向法院**起訴日**當期之公告土地現值為準。

❺經法院拍賣之土地，以**拍定日**當期之公告土地現值為準。但拍定價額低於公告土地現值者，以拍定價額為準；拍定價額如已先將設定抵押金額及其他債務予以扣除者，應以併同計算之金額為準。

> 土地所有權移轉或設定典權時，其申報移轉現值之審查標準為何？請依土地稅法之規定說明之。（86普）（95高考估價師）

❻經政府核定照價收買或協議購買之土地，以政府收買日或購買日當期之公告土地現值為準。但政府給付之地價低於**收買日**或**購買日**當期之公告土地現值者，以政府給付之地價為準。

前項第一款至第四款申報人申報之移轉現值，經審核低於公告土地現值者，得由主管機關照其自行申報之移轉現值收買或照公告土地現值徵收土地增值稅。前項第一款至第三款之申報移轉現值，經審核超過公告土地現值者，應以其自行申報之移轉現值為準，徵收土地增值稅。

民國八十六年一月十七日本條修正公布生效日後經法院判決移轉、法院拍賣、政府核定照價收買或協議購買之

案件,於本條修正公布生效日尚未核課或尚未核課確定者,其申報移轉現值之審核標準適用第一項第四款至第六款及第二項規定。

此外,**土地為信託財產者**,於所有權移轉或設定典權時,依土地稅法第三十一之一條規定:「依第二十八之三條規定不課徵土地增值稅之土地,於所有權移轉、設定典權或依信託法第三十五條第一項規定轉為受託人自有土地時,以該土地不課徵土地增值稅前之原規定地價或最近一次經核定之移轉現值為原地價,計算漲價總數額、課徵土地增值稅。但屬第三十九條第二項但書規定情形者,其原地價之認定,依其規定。」

「因遺囑成立之信託,於成立時以土地為信託財產者,該土地有前項應課徵土地增值稅之情形時,其原地價指遺囑人死亡日當期之公告土地現值。」

「前二項土地,於計課土地增值稅時,委託人或受託人於信託前或信託關係存續中,有支付第三十一條第一項第二款改良土地之改良費用或同條第三項增繳之地價稅者,準用該條之減除或抵繳規定。」(參照平均地權條例第三十一之一條)

- 試就現行土地增值稅之徵收時機,漲價總數額之計算方式,與課徵之稅率,試分別說明之。(82交升)
- 何謂原地價?又依平均地權條例規定,土地所有權移轉或設定典權,其申報移轉現值之審核標準為何?請說明之。(111地政士普)

(三)漲價總數額之計算

土地漲價總數額，依下列規定計算之：

1. 規定地價後，未經移轉之土地，於所有權移轉或設定典權時，以其申報之土地移轉現值超過原規定地價之數額，為其土地漲價總數額（土地稅法施行細則第四十六條）。

2. 原規定地價後，曾經移轉之土地，於所有權移轉或設定典權時，以其申報之移轉現值超過前次移轉時申報之移轉現值之數額為其土地漲價總數額（土地稅法施行細則第四十七條）。

3. 經過繼承之土地，於所有權移轉或設定典權時，以其申報之土地移轉現值超過被繼承人死亡時公告土地現值之數額為土地漲價總數額（平均地權條例第五十三條，土地稅法施行細則第四十八條）。

現行平均地權條例暨其施行細則有關「空地」、「自用住宅用地」及「改良土地」之意義各為何？試說明之。（90土登）

(四)改良費用之扣除

土地漲價總數額，應減去土地所有權人為改良土地已付之全部費用（平均地權條例第三十六條，釋二八六參

酬），其內容包括：1.改良土地費；2.工程受益費；3.土地重劃費用；4.因土地使用變更而無償捐贈一定比率土地作為公共設施用地者，其捐贈時土地之公告現值總額（平均地權條例第五十四條，土地稅法施行細則第三十一條）四種。

綜合上述規定，**土地自然漲價總數額之計算公式**如下（平均地權條例施行細則第五十六條）：

土地漲價總數額
＝申報土地移轉現值
－原規定地價或前次移轉時所申報之土地移轉現值×台灣地區消費者物價總指數÷100
－（改良土地費＋工程受益費＋土地重劃負擔總費用）

其中改良土地費用係指下列各項改良所支出之費用（平均地權條例施行細則第十一條）：

1. **建築基地改良**：包括整平或填挖基地、水土保持、埋設管道、修築駁嵌、開挖水溝、舖築道路等。

2. **農地改良**：包括耕地整理、水土保持、土壤改良及修築農路、灌溉排水、防風、防砂、堤防等設施。

3. **其他用地開發所為之土地改良**。

土地所有權人為土地之改良，應依下列規定申請驗證登記（平均地權條例施行細則第十二條）：

1. 於開始興工改良之前，填具申請書，向工務（建設）機關申請查驗，並於工程完竣翌日起十日內申請複

勘，在申請查驗前已改良者，不予受理。

2. 工務（建設）機關應於接到申請書翌日起五日內，會同農糧、水利機關派員實地勘查工程開始或完竣情形。

3. 改良土地費用評估標準，由工務（建設）機關會同農糧、水利機關調查擬定，報直轄市或（縣）市政府核定。

4. 改良土地費用核定後，工務（建設）機關應即登記，並於登記翌日起五日內按宗發給證明，並通知地政機關及稅捐稽徵機關。

在實施建築管理之地區，建築基地改良得併同雜項執照申請驗證，並按宗發給證明。

土地漲價總數額之計算

依平均地權條例規定如下：

⑴原規定地價後，未經過移轉之土地，於所有權移轉或設定典權時，以其所申報之土地移轉現值超過原規定地價之數額，為其土地漲價總數額。所稱**原規定地價**係指中華民國**五十三年**規定之地價；其在中華民國五十三年以前已依土地法規定辦理規定地價及在中華民國五十三年以後舉辦規定地價之土地均以其第一次規定之地價為原規定地價。（平均地權條例第三十八條第二項）

⑵原規定地價後，曾經移轉之土地，以其所申報之土地移轉現值超過前次移轉時所申報之土地移轉現值之數額為其土地漲價總數額。

⑶在因繼承取得之土地，於所有權移轉或設定典權

時,以其申報移轉現值超過被繼承人死亡時公告土地現值之數額為準。

土地增值稅之稅率結構,現行平均地權條例按土地之性質而有所不同,一般土地採累進稅率,自用住宅用地則採優惠稅率,分述如下:

4.稅率結構

⑴累進稅率(平均地權條例第四十條,土地稅法第三十三條)

土地增值稅之稅率,依下列規定:

①土地漲價總數額超過原規定地價或前次移轉時核計土地增值稅之現值數額未達百分之一百者,就其漲價總數額徵收增值稅**百分之二十**。

②土地漲價總數額超過原規定地價或前次移轉時核計土地增值稅之現值數額在百分之一百以上未達百分之二百者,除按前款規定辦理外,其超過部分徵收增值稅**百分之三十**。

③土地漲價總數額超過原規定地價或前次移轉時核計土地增值稅之現值數額在百分之二百以上者,除按前二款規定分別辦理外,其超過部分徵收增值稅**百分之四十**。

因修正前項稅率造成直轄市政府及縣(市)政府稅收之實質損失,於財政收支劃分法修正擴大中央統籌分配稅款規模之規定施行前,由中央政府補足之,並不受預算法第二十三條有關公債收入不得充經常支出之用之限制。

前項實質損失之計算,由中央主管機關與直轄市政府

及縣（市）政府協商之。公告土地現值應調整至一般正常交易價格。

全國平均之公告土地現值調整達**一般正常交易價格百分之九十**以上時，第一項稅率應檢討修正。

持有土地年限超過二十年以上者，就其土地增值稅超過第一項最低稅率部份**減徵百分之二十**。

持有土地年限超過三十年以上者，就其土地增值稅超過第一項最低稅率部份**減徵百分之三十**。

持有土地年限超過四十年以上者，就其土地增值稅超過第一項最低稅率部份**減徵百分之四十**。

「實價登錄2.0」於110.7.1實施平均地權條例第47條規定

（一）土地所有權移轉或設定典權時，權利人及義務人應於訂定契約之日起三十日內，檢同契約及有關文件，共同申請土地所有權移轉或設定典權登記，並共同申報其土地移轉現值。但依規定得由權利人單獨申請登記者，權利人得單獨申報其移轉現值。

（二）權利人及義務人應於買賣案件申請所有權移轉登記時，檢附申報書共同向直轄市、縣（市）主管機關申報登錄土地及建物成交案件實際資訊（以下簡稱申報登錄資訊）。

（三）前項申報登錄資訊，除涉及個人資料外，得提供查詢。

（四）已登錄之不動產交易價格資訊，在相關配套措施完

全建立並完成立法後，始得為課稅依據。

（五）第二項申報登錄資訊類別、內容與第三項提供之內容、方式、收費費額及其他應遵行事項之辦法，由中央主管機關定之。

（六）直轄市、縣（市）主管機關為查核申報登錄資訊，得向權利人、義務人、地政士或不動產經紀業要求查詢、取閱有關文件或提出說明；中央主管機關為查核疑有不實之申報登錄價格資訊，得向相關機關或金融機構查詢、取閱價格資訊有關文件。受查核者不得規避、妨礙或拒絕。

（七）前項查核，不得逾確保申報登錄資訊正確性目的之必要範圍。

（八）第二項受理及第六項查核申報登錄資訊，直轄市、縣（市）主管機關得委任所屬機關辦理。

（九）本條例中華民國一百零九年十二月三十日修正之條文施行前，以區段化、去識別化方式提供查詢之申報登錄資訊，於修正施行後，應依第三項規定重新提供查詢。

依據平均地權條例第八十一條之二規定：違反第四十七條第二項規定，未共同申報登錄資訊者，直轄市、縣（市）主管機關應令其限期申報登錄資訊；屆期未申報登錄資訊，買賣案件已辦竣所有權移轉登記者，處新臺幣三萬元以上十五萬元以下罰鍰，並令其限期改正；屆期未改正者，按次處罰。

> 按平均地權條例之規定「自用住宅用地」之定義為何？其土地增值稅如何課徵？試說明之。（82年特土）

(2)優惠稅率

土地稅法第三十四條規定：

（一）土地所有權人出售其自用住宅用地者，都市土地面積未超過**三公畝**部分或非都市土地面積未超過**七公畝**部分，其土地增值稅統就該部分之土地漲價總數額按**百分之十**徵收之；超過三公畝或七公畝者，其超過部分之土地漲價總數額，依前條規定之稅率徵收之。

（二）前項土地於**出售前一年內**，曾供營業使用或出租者，不適用前項規定。

（三）第一項規定於自用住宅之評定現值不及所占基地公告土地現值**百分之十**者，不適用之。但自用住宅建築工程完成滿**一年以上者**不在此限。

（四）土地所有權人，依第一項規定稅率繳納土地增值稅者，以一次為限。

（五）土地所有權人適用前項規定後，再出售其自用住宅用地，符合下列各款規定者，**不受前項一次之限制**：

1. 出售都市土地面積未超過**一‧五公畝**部分或非都

市土地面積未超過三・五公畝部分。
2. 出售時土地所有權人與其配偶及未成年子女,無該自用住宅以外之房屋。
3. 出售前持有該土地六年以上。
4. 土地所有權人或其配偶、未成年子女於土地出售前,在該地設有戶籍且持有該自用住宅連續滿六年。
5. **出售前五年內**,無供營業使用或出租。

(六) 因增訂前項規定造成直轄市政府及縣(市)政府稅收之實質損失,於財政收支劃分法修正擴大中央統籌分配稅款規模之規定施行前,由中央政府補足之,並不受預算法第二十三條有關公債收入不得充經常支出之用之限制。

(七) 前項實質損失之計算,由中央主管機關與直轄市政府及縣(市)政府協商之。

所謂「**自用住宅用地**」,係指土地所有權人或其配偶、直系親屬,於該地辦竣戶籍登記,且無出租或供營業用地之住宅用地而言,其**土地增值稅適用優惠稅率應具備之要件**如下:

①**設籍限制**:土地所有權人或其配偶、直系親屬於該地辦竣戶籍登記。

②**用途限制**:自用住宅土地於出售前一年內曾供營業使用或出租者,不適用自用住宅稅率百分之十。

③**面積限制**:土地所有權人出售其自用住宅用地者,

都市土地面積未超過三公畝部分或非都市土地面積未超過七公畝部分,其土地增值稅統就該部分之土地漲價總數額按百分之十徵收之;超過三公畝或七公畝者,其超過部分之土地漲價總數額依一般用地之稅率徵收之。

④**現值限制**——自用住宅之評定現值不得少於所占基地公告土地現值百分之十。但自用住宅建築工程完成滿一年以上者,不在此限。

⑤**次數限制**:土地所有權人依自用住宅稅率繳納土地增值稅者,以一次為限。

⑥**產權限制**:土地之建築改良物屬於土地所有權人或其配偶、直系親屬所有者為限。所謂直系親屬,包括直系血親尊親屬、直系血親卑親屬,直系姻親尊親屬、直系姻親卑親屬在內。

5. 土地增值稅之減徵

(1)重劃土地第一次移轉時之減徵

經重劃之土地,於重劃後第一次移轉時,其土地增值稅減徵百分之四十。

(2)抵價地第一次移轉時之減徵

領回抵價地第一次移轉時,應以原土地所有權人實際領回抵價地為原地價,計算漲價總數額,課徵土地增值稅,並減徵百分之四十。(土地稅法第三十九條(但書)平均地權條例第四十二條(但書)

6. 土地增值稅之免徵

(1)私有土地因繼承而移轉者,不徵土地增值稅。(土

地稅法第二十八條）

(2)各級政府出售或依法贈與之公有土地，及受贈之私有土地，免徵土地增值稅。（平均地權條例第三十五條但書，土地稅法第二十八條）

(3)私人捐贈興辦社會福利事業，或依法設立私立學校使用之土地，免徵土地增值稅。

私人捐贈供興辦社會福利事業使用，或依法設立私立學校使用之土地，免徵土地增值稅。但以符合下列各款規定者為限：

①受贈人為財團法人。

②法人章程載明法人解散時，其剩餘財產歸屬當地地方政府所有。

③捐贈人未以任何方式取得所捐贈土地之利益。（第三十五條之一）

私人捐贈設立私立學校使用之土地，在何種情形下，需補繳應繳土地增值稅。（91地政士）

---

(4)區段徵收之土地，因領回抵價地不足最小建築面積而領取現金補償者，免徵土地增值稅。（平均地權條例第四十二條之一第一項但書）

(5)區段徵收之土地，依規定以抵價地補償其地價者，免徵土地增值稅。

(6)農業用地在依法作農業用使用時，移轉於自然人

時，得申請不課徵土地增值稅。（平均地權條例第四十五條，土地稅法三十九之二條）

(7)被徵收之土地，免徵其土地增值稅。（土地稅法三九條，平均地權條例四十二條）

(8)依法得徵收之私有土地，土地所有權人自願按公告土地現值之價格售與需地機關者，免徵其土地增值稅。

(9)區段徵收之土地，以現金補償其地價者，免徵其土地增值稅。但依平均地權條例第五十四條第三項規定因領回抵價地不足最小建築單位面積而領現金補償者亦免徵土地增值稅。

(10)依都市計畫法指定之公共設施保留地，尚未被徵收前之移轉，免徵土地增值稅（土地稅法第三十九條，平均地權條例第四十二條）。

(11)配偶相互贈與之土地，不課徵土地增值稅（土地稅法第二十八之二條，平均地權條例三十五之二條）。

土地為信託財產者，在那些情況下其移轉不課徵土地增值稅信託土地課徵土地增值稅時，其納稅義務人為何？（90特）

●土地為信託財產之不課徵土地增值稅

土地為信託財產者，於下列各款信託關係人間移轉所有權，不課徵土地增值稅：

(1)因信託行為成立，委託人與受託人間。

(2)信託關係存續中受託人變更時,原受託人與新受託人間。

(3)信託契約明定信託財產之受益人為委託人者,信託關係消滅時,受託人與受益人間。

(4)因遺囑成立之信託,於信託關係消滅時,受託人與受益人間。

(5)因信託行為不成立、無效、解除或撤銷,委託人與受託人間。

●農業用地得申請不課徵土地增值稅

(1)作農業使用之農業用地,移轉與自然人時,得申請不課徵土地增值稅。

(2)前項不課徵土地增值稅之土地承受人於其具有土地所有權之期間內,曾經有關機關查獲該土地未作農業使用且未在有關機關所令期限內恢復作農業使用,或雖在有關機關所令期限內已恢復作農業使用而再有未作農業使用情事時,於再移轉時應課徵土地增值稅。

(3)前項所定土地承受人有未作農業使用之情事,於配偶間相互贈與之情形,應合併計算。

(4)作農業使用之農業用地,於本法中華民國八十九年一月六日修正施行後第一次移轉,或依第一項規定取得不課徵土地增值稅之土地後再移轉,依法應課徵土地增值稅時,以該修正施行日當期之公告土地現值為原地價,計算漲價總數額,課徵土地增值稅。

(5)本法中華民國八十九年一月六日修正施行後,曾經

課徵土地增值稅之農業用地再移轉，依法應課徵土地增值稅時，以該土地最近一次課徵土地增值稅時核定之申報移轉現值為原地價，計算漲價總數額，課徵土地增值稅，不適用前項規定。

> 作農業使用之農業用地，課徵土地增值稅時，其漲價總數額應依何標準計算？（89土登）

7. 土地增值稅之退稅（重購土地）

平均地權條例第四十四條規定：「土地所有權人出售其自用住宅用地、自營工廠用地或自耕之農業用地，另行購買使用性質相同之土地者，依法退還其出售土地所繳之土地增值稅。前項土地被徵收時，原土地所有權人於領取補償地價後，另行購買使用性質相同之土地者，依法退還徵收土地所繳土地增值稅。

(1)退稅時機

①自用住宅用地、自營工廠用地及自耕農業用地出售或被徵收後，土地所有權人自完成移轉登記或領取地價之日起二年內重購使用性質相同土地者。但自用住宅用地於出售前一年內，曾供營業使用或出租者，不適用。

②土地所有權人先購買土地後，自完成移轉登記之日起二年內，自用住宅用地、自營工廠用地及自耕農業用地始行出售或被徵收者。但土地於出售前一年內，曾供營業使用或出租者，不適用之。

(2)重購土地退稅之要件（限制）

①**時間限制**：需土地所有權人於出售土地或土地被徵收後，自完成移轉登記或領取補償地價之日起二年內重購土地，或先購買土地後，自完成移轉登記之日二年內，始行出售土地或土地始被徵收。

②**性質限制**：需自用住宅用地，自營工廠用地，自耕農業用地、出售或被徵收後，重購土地之使用性質相同者。

③**使用限制**：需出售自用住宅用地前一年內，未曾供營業使用。

④**面積限制**：自用住宅購買未超過三公畝之都市土地或未超過七公畝之非都市土地。

⑤**超價限制**：需新購土地地價，超過原出售土地地價或補償地價扣除繳納土地增值稅後之餘額。

⑥**移轉限制**：重購土地自完成移轉登記之日起，五年內再行移轉時，或改作其他用途時，除就該次移轉之漲價總數額課徵土地增值稅外，並應追還稅款。

(3)退稅額度

以新購土地地價超過原出售土地地價或補償地價，扣除繳納土地增值稅之餘額者，向主管稽徵機關申請就其已納土地增值稅額內，退還其不足支付新購土地地價之數額。（土地稅法第三十五條、平均地權條例第四十四條）。

(4)退稅之追繳

土地所有權人因重購土地退還土地增值稅者，其重購之土地，自完成移轉登記之日起，五年內再行移轉時，除就該次移轉之漲價總數額課徵土地增值稅外，並應追繳原退還稅款；重購土地改作其他用途者亦同。（土地稅法第三十七條），目的在避免當事人於退稅後即將另購之土地出售或轉作其他用途，以逃漏增值稅，進行土地投機。

(5)立法意旨

　　自用住宅用地、自營工廠用地或自耕農業用地出售或被徵收，另行購買使用性質相同土地者，不足款項得申請退還土地增值稅之立法宗旨不外：

　　①人民遷居頻繁，為避免土地移轉課徵增值稅，而影響其重行購買同等自用住宅用地，故予退稅，以資保障；又「徵收」非土地所有權人之本意，故應退稅，使其另購屋居住。

　　②因獎勵工業發展為政府既定政策，而工業之擴大經營規模常須遷建工廠；為對自營工廠用地之優惠處理，故予退稅規定，以免影響經濟發展。又「徵收」非工業興辦人之意思，故予退稅，使其另行覓地建廠。

　　③鼓勵有自耕能力者擴展耕地，以利機械化之進行。又「徵收」乃非土地所有權人之意思，故應退稅，使其另行購地耕作。

8. 回贖出典土地之退稅

　　已規定地值之土地，設定典權時，出典人應依土地稅法規定預繳土地增值稅，但出典人回贖時，原繳之土地增

值稅，應無息退還。

9. 土地增值稅之抵繳

　　土地所有權人辦理土地移轉繳納土地增值稅時，在其持有土地期間內，因重新規定地價增繳之地價稅，就其移轉土地部分，准予抵繳其應納之土地增值稅。但准予抵繳之總額，以不超過土地移轉時應繳土地增值稅總額之百分之五為限。（平均地權條例第三十六條第三項）

10. 拍賣土地增值稅之優先受償

　　土地增值稅之徵收，就土地之自然漲價部分優先於一切債權及抵押權。

11. 土地增值稅之課徵程序

　　(1)**公告現值**：直轄市或縣（市）政府對轄區內之土地，應經常調查其地價動態，繪製地價區段圖，估計區段地價後，提經地價評議委員會評定，據以編製土地現值表於每年一月一日公告，作為土地移轉及設定典權時申報土地移轉現值之參考，並作為主管機關審核土地移轉現值及補償徵收地地價之依據（平均地權條例第四十六條）。

　　(2)**申報現值**：申報土地所有權移轉或設定典權時，權利人及義務人應於訂定契約之日起三十日內，檢同契約及有關文件，共同申請土地所有權移轉或設定典權登記，並共同申報其土地移轉現值。但依規定得由權利人單獨申請登記，權利人得單獨申報其移轉現值。

　　(3)**填發稅單**：主管稽徵機關應於申報土地移轉現值收件之日起七日內，核定應納土地增值稅並填發稅單，送達

納稅義務人。但申請按自用住宅用地稅率課徵土地增值稅之案件，其期間得延長為二十日。

(4)**繳納稅款**：土地增值稅納稅義務人收到土地增值稅繳納通知書後，應於三十日內向公庫繳納。

(5)**土地登記**：

①權利人及義務人應於繳納土地增值稅後，共同向主管地政機關申請土地所有權移轉或設定典權登記。

②欠繳土地稅之土地，在欠稅未繳清前不得辦理移轉登記或設定典權。（土地稅法第五十一條第一項）

12. 土地增值稅之用途

平均地權條例第五十一條規定：「依本條例施行漲價歸公之收入，以供育幼、養老、救災、濟貧、衛生、扶助身心障礙等公共福利事業、興建國民住宅、徵收公共設施保留地、興辦公共設施及推展國民教育之用。」

●增值稅以超過原地價「倍數」或「增值金額」高低而累進課稅利弊之爭：

(1)以「倍數」多寡累進課徵。

弊：

①漲價多而倍數少則輕稅。

②漲價少而倍數多反而較重，（賦稅不公平）。

(2)以「金額」多寡累進課徵。

弊：

①所有權人採多次移轉方式以逃漏。

②化整為零,分割出售,影響土地利用及漏稅。

③市郊區原價低,故漲價倍數高。

④市中地價高,漲價倍數少,如以金額累進負擔反重。

(3)解決之道:二者擇較重者課之。

●大法官解釋

【80.11.29釋字第286號】

憲法第一百四十三條第三項規定:「土地價值非因施以勞力資本而增加者,應由國家徵收土地增值稅,歸人民共享之」,旨在實施土地自然漲價歸公政策。中華民國六十六年二月二日修正公布之平均地權條例第三十五條、第三十六條第一項、第二項及同年四月一日行政院發布之同條例施行細則第五十三條規定,土地所有權人於申報地價後之土地自然漲價,應依照土地漲價總數額,減去土地所有權人為改良土地已支付之全部費用後之餘額計算,徵收土地增值稅;其間縱有因改良土地而增加之價值,亦因認定及計算不易,難以將之與自然漲價部分明確劃分,且土地增值稅並未就漲價部分全額徵收,已足以兼顧其利益,與憲法第十五條及第一百四十三條第三項規定之意旨尚無牴觸。

※照價收買

(一) 照價收買之意義

照價收買,謂國家按照私人所報地價,強制收買其土地,取消私有土地所有權之行為,為平均地權四大綱領之一,旨在合理調整地權分配,杜絕私人投機壟斷之弊害,而使地價申報確實,以利照價徵稅與漲價歸公之實施。

土地法規中「照價收買」一詞,實際上只適用於土地所有權人低報地價企圖逃稅及私有建地未依法使用等場合,政策上屬於制裁性、懲罰性的消極性質。

(二) 照價收買之時機

●土地法之規定

1. 私有荒地經限期使用,逾期仍未使用者

土地法第八十九條第二項規定:私有荒地,逾期不使用者,該管直轄市或縣(市)政府得照申報地價收買之。

2. 土地所有人認為地價過高,申請政府照標準地價收買者

土地所有權人聲請登記所有權時,應同時申報地價,但僅得為標準地價百分之二十以內之增減。土地所有權人認為標準地價過高,不能依法為申報時,得聲請該管直轄市或縣(市)政府照標準地價收買其土地。(參照第一百五十六、一百五十七條)

3.私有土地面積超過最高額,未依規定分割出賣時。(土地法二十九條)

●平均地權條例之規定

依平均地權條例之規定,下列私有土地得照價收買:

(1)申報地價,低於公告地價百分之八十者。(第十六條)

(2)申報土地移轉現值,低於當期公告土地現值者。(第四十七條之一)

(3)超額建築用地,經限期出售或建築使用,逾期尚未出售或未建築使用者。(第七十二條)

(4)編為建築用地之出租耕地,經終止租約收回滿一年尚未建築使用者。(第七十六條)

(5)空地經限期建築使用,逾期仍未建築使用者。(第二十六條)

(6)農業用地閒置不用,經加徵荒地稅滿三年仍不使用者。(第二十六條之一)

(三)照價收買之補償

照價收買土地所應給付之補償,計有地價、他項權利價值及土地改良物補償等三項,茲就平均地權條例規定分述如下:

1. 地價及他項權利價值之補償

(1)照價收買土地之地價,依下列規定計算之:(第三十一條)

①依十六條規定收買者,以其申報地價為準(即申報未滿公告地價百分之八十時)。

　　②依第四十七條之一規定收買者,以其申報土地移轉現值為準(即申報移轉現值低於公告現值時)。

　　③依二十六、二十六之一、七十二、七十六條規定收買者,以收買當期之公告土地現值為準(即荒空地及超額建地與收回之出租耕地變為建地者之收買)。

　(2)依法照價收買之土地為出租耕地時,除由政府補償承租人為改良土地所支付之費用及尚未收穫之農作改良物外,並應由土地所得之補償地價扣除土地增值稅後餘額之三分之一,補償耕地承租人。該項補償承租人之地價,應由地政機關於發放補償或依法提存時代,為扣交。(平均地權條例第十一條第一、二項)

> 私有土地被直轄市或縣市政府照價收買之原因為何?又照價收買土地之地價如何計算?請依平均地權條例之規定說明之。(91公升)

　(3)照價收買土地設有他項權利者,他項權利補償費由直轄市或(縣)市政府於發給土地所有權人之補償地價內代為扣交他項權利人,並塗銷之。但他項權利價值之總和,以不超過該宗土地收買地價扣除土地增值稅後之餘額為限。(平均地權條例施行細則第四十六條第一項)

2. 土地改良費用及已繳工程受益費之補償

平均地權條例第三十二條規定：「照價收買之土地，如土地所有權人有改良土地情事，其改良土地之費用及已繳納之工程受益費，經該主管機關驗證登記者，應併入地價內計算之。」併入地價內計算之改良土地之費用及已繳納之工程受益費，以改良土地或繳納工程受益費行為在下列時間後發生者為限，並應由土地所有權人提驗土地改良費用證明書或工程受益費繳納收據：

⑴依申報地價低於公告地價百分之八十收買者，在申報地價後。

⑵依申報移轉現值低於當期公告土地現值收買者，在申報土地移轉現值後。

⑶依超額建築用地，經限期出售或建築使用，逾期尚未出售或建築使用，編為建築用地之出租耕地收回滿一年尚未建築使用及空地限建逾期仍未建築等收買者，在當期土地現值公告後。（施行細則第四十五條）

3. 土地改良物之補償

⑴農作改良物之補償

依平均地權條例第三十三條之規定，照價收買之土地，地上如有農作改良物，應予補償。其農作改良物價額之估定，如其孳息成熟時間在收買後一年以內者，應按其成熟時之孳息估定之；其在一年以上者，應依其種植、培育費用，並參酌現值估定之。

⑵建築改良物之補償

照價收買之土地，地上建築改良物同屬土地所有權人

所有者，應一併收買。但不屬土地所有權人所有者，不在此限。其建築改良物之價額，由直轄市或（縣）市地政機關查估後，提交地價評議委員會評定。（平均地權條例第三十四條）

(四) **照價收買之程序**

照價收買應由地政機檢關檢具得予收買土地之地籍圖及登記簿謄本或建物謄本會同有關單位勘察使用狀況，並徵詢地上權人或承租人願否承購，經簽報直轄市或（縣）市政府核定後，依平均地權條例第二十八條規定，依下列程序辦理：

1. **公告並通知土地權利人**：主管機關應將照價收買之土地先行公告，並以書面通知土地所有權人及土地移轉之權利人或他項權利人。（平均地權條例二十八條）

2. **限期繳交書狀證件**：受通知人應於通知送達之翌日起五十日內繳交土地所有權狀，土地他項權利證明書及有關證件，逾期不繳交者，宣告其書狀、證件無效。

3. **發給補償費**：主管機關對繳交之書狀、證件、審核無訛或依前款規定宣告其書狀、證件無效後應於三十日內付給地價及他項權利補償費，逾期不領取者依法提存。

4. **限期交付土地**（平均地權條例第三十條）

照價收買之土地，其所有權人應於受領地價完竣或其地價經依法提存之翌日起六十日內，將其土地交付該管直轄市或（縣）市政府，逾期不交付者，由主管機關移送法

院後強制執行。

> 請依平均地權條例之規定說明照價收買之原因及其程序。（91特四）

(五)照價收買土地之處分

政府依法照價收買之土地，得隨時公開出售，不受土地法第二十五條之限制。（亦即不須該管區內民意機關之同意及行政院之核准）。（平均地權條例第七條）依平均地權條例施行細則第四十八條之規定，照價收買之土地，應依下列方式處理之：

1.照價收買之土地建有房屋時，得讓售與地上權人、土地承租人或房屋所有權人。地上權人、土地承租人或房屋所有權人不願承購或在限期內不表示意見時，得予標售。

2.照價收買之土地為空地時，除依規定得讓售與有合併使用必要之鄰地所有權人外，應予標售。

3.照價收買之土地為農業用地時，應予標售或出租與農民。

前項應行標售之土地，如適宜興建國宅或公共設施使用者，得優先讓售與需用土地人。

試述照價收買之時機與照價收買之土地處理方式?
(89北碩)
照價收買之土地其處理方式為何?(91公升)

克服申論題要訣

1. 每天寫作業,練習寫字的速度及整潔,段落分明。
2. 練習及研究分析歷屆試題。
3. 利用每天零碎時間唸書、背書。
4. 熟能生巧,讀書的趣味日漸增加,容易背誦。
5. 注意跟考試科目有關的新聞時事。

曾文龍　教授 94.6.28

歷屆國家考題

❶ 自用住宅用地,公共設施保留地之稅負優惠有那些不同?【77年普考】
❷ 請說明規定地價之意義及辦理程序。【77年基丙】
❸ 何謂累進起點地價?地價稅累進起點地價應如何計算?【81年普考】
❹ 試述平均地權條例中有關土地增值稅之納稅義務人,及稅率結構的規定。【81年基層丙級】
❺ 平均地權條例對自用住宅用地之地價稅與土地增值稅有何優惠稅率之規定?【82年土地代書】
❻ 評述土地法與平均地權條例課徵土地增值稅時機之規定。【83年普考】
❼ 試說明並評述地價稅之稅基與稅率結構之有關規定。【83年普考】
❽ 試述土地增值稅之(1)課徵時機(2)納稅義務人,及(3)土地漲價總數額之計算方式,分別說明之。【85年特四等】
❾ 土地所有權移轉或設定典權時,應如何辦理移轉現值之申報?並請說明現行申報移轉現值之核定標準。【86年普考】
❿ 何謂自用住宅用地?試述自用住宅用地地價稅及土地增值稅之優惠稅率,並其適用之要件?【71年基層丙等】
⓫ 試述現行地價稅及土地增值稅之稅率結構?【74年普

考】

⑫公告地價與公告土地現值有何區別？地價稅與土地增值稅有何不同？試分述之。【75年普考】

⑬土地法與平均地權條例所規定地價之程序有何異同？試比較說明之。【76年普考】

⑭依平均地權條例規定，對地價稅如何課徵？其累進起點地價及稅率如何規定？【76年基層丙等】

⑮供事業直接使用之土地及公共設施保留地之地價稅有何優惠規定？試依土地稅法之規定說明之。【92土登】

⑯試說明平均地權條例中有關地價稅減免之規定為何？【92特】

⑰何謂「農業用地」？作農業使用之農業用地，移轉給自然人時，得申請不課徵土地增值稅，請問在那些情形下，該農業用地於再移轉時應課徵土地增值稅，課徵土地增值稅時，其原地價應如何認定【89高三】

⑱已繳納之土地增值稅在何種情形下可申請退稅？試說明之。【88土登】

⑲因重購土地申請退還土地增值稅，其申請應備條件、出售與重購地價之認定、退稅額度、重購土地移轉或使用之限制各為何？請依土地稅法規定析述之。【103普考】

⑳課徵土地增值稅之目的為何？又在那些情況下得予以減徵？試申述之。【103普考】

第六篇 土地徵收

一、土地徵收（Land Expropriatioin, Compulsory Acguisition）

　　土地徵收，乃國家為「公共需要」或「公共用途」之目的，基於上級所有權公權力之作用，依法定程序，強制取得私人土地，給予補償而消滅其所有權，另行支配使用之謂。土地徵收為公用徵收之一種，惟公用徵收之標的廣及一切私人財產與權利，並不以「土地」為限。

　　國家因公共目的或公共利益，需要私有土地，原可以依私法上之買賣契約行為，取得其土地，惟有時無法達成協議；或在緊急情況下，難依私法上之手段在公開市場上獲得土地，故在公法上特設徵收制度，以利社會公共事業之推行。

　　土地徵收條例於民國100年12月13日立法院大幅修正法條，其立法目的為規範土地徵收，確保土地合理利用，並保障私人財產，增進公共利益，特制定本條例。土地徵收，依本條例之規定，本條例未規定者，適用其他法律之規定。其他法律有關徵收程序、徵收補償標準與本條例牴觸者，優先適用本條例。

●**土地徵收與照價收買**。

「土地徵收」，富有促進社會公共事業、調整土地分配、改善土地利用之積極作用。如土地法中規定凡為公共事業之需要或實施國家經濟政策而實施土地徵收。

「照價收買」則偏重帶有政策性、懲罰性、抑制性之消極作用。如何制裁低報地價及移轉土地現值或逾期未建築使用之私有空地……等之實施照價收買等。

●**土地徵收與土地徵用**

土地徵收──原有所有權人因徵收完成而所有權消滅。

土地徵用──原所有權人並未喪失所有權，僅於私人土地上為事業主體強制設定使用權，而給予使用代價，並賠償所生之損壞或減少之價值。

二、土地徵收之目的

依土地法規定，土地徵收之目的有二：一、為公共事業之需要；二、為實施國家經濟政策。茲分述如下：

(一)**公共事業之需要（公用徵收）**

土地法第二百零八條規定：國家因下列公共事業之需要，得依本法之規定，徵收私有土地。但徵收之範圍，應以其事業所必需者為限：

1. 國防設備。

2. 交通事業。
3. 公用事業。
4. 水利事業。
5. 公共衛生。
6. 政府機關、地方自治機關及其他公共建築。
7. 教育學術及慈善事業。
8. 國營事業。
9. 其他由政府興辦以公共利益為目的之事業。

但**現行土地徵收條例第三條規定**:「國家因公益需要,興辦下列各款事業,得徵收私有土地;徵收之範圍,應以其事業所必須者為限:
1. 國防事業。
2. 交通事業。
3. 公用事業。
4. 水利事業。
5. 公共衛生及環境保護事業。
6. 政府機關、地方自治機關及其他公共建築。
7. 教育、學術及文化事業。
8. 社會福利事業。
9. 國營事業。
10. 其他依法得徵收土地之事業。」

將原土地法規定興辦之公共事業,擴充為「公益」需要,事業種類增加了第五款「環境保護事業」、第七款原教育學術及慈善事業改為「教育、學術及

文化事業」外,並增加了第八款之「社會福利事業。」

(二)實施國家經濟政策（政策性徵收）

土地法第二百零九條規定:「政府機關因實施國家經濟政策,得徵收私有土地。但應以法律規定者為限。」

⑴**為調整地權,防止私人壟斷土地而徵收私有土地**

①依土地法規定,不得為私有的土地,已成為私有者,得徵收之。（土地法第十四條）

②私有土地超過政府所定最高面積限額,而又不依照政府所定期限及辦法,將額外土地分割出賣者,直轄市或縣（市）政府得徵收之。（土地法第二十八條、二十九條）

⑵**為促進土地使用而徵收私有土地**

①依土地法第九十二條規定,新設都市,政府得依都市計劃法,將市區內土地的全部或一部依法徵收。又新設都市地域及舉辦國防設備或公用事業,得為區段徵收,整理重劃後,分宗放領或出賣,以期作有計劃的發展,並調整土地分配,促成地利公享。

②都市計劃法規定,為公共設施需要、建設新市區及都市更新,得就私有土地辦理徵收或區段徵收。（第四十八、五十八、六十八條）

③各級主管機關為開發新都市、新社區及辦理都市更新得劃定地區、施行區段徵收。（平均地權條例第五十三條）

興辦公益事業勘選土地（土地徵收條例第三條之一）

㈠需用土地人興辦公益事業，應按事業性質及實際需要，勘選適當用地及範圍，並應儘量避免耕地及優先使用無使用計畫之公有土地或國營事業土地。

㈡對於經依都市計畫法、區域計畫法或國家公園法劃設或變更後，依法得予徵收或區段徵收之農業用地，於劃設或變更時，應經目的事業主管機關考量徵收之公益性及必要性。

㈢需用土地人勘選用地內之農業用地，免經區域計畫擬定機關許可者，於變更為非農業使用時，應先徵得直轄市或縣（市）農業主管機關同意。

㈣特定農業區農牧用地，除零星夾雜難以避免者外，不得徵收。但國防、交通、水利事業、公用事業供輸電線路使用者所必須或經行政院核定之重大建設所需者，不在此限。

興辦事業徵收土地評估因素（土地徵收條例第三條之二）

需用土地人興辦事業徵收土地時，應依下列因素評估興辦事業之公益性及必要性，並為綜合評估分析：

1. 社會因素：包括徵收所影響人口之多寡、年齡結構及徵收計畫對周圍社會現況、弱勢族群生活型態及健康風險之影響程度。

2. 經濟因素：包括徵收計畫對稅收、糧食安全、增減就業或轉業人口、徵收費用、各級政府配合興辦公共設施與政府財務支出及負擔情形、農林漁牧產業鏈及土地利用

完整性。

  3.文化及生態因素：包括因徵收計畫而導致城鄉自然風貌、文化古蹟、生活條件或模式發生改變及對該地區生態環境、周邊居民或社會整體之影響。

  4.永續發展因素：包括國家永續發展政策、永續指標及國土計畫。

  5.其他：依徵收計畫個別情形，認為適當或應加以評估參考之事項。

●大法官解釋

【85.04.12釋字第400號】

  如因公用或其他公益目的之必要，國家機關雖得依法徵收人民之財產，但應給予相當之補償，方符憲法保障財產權之意旨。既成道路符合一定要件而成立公用地役關係者，其所有權人對土地既已無從自由使用收益，形成因公益而特別犧牲其財產上之利益，國家自應依法律之規定辦理徵收給予補償，各級政府如因經費困難，不能對上述道路全面徵收補償，有關機關亦應訂定期限籌措財源逐年辦理或以他法補償。若在某一道路範圍內之私有土地均辦理徵收，僅因既成道路有公用地役關係而以命令規定繼續使用，毋庸同時徵收補償，顯與平等原則相違。至於因地理環境或人文狀況改變，既成道路喪失其原有功能者，則應隨時檢討並予廢止。

三、土地徵收時應避免之地點及選擇徵收地區之原則

㈠**應避免之地點**：
1. 名勝古蹟應避免徵收或保存之（土地法第二百一十條）。
2. 現供公共事業使用之土地應避免徵收（土地法第二百二十條）。

㈡**選擇徵收地區之原則應就損失最少之地方為之，並應儘量避免耕地**（土地法施行法第四九條）。

四、土地徵收之種類

㈠**一般徵收**：一般所謂「徵收」或「土地徵收」係指一次個別徵收私有土地而言。國家基於興辦公共事業之需（土地法第二百零八條）或因實施國家經濟政策（土地法第二百一十條）而個別徵收私有土地者均稱之。

㈡**區段徵收**：謂於一定區域內之土地應重新分宗整理，而為全區土地之徵收（土地法第二百一十二條）

㈢**附帶徵收**：又稱「超額徵收」，係指將興辦之公共事業所必需土地範圍外之接連土地為**一併徵收者**，乃附隨於其他徵收目的事業之土地徵收。附帶徵收為舊土地法中之徵收用詞，現土地法第二百一十七條規定，徵收土地之殘餘部份，面積過小或形勢不整，致不能為相當之使用

時,所有權人得要求「一併徵收」之。

依**土地徵收條例第八條**規定:「有下列各款情形之一者,所有權人得於徵收公告之日起一年內向該管直轄市或縣(市)主管機關申請**一併徵收**,逾期不予受理:

一、徵收土地之殘餘部分面積過小或形勢不整,致不能為相當之使用者。

二、徵收建築改良物之殘餘部分不能為相當之使用者。

前項申請,應以書面為之。於補償費發給完竣前,得以書面撤回之。

一併徵收之土地或建築改良物殘餘部分,應以現金補償之。」

故我國之擴張徵收請求權之規定,乃是屬於全部徵收。

㈣**保留徵收**:就舉辦事業將來所需用之土地在未需用以前,預為呈請核定公布其徵收之範圍,並禁止妨礙徵收之使用。土地法第二百一十三條規定下列各款得保留徵收⑴開闢交通路線。⑵興辦公用事業。⑶新設都市地域。⑷國防設備(保留徵收期間不得超過三年但⑴、⑷款得延長,其延長期間至多五年)

何謂保留徵收?土地法中對於保留徵收之適用情形有何規定?(89特四)

區段徵收（Zone Expropriation）

㈠區段徵收之涵義

依土地法之規定，係指對於一定區域內之土地，應重新分宗整理，而為全區土地之徵收（土地法第二百一十二條第二項）。準此觀之，所謂「區段徵收」，係基於特定目的事業之需要，而將某一區域範圍內之私有土地，全部予以徵收，於重新規劃整理後，除公共設施用地由政府直接支配使用外，其餘土地按照指定用途，或為放領、出賣或租賃之處分，以提高土地利用，並促進該事業目的之發展。

㈡區段徵收之性質

區段徵收為土地徵收範圍之擴張，其徵收範圍並不以公共事業所必需者為限，而可擴張至一定區域內之全部私有土地。就政策意義而言，區段徵收除可掌握公共建設所需之土地外，亦遏止私人土地投機與漲價歸私。

㈢區段徵收之時機（實施目的）

1. 土地法之規定

土地法第二百一十二條規定：因下列各款之一徵收土地，得為區段徵收：

⑴實施國家經濟政策。
⑵新設都市地域。
⑶為舉辦國防設備或公用事業。

2. 土地徵收條例之規定

土地徵收條例第四條規定，㈠有下列各款情形之一者，得為區段徵收：

1. 新設都市地區之全部或一部，實施開發建設。

2. 舊都市地區為公共安全、衛生、交通之需要或促進土地之合理使用實施更新者。

3. 都市土地之農業區、保護區變更為建築用地或工業區變更為住宅區、商業區者。

4. 非都市土地實施開發建設者。

5. 農村社區為加強公共設施、改善公共衛生之需要或配合農業發展之規劃實施更新者。

6. 其他依法得為區段徵收者。

㈡前項**第一款至第三款**之開發範圍經中央主管機關核定者，得先行區段徵收，並於區段徵收公告期滿後一年內發布實施都市計畫，不受都市計畫法第五十二條規定之限制。

㈢第一項第五款之開發，需用土地人得會同有關機關研擬開發範圍，並檢具經上級目的事業主管機關核准之興辦事業計畫書，報經中央主管機關核定後，先行區段徵收，於區段徵收公告期滿後，依土地使用計畫完成非都市土地分區或用地編定之變更。

㈣第一項**第四款或第六款**之開發，涉及都市計畫之新訂、擴大或變更者，得依第二項之規定辦理；未涉及者，得依前項之規定辦理。

㈤**不相連之地區**，得依都市計畫或興辦事業計畫書內

容、範圍合併辦理區段徵收,並適用前三項之規定。

㈥區段徵收範圍勘選、計畫之擬定、核定,用地取得、拆遷補償、工程施工、分配設計、地籍整理、權利清理、財務結算及區段徵收與都市計畫配合等事項之實施辦法,由中央主管機關定之。

> 依平均地權條例及土地徵收條例規定,那些土地應辦理區段徵收?(89北碩)

3. 平均地權條例之規定

平均地權條例第五十三條第一項規定

各級主管機關得就下列地區報經行政院核准後施行區段徵收:

⑴新設都市地區之全部或一部,實施開發建設者。

⑵舊都市地區為公共安全、公共衛生、公共交通之需要或促進土地之合理使用實施更新者。

⑶都市土地開發新社區者。

⑷農村社區為加強公共設施、改善公共衛生之需要、或配合農業發展之規劃實施更新或開發新社區者。

五、土地徵收之程序

(一) 土地徵收之聲請

當需用土地人符合土地徵收條例第三條之規定，須徵收私有土地者，得向國家申請土地徵收。依土地徵收條例規定，在聲請土地徵收時，應先具備下列程序：

1. 協議價購

土地徵收條例第十一條之規定：「需用土地人申請徵收土地或土地改良物前，除國防、交通或水利事業，因公共安全急需使用土地未及與所有權人協議者外，應先與所有權人協議價購或以其他方式取得；所有權人拒絕參與協議或經開會未能達成協議且無法以其他方式取得者，始得依本條例申請徵收。

前項協議之內容應作成書面，並應記明協議之結果。如未能達成協議，應記明未達成協議之理由，於申請時送交中央主管機關。

第一項協議價購，依其他法律規定有優先購買權者，無優先購買權之適用。

第一項協議價購，應由需用土地人依市價與所有權人協議。

前項所稱市價，指市場正常交易價格。」

2. 舉行公聽會

土地徵收條例第十條第二項之規定：「需用土地人於

事業計畫報請目的事業主管機關許可前,應舉行公聽會,聽取土地所有權人及利害關係人之意見。但因舉辦具機密性之國防事業或已舉行公聽會或說明會者,不在此限。」

3. 調查勘測

> 試依土地徵收條例之規定說明土地徵收之程序。(91公升)
> 何謂土地徵收?其程序為何?試申述之。(92交)

土地徵收條例第十二條之規定:「需用土地人經依前條規定協議不成時,為申請徵收土地或土地改良物之需,得洽請直轄市或縣(市)主管機關會同有關人員進入公、私有土地或土地改良物內實施調查或勘測,其所有權人、占有人、使用人或管理人不得拒絕或阻撓。但進入建築物或設有圍障之土地調查或勘測,應於七日前通知其所有權人、占有人、使用人或管理人。

為實施前項調查或勘測,須遷移或拆除地上障礙物,致所有權人或使用人遭受之損失,應先予適當之補償,其補償價額以協議為之。」(Ⅱ)

4. 興辦公共事業已得法令之許可

土地法第二百一十一條規定:「需用土地人於聲請徵收土地時,應證明其興辦事業已得法令之許可。」土地徵收條例第十條第一項規定:「需用土地人興辦之事業依法應經目的事業主管機關許可者,於申請徵收土地或土地改

良物前,應將其事業計畫報經目的事業主管機關許可。」此乃明確規範於行使土地徵收請求權時,須合於法律所規定之公共事業範圍,並且須經目的事業主管機關許可後,方得提出徵收之聲請。」

5. 提出徵收計畫書、徵收土地圖說及土地使用計畫圖

土地法第二百二十四條之規定:「徵收土地,應由需用土地人擬具詳細徵收計畫書,並附具徵收計畫書、徵收土地圖說及土地使用計畫圖,依前二條之規定分別聲請核辦。」

土地徵收條例第十三條之規定:

申請徵收土地或土地改良物,應由需用土地人擬具詳細徵收計畫書,並附具徵收土地圖冊或土地改良物清冊及土地使用計畫圖,送由核准徵收機關核准,並副知該管直轄市或縣(市)主管機關。

中央主管機關為前項之審核,應審查下列事項:

(1)是否符合徵收之公益性、必要性及是否適當與合理。

(2)需用土地人是否具有執行該事業之能力。

(3)該事業計畫申請徵收之土地是否符合現行都市計畫、區域計畫或國土計畫。

(4)該事業計畫是否有助於土地適當且合理之利用。

(5)該事業計畫之財務評估是否合理可行。

(6)依本條例第三十四條之一提出之安置計畫是否合理可行。

(7)其他依法應為或得為審查之事項。

需用土地人有第二十七條但書之情形者,應一併載明於徵收計畫書送交審核。

中央主管機關收受第一項申請後,視需要得會同利害關係人進行現場勘查並作成勘查紀錄。勘查紀錄作成後應於十四日內寄送利害關係人。

(二)土地徵收之核准

土地法對於土地徵收之核准,係指對興辦公共事業之許可形式上確認及徵收範圍之確定而言。雖然國家有行使土地徵收權之權利,但其主要執行者為代表國家行使行政權之行政機關,故需用土地人之土地徵收核准與否,由國家授權予行政機關行使徵收權者進行審查。

土地徵收之審議與核准

(1)**土地徵收之審議**

土地徵收條例第十五條之規定:「中中央主管機關為審議徵收案件,應遴聘(派)專家學者、民間團體及相關機關代表,以合議制方式辦理之。

前項專家學者應由地政、環境影響評估、都市計畫、城鄉規劃等專業領域學者組成,其中專家學者及民間團體代表不得少於二分之一。」

(2)**土地徵收之核准機關**

土地徵收條例第十四條之規定:「徵收土地或土地改良物,由中央主管機關核准之。」

(三)土地徵收之執行

1. 徵收之公告與通知

土地徵收條例第十八條規定:直轄市或縣(市)主管機關於接到中央主管機關通知核准徵收案時,應即公告,並以書面通知土地或土地改良物所有權人及他項權利人。

前項公告之期間為三十日。土地徵收條例第二十二條第一項規定:「土地權利關係人對於第十八條第一項之公告有異議者,應於公告期間內向該管直轄市或縣(市)主管機關以書面提出。該管直轄市或縣(市)主管機關接受異議後應即查明處理,並將查處情形以書面通知土地權利關係人。」

土地徵收條例第十八條之一規定:被徵收土地或土地改良物之所有權已登記者,以公告之日土地登記簿或建築改良物登記簿記載之所有權人及他項權利人姓名、住所辦理公告及通知;其效力並及於公告前因繼承、強制執行或法院之判決已取得土地或土地改良物所有權或他項權利,而尚未辦竣登記之人。

2. 公告與通知之效力

(1)權利之確定

土地徵收條例第二十四條規定:「被徵收土地或建築改良物之所有權或他項權利,以公告之日土地登記簿或建築改良物登記簿記載者為準。但於公告前因繼承、強制執行、法院之判決或其他依法律規定取得土地或建築改良物

之所有權或他項權利而未經登記完畢者，其權利人應於徵收公告期間內，向該管直轄市或縣（市）主管機關申請將其權利備案。

被徵收土地因前條第二項規定辦理登記，其權利以登記後土地登記簿記載者為準。」

土地法第二百二十八條規定：「被徵收土地之所有權已登記完畢者，其所有權或他項權利除於公告前因繼承、強制執行或法院之判決而取得，並於前條公告期間內向該管直轄市或縣（市）地政機關聲請將其權利備案者外，以公告之日土地登記簿所記載者為準。「被徵收土地之所有權未經登記完畢者，土地他項權利人應於前條公告期間內，向該管直轄市或縣（市）地政機關聲請將其權利備案外，土地法第二百二十九條規定：「所有權未經依法登記畢之土地，土地他項權利人不依前條規定聲請備案者，不得視為被徵收土地應有之負擔。」

⑵**徵收補償費十五日內發給**

土地徵收條例第二十條第一項規定：「徵收土地或土地改良物應發給之補償費，應於公告期滿後十五日內發給之。但依第二十二條第五項規定發給應補償價額之差額者，不在此限。

土地徵收公告之效力如何？試依土地法之規定說明之。（89土登）

需用土地人未於公告期滿十五日內將應發給之補償費繳交該管直轄市或縣（市）主管機關發給完峻者，該部分土地或土地改良物之徵收從此失其效力。

(3)**進入被徵收土地之限制**

被徵收土地或土地改良物之所有權人，對於其土地或土地改良物之權利義務，於應受之補償費發給完竣時終止。

前項補償費未發給完竣前，得繼續為從來之使用。但合於第二十七條但書規定者，不在此限（土地徵收條例第二十一條）。

依土地徵收條例第二十七條之規定：「需用土地人應俟補償費發給完竣或核定發給抵價地後，始得進入被徵收土地內工作。但國防、交通及水利事業，因公共安全急需先行使用者，不在此限。」

依土地法第二百三十一條規定：「需用土地人應俟補償地價及其他補償費發給完竣後，方得進入被徵收土地內工作。但水利事業，因公共安全急需先行使用者，不在此限。

故土地法第二百三十五條前段規定：「被徵收土地之所有權人，對於其土地之權利義務，於應之補償發完竣時終止，在補償費未發給完竣以前，有繼續使用該土地之權。」

(4)**土地與土地改良物處分之限制**

土地徵收條例第二十三條之規定：「被徵收之土地或

土地改良物自公告日起,除於公告前因繼承、強制執行或法院之判決而取得所有權或他項權利,並於公告期間內申請登記者外,不得分割、合併、移轉或設定負擔。土地權利人或使用人並不得在該土地為建築改良物之新建、增建、改建或採取土石、變更地形或為農作改良物之增加種植。其於公告時已在工作中者,應即停止。

共有分管之耕地,部分被徵收者,土地所有權人得於徵收補償地價發給完竣前或核定發給抵價地前,申請共有物分割登記或應有部分交換移轉登記,不受前項不得分割、移轉規定之限制。」

土地法第二百三十二條規定:「被徵收之土地公告,除於公告前因繼承、強制執行或法院之判決而取得所有權或他項權利,並於公告期間內聲請登記者外,不得移轉或設定負擔。土地所有權人或使用人並不得在該土地增加改良物;其於公告時已在工作中者,應即停止工作。

前項改良物之增加或繼續工作,該管直轄市或縣(市)地政機關認為不妨礙徵收計畫者,得依關係人之聲請特許之。

(5)**異議與行政救濟之提出**

土地徵收條例第二十二條之規定:「權利關係人對於第十八條第一項之公告事項有異議者,得於公告期間內向該管直轄市或縣(市)主管機關以書面提出。該管直轄市或縣(市)主管機關接受異議後應即查明處理,並將查處情形以書面通知權利關係人。

權利關係人對於徵收補償價額有異議者，得於公告期間屆滿之次日起三十日內以書面向該管直轄市或縣（市）主管機關提出異議，該管直轄市或縣（市）主管機關於接受異議後應即查明處理，並將查處情形以書面通知權利關係人。

權利關係人對於前項查處不服者，該管直轄市或縣（市）主管機關得提請地價評議委員會復議，權利關係人不服復議結果者，得依法提起行政救濟。

直轄市或縣（市）主管機關依第二十條規定發給補償費完竣後，徵收計畫之執行，不因權利關係人依前三項規定提出異議或提起行政救濟而停止。

徵收補償價額經復議、行政救濟結果有變動或補償費經依法發給完竣，嗣經發現原補償價額認定錯誤者，其應補償價額差額，應於其結果確定之日起三個月內發給之。

(6)**申請一併徵收之期限**

有下列各款情形之一者，所有權人得於徵收公告之日起一年內向該管直轄市或縣（市）主管機關申請一併徵收，逾期不予受理（土地徵收條例第八條）

1. 徵收土地之殘餘部分面積過小或形勢不整，致不能為相當之使用者。

2. 徵收建築改良物之殘餘部分不能為相當之使用者。

前項申請，應以書面為之。於補償費發給完竣前，得以書面撤回之。一併徵收之土地或建築改良物殘餘部分，應以現金補償之。

(四) 土地徵收之完成

1. 徵收補償費之發放

(1) 補償費之發給

土地徵收條例第十九條之規定：「徵收土地或土地改良物應發給之補償費，由需用土地人負擔，並繳交該管直轄市或縣（市）主管機關轉發之。」

被徵收之土地或建築改良物應有之負擔，除申請發給抵價地者依第四十一條及第四十二條規定辦理外，其款額計算，以該土地或建築改良物應得之補償金額為限，由該管直轄市或縣（市）主管機關於發給地價補償費或建築改良物補償費時為清償結束之。前項所稱應有之負擔，指他項權利價值及依法應補償耕地三七五租約承租人之地價（土地徵收條例第三十五條）

被徵收之土地或建築改良物原設定之他項權利因徵收而消滅。其款額計算，該管直轄市或縣（市）主管機關應通知當事人限期自行協議，再依其協議結果代為清償；協議不成者，其補償費依第二十六條規定辦理（土地徵收條例第三十六條）。

依土地法第二百三十六條第二項之規定，徵收土地應發給之補償地價、補償費及遷移費，均由需用土地人負擔，並繳交該管直轄市或縣（市）地政機關轉發之。同時，依土地法第二百二十一條規定：「被徵收之土地應有之負擔，其款額計算，以該土地所應得之補償金額為限，

並由該管直轄市或縣（市）地政機關於補償地價時為清算結束之。」

另外，平均地權條例第七十九條規定：「被徵收或照價收買之土地，應納未納之土地稅捐及滯納金，由該管直轄市或縣（市）政府於發放補償金時，代為扣繳，並以其餘款，交付被徵收或收買之土地所有權人。」

(2)**補償費之發給期限**

土地徵收條例第二十條規定：「徵收土地或土地改良物應發給之補償費，**應於公告期滿後十五日**內發給之。但依第二十二條第五項規定發給應補償價額之差額者，不在此限。

需用土地人未於公告期滿十五日內將應發給之補償費繳交該管直轄市或縣（市）主管機關發給完竣者，該部分土地或土地改良物之徵收從此失其效力。但有下列各款情形之一者，不在此限：

1.於公告期間內因對補償之估定有異議，而由該管直轄市或縣（市）主管機關依第二十二條規定提交地價評議委員會復議。

2.經應受補償人以書面同意延期或分期發給。

3.應受補償人拒絕受領或不能受領。

4.應受補償人所在地不明。」

土地法第二百三十三條規定：「徵收土地應補償之地價及其他補償費，應於公告期滿後十五日內發給之。但因實施國家經濟政策或舉辦第二百零八條第一款、第二款或

第四款事業徵收土地，得呈准行政院以土地債券搭發補償之。

(3)補償費之提存與保管專戶之設置

土地法第二百三十七條規定：直轄市或縣（市）地政機關發給補償地價及補償費，有下列情形之一時，得將款額提存之：

1. 應受補償人拒絕受領或不能受領者。
2. 應受補償人所在地不明者。

依前項第二款規定辦理提存時，應以土地登記簿記載之土地所有權人及他項權利人之姓名、住址為準。

土地徵收條例第二十六條規定：「直轄市或縣（市）主管機關應於國庫設立土地徵收補償費保管專戶，保管因受領遲延、拒絕受領或不能受領之補償費，不適用提存法之規定。直轄市或縣（市）主管機關應於本條例規定應發給補償費之期限屆滿次日起三個月內存入專戶保管，並通知應受補償人。自通知送達發生效力之日起，逾十五年未領取之補償費，歸屬國庫。

前項保管專戶儲存之補償費應給付利息。以實收利息照付。未受領之徵收補償費，依第一項規定繳存專戶保管時，視同補償完竣。

第一項未受領補償費保管辦法，由中央主管機關定之。

前四項規定，於本條例施行前未辦竣提存之未受領補償費，準用之。」

2.限期遷移

土地徵收條例第二十八條之規定：「被徵收土地或土地改良物應受之補償費發給完竣或核定發給抵價地後，直轄市或縣（市）主管機關應通知土地權利人或使用人限期遷移完竣。

應受領遷移費人無可考或所在地不明，致其應遷移之物件未能遷移者，直轄市或縣（市）主管機關應公告三十日限期遷移完竣。

徵收範圍內應遷移之物件逾期未遷移者，由直轄市或縣（市）主管機關或需用土地人依行政執行法執行。」

土地徵收條例第二十九條之規定：「徵收範圍內應行遷葬之墳墓，需用土地人應申請當地墳墓主管機關依殯葬管理條例規定辦理，並將情形詳細記載列冊，報請直轄市或縣（市）政府備案。」

土地法第二百三十四條規定：直轄市或縣（市）地政機關於徵收土地應受之補償發給完竣後，得規定期限，令土地權利人或使用人遷移完竣。

(五)土地權利義務之終止

土地徵收條例第二十一條之規定：「被徵收土地或土地改良物之所有權人，對於其土地或土地改良物之權利義務，於應受之補償費發給完竣時終止。」

土地法第二百三十五條規定：「被徵收土地之所有權人，對於其土地之權利義務，於應受之補償發給完竣時終

止，在補償費未發給完竣以前，有繼續使用該土地之權。但合於第二百三十一條但書之規定者，不在此限。」

六、被徵收土地之收回權

㈠**土地法第二百一十九條規定**：私有土地經徵收後，有下列情形之一者，原土地所有權人得於徵收補償發給完竣屆滿一年之次日起五年內，向該管直轄市或縣（市）地政機關聲請照徵收價額收回其土地：

1. 徵收補償發給完竣屆滿一年，未依徵收計畫開始使用者。

2. 未依核准徵收原定興辦事業使用者。

直轄市或縣（市）地政機關接受聲請後，經查明合於前項規定時，應層報原核准徵收機關後，通知原土地所有權人於六個月內繳清原受領之徵收價額，逾期視為放棄收回權。

第一項第一款之事由，係因原土地所有權人或使用人者，不得聲請收回土地。

土地徵收條例第六十一條之規定，土地徵收條例施行前公告徵收之土地，其申請收回，仍依施行前之規定辦理。

㈡**土地徵收條例第九條規定**：被徵收之土地，除區段徵收及本條例或其他法律另有規定外，有下列情形之一者，原土地所有權人得於徵收公告之日起**二十年**內，向該

> 依土地徵收條例規定，原土地所有權人申請照原價徵收補償價額收回其土地之要件為何？（92普）
> 原土地所有權人對其被徵收之土地，得主張收回或優先買之時機為何？（89高三、91土登）

管直轄市或縣（市）主管機關申請照原徵收補償價額收回其土地，**不適用土地法第二百一十九條**之規定：

　　1. 徵收補償費發給完竣屆滿三年，未依徵收計畫開始使用者。

　　2. 未依核准徵收原定興辦事業使用者。

　　3. 依原徵收計畫開始使用後未滿五年，不繼續依原徵收計畫使用者。

　　該管直轄市或縣（市）主管機關收受申請後，經查明合於前項規定時，應報原核准徵收機關核准後，通知原土地所有權人於**六個月**內繳還原受領之補償地價及地價加成補償，逾期視為放棄收回權。

　　第一項第一款之情形，係因不可歸責於需用土地人之事由者，不得申請收回土地。

　　第一項第一款所稱開始使用，指興辦事業之主體工程動工。但依其事業性質無需興建工程者，不在此限。

行使收回權之要件

　　1. 須有土地所有權之徵收。

　　2. 須於徵收公告之日起二十年內提出聲請。

3.須徵收補償費發給完竣屆滿三年,未依徵收計畫開始使用,或未依核准徵收原定興辦事業使用者,或依原徵收計畫開始使用後未滿五年,不繼續依原徵收計畫使用者。

4.收回權人,以原土地所有權人或其繼承人為限。

徵收土地核准案之效力

依五十四年大法官會議釋字第一一〇號解釋:「需用土地人不於公告完畢後十五日內將應補償地價及其他補償費額繳交主管地政機關發給完竣者,依照本院院字第二七〇四號解釋,其徵收土地核准案,固應從此失其效力。但於上開期間內,對補償費之估定有異議,而由該市縣地政機關依法提交標準地價評議委員評定,或經土地所有人同意延期繳交有案者,不在此限。徵收土地補償費額,經標準地價評議委員會評定後,應由主管地政機關即行通知需用土地人,並限期繳交轉發土地所有人,其限期酌量實際情形定之,但不得超過土地法第二百三十三條所定**十五日之期限**」所示意旨,則凡徵收土地於核准公告期滿十五日內不為發給或公告期滿後十六日起一個月內不為提存補償金,或其因補償之估定有異議,經標準地價評議委員會評定後,又再於評定後限期之十五日內不為支付或被補償人不於期限內前往領取或拒絕領取,自第十六日起一個月內不為提存補償金者,倘無其他合法原因,而阻卻發放者,當屬給付遲延,其原徵收土地核准案及迄於此時之徵收程序,均應解為**從此失其效力**(行政法院六十三年判字第二

一五號判例）。

七、徵收後土地之處理與優先購買

(一)徵收土地之處理

　　土地徵收條例第五十六條之規定：「徵收之土地，得於徵收計畫書載明以信託、聯合開發、委託開發、委託經營、合作經營、設定地上權或出租**提供民間機構**投資建設。

　　本條例施行前申請徵收之土地，經申請中央主管機關備案者，得依前項規定之方式提供民間機構投資建設。

(二)優先購買權

　　土地徵收條例第五十九條之規定：私有土地經依徵收計畫使用後，依法變更原使用目的，土地管理機關標售該土地時，應公告一個月，被徵收之原土地所有權人或其繼承人有依同樣條件優先購買權。但優先購買權人未於決標後十日內表示優先購買者，其優先購買權視為放棄。

　　依第八條第一項規定一併徵收之土地，須與原徵收土地同時標售時，適用前項之規定。

　　前二項規定，於區段徵收不適用之。

八、區段徵收之程序

(一)徵收地區之選定

平均地權條例第五十三條第一項規定:「各級主管機關得就下列地區報經行政院核准後施行區段徵收:

1. 新設都市地區之全部或一部,實施開發建設者。
2. 舊都市地區為公共安全、公共衛生、公共交通之需要或促進土地之合理使用實施更新者。
3. 都市土地開發新社區者。
4. 農村社區為加強公共設施、改善公共衛生之需要、或配合農業發展之規劃實施更新或開發新社區者。」

依土地徵收條例第四條之規定:有下列各款情形之一者,得為區段徵收:

1. **新設都市**地區之全部或一部,實施開發建設者。
2. **舊都市**地區為公共安全、衛生、交通之需要或促進土地之合理使用實施更新者。
3. 都市土地之**農業區**、**保護區**變更為建築用地或工業區變更為住宅區、商業區者。
4. **非都市**土地實施開發建設者。
5. **農村社區**為加強公共設施、改善公共衛生之需要或配合農業發展之規劃實施更新者。
6. 其他依法得為區段徵收者。

前項第一款至第三款之開發範圍經中央主管機關核定

者,得先行區段徵收,並於區段徵收公告期滿後一年內發布實施都市計畫,不受都市計畫法第五十二條規定之限制。

第一項第五款之開發,需用土地人得會同有關機關研擬開發範圍,並檢具經上級目的事業主管機關核准之興辦事業計畫書,報經中央主管機關核定後,先行區段徵收,於區段徵收公告期滿後,依土地使用計畫完成非都市土地分區或用地編定之變更。」

第一項第四款或第六款之開發,涉及都市計畫之新訂、擴大或變更者,得依第二項之規定辦理;未涉及者,得依前項之規定辦理。

不相連之地區,得依都市計畫或興辦事業計畫書內容、範圍合併辦理區段徵收,並適用前三項之規定。

區段徵收範圍勘選、計畫之擬定、核定、用地取得、拆遷補償、工程施工、分配設計、地籍整理、權利清理、財務結算及區段徵收與都市計畫配合等事項之實施辦法,由中央主管機關定之。

區段徵收範圍之勘選,應由興辦目的事業主管機關會同當地直轄市或縣(市)政府地政機關及相關業務機關勘定之,並填製區段徵收勘查報告表(區段徵收作業補充規定二)。

區段徵收地區選定後,徵收機關得視實際需要報經上級主管機關核定後,分別或同時公告禁止下列事項:

㈠**土地移轉、分割、設定負擔。**

⑵建築改良物之新建、增建、改建或重建及採取土石或變更地形。

前項禁止期間，以**一年六個月**為期（平均地權條例第五十三條），以免妨礙區段徵收作業之進行。徵收機關如報請核定禁止土地移轉、分割、設定負擔、建築改良物之新建、增建、改建或重建及採取土石或變更地形時，應擬具開發或更新計畫，連同區段徵收範圍地籍圖，報請上級主管機關核定。上級主管機關於核定後，應發交該土地所在地直轄市或縣（市）地政機關公告及通知土地所有權人（平均地權條例施行細則第六十八條）。

土地徵收條例第三十七條之規定：區段徵收範圍勘定後，該管直轄市或縣（市）主管機關得視實際需要，報經上級主管機關核定後，分別或同時公告禁止建築改良物之新建、增建、改建或重建及採取土石或變更地形。

前項禁止期間，不得超過一年六個月。

(二)**勘查測量**

區段徵收地區選定後，徵收機關於通知其土地所有權人或使用人後，得進入該地區內為勘查或測量。其必須遷移或除去該土地上之障礙物時，應事先通知其所有權人或使用人；其所有權人或使用人因而遭受之損失，應予適當之補償。補償金額，由雙方協議之；協議不成，由當地直轄市或縣（市）政府函請上級政府予以核定

(三)徵收計畫之擬具、核定與公告通知

1. 計畫之擬具與核定

土地徵收條例第三十八條之規定:「需用土地人申請區段徵收土地,應檢具區段徵收計畫書、徵收土地圖冊及土地使用計畫圖,送由當地直轄市或縣(市)主管機關邀集需用土地人及土地所有權人舉行公聽會後,報請中央主管機關核准。

內政部申請區段徵收時,準用前項規定報請行政院核准。」

2. 公告及通知

區段徵收計畫層報行政院核定後,依照土地徵收條例第四十八條、第十八條之規定,直轄市或縣(市)主管機關於接到中央主管機關核准區段徵收土地案時,應即公告,並以書面通知土地或土地改良物所有權人及土地他項權利人。

前項公告之期間為三十日。權利關係人對於第十八條第一項之公告事項有異議者,得於公告期間內向該管直轄市或縣(市)主管機關以書面提出。該管直轄市或縣(市)主管機關接受異議後,應即查明處理,並將查處情形以書面通知權利關係人(土地徵收條例第二十二條)

(四)區段徵收之補償與抵價地

1. 區段徵收之補償

土地徵收條例第三十九條第一項之規定：「區段徵收土地時，應依第三十條規定補償其地價。除地價補償得經土地所有權人申請，以徵收後可供建築之抵價地折算抵付外，其餘各項補償費依第三十一條至第三十四條規定補償之。」

2. 抵價地之申請

土地徵收條例第四十條之規定：「實施區段徵收時，原土地所有權人不願領取現金補償者，應於徵收公告期間內，檢具有關證明文件，以書面向該管直轄市或縣（市）主管機關申請發給抵價地。該管直轄市或縣（市）主管機關收受申請後，應即審查，並將審查結果，以書面通知申請人。

土地所有權人依前項規定申請發給抵價地時，得就其全部或部分被徵收土地應領之補償地價提出申請。

申請發給抵價地者，對其土地之權利義務，於接到該管直轄市或縣（市）主管機關核定發給抵價地通知時終止。經核定發給抵價地或已領竣徵收補償地價之土地所有權人，得向直轄市或縣（市）主管機關申請，改按原徵收補償地價發給現金補償或發給抵價地，經直轄市或縣

政府於辦理區段徵收時，應依何標準補償其地價？如土地所有權人申請發給抵價地，則需依何種原則處理？（91土登）

（市）主管機關徵得需用土地人同意後核准。

前項申請改發給現金補償或改發給抵價地者，應於核定發給抵價地通知之日，或現金補償發給完竣之日，或通知補償地價存入保管專戶之日起一個月內為之，並以一次為限。申請改發給抵價地者，直轄市或縣（市）主管機關應限期繳回其申請改發給抵價地之徵收補償地價後始得核准。

申請發給抵價地者，直轄市或縣（市）主管機關不受第二十條第一項發給期限之限制。

經核定發給抵價地者，其應領之抵價地由該管直轄市或縣（市）主管機關於規劃分配後，囑託該管登記機關逕行辦理土地所有權登記，並通知原土地所有權人定期到場接管。未按指定期限接管者，視為已接管。」

原土地所有權人申領抵價地時，應檢附下列文件向徵收機關申請：

1. 抵價地申請書（由徵收機關提供空白申請書）。
2. 土地所有權狀。
3. 土地所有權人身分證明。
4. 其他因申請人身分及依法令應提出之證明文件。

徵收機關收件後，應於二個月內審查完畢。申請案件經審查無誤者，應於補償地價清冊登記「准予發給抵價地」字樣，並通知申請人。其經審查結果應補正者，徵收機關應通知申請人於接到通知書之日起三個月內補正。逾期未補正，或未照補正事項完全補正者，則核定不發給抵

價地，並於核定之日起十五日內發給現金補償（區段徵收作業補充規定六）。

3. 抵價地面積之限制

土地徵收條例第三十九條第二項之規定：「抵價地總面積，以徵收總面積百分之五十為原則。因情況特殊，經上級主管機關核准者，不在此限。但不得少於百分之四十。曾經農地重劃者，該重劃地區部分不得少於百分之四十五。」

4. 抵價地之計算基準

土地徵收條例第四十五條之規定：「實施區段徵收時，直轄市或縣（市）主管機關應預計區段徵收土地平均開發成本，並斟酌區段徵收後各街廓之位置、地勢、交通、道路寬度、公共設施及預期發展情形，估計區段徵收後各路街之路線價或區段價，提經地價評議委員會評定後，作為原土地所有權人領回抵價地之計算基準。」

5. 抵價地差額之處理

1. 繳納或發給地價

土地徵收條例第四十六條之規定：「區段徵收土地所有權人應領抵價地面積與實際領回抵價地之面積有所增減時，依下列規定處理：

⑴實際領回抵價地之面積超過應領之面積者，就其超過部分按評定區段徵收後地價繳納差額地價。

⑵實際領回抵價地之面積小於應領之面積者，就其不足部分按評定區段徵收後地價發給差額地價。」

前項第一款應繳納之差額地價,經限期繳納,屆期仍未繳納者,得移送法院強制執行。

未繳納差額地價之抵價地,不得移轉或設定他項權利。」

2.差額之減輕

土地徵收條例第四十七條之規定:「區段徵收範圍內不妨礙都市計畫事業及區段徵收計畫之既成建築物基地或已辦竣財團法人登記之私立學校、社會福利、慈善事業、宗教團體用地,得按原位置保留分配,並減輕其依前條規定應繳納之差額地價,其減輕比例由主管機關視實際情形定之,並載明於區段徵收計畫書。」

6. 原有耕地租約與他項權利之處理

土地徵收條例第四十一條之規定:「土地所有權人申請發給抵價地之原有土地上訂有耕地租約或設定他項權利或限制登記者,除第四十二條另有規定外,直轄市或縣(市)主管機關應通知申請人限期自行清理,並依規定期限提出證明文件。

申請人未依前項規定辦理者,直轄市或縣(市)主管機關應核定不發給抵價地。」

直轄市或縣(市)主管機關經核定不發給抵價地者,應於核定之次日起十五日內發給現金補償。」

土地徵收條例第四十二條之規定:「土地所有權人申請發給抵價地之原有土地上設定有抵押權或典權者,原土地所有權人及該他項權利人得申請於發給之抵價地設定抵

押權或典權,申請時並應提出同意塗銷原有土地抵押權或典權之證明文件。

依前項規定於發給之抵價地設定抵押權或典權,其權利範圍、價值、次序等內容,由原土地所有權人及他項權利人協議定之。

依第一項設定之抵押權或典權,應於抵價地登記時,同時登記;並應於登記後通知該他項權利人。」

(五)區段徵收土地之處理

㈠公有土地之處理

土地徵收條例第四十三條之規定:「區段徵收範圍內之公有土地,管理機關應以作價或領回土地方式撥供該管區徵收主管機關統籌規劃開發、分配。但區段徵收前已作為第四十四條第一項第二款用地使用者,應無償撥供主管機關統籌規劃開發。

前項以作價方式提供者,其地價準用第三十條規定計算。以領回土地方式提供者,其領回土地面積按區段徵收之抵價地面積比率計算,配回原管理機關,配回之土地應以第四十四條第一項第二款以外之公共設施用地為優先,並依區段徵收計畫處理。」

土地徵收條例第四十三條之一規定:「區段徵收範圍內得規劃配設農業專用區,供原土地所有權人以其已領之現金地價補償費數額申請折算配售土地,作為農業耕作使用。

前項農業專用區規劃原則、申請配售資格、條件、面積、作業程序及其他應遵行事項之辦法，由各級主管機關定之。」

(二)區段徵收範圍內土地之處理

土地徵收條例第四十四條之規定：「區段徵收範圍內土地，經規劃整理後，除依第四十三條規定配回原管理機關及第四十三條之一規定配售外，其處理方式如下：

1. 抵價地發交被徵收土地所有權人領回。其應領回抵價地之面積，由該管直轄市或縣（市）主管機關按其應領地價補償費與區段徵收補償地價總額之比率計算其應領之權利價值，並以實際領回抵價地之單位地價折算之。

2. 道路、溝渠、公園、綠地、兒童遊樂場、廣場、停車場、體育場所及國民學校用地，無償登記為當地直轄市有、縣（市）有或鄉（鎮、市）有。

3. 前款以外之公共設施用地，得由主管機關依財務計畫需要，於徵收計畫書載明有償或無償撥供需地機關或讓售供公營事業機構使用。

4. 國民住宅用地、安置原住戶或經行政院專案核准所需土地得以讓售。

5. 其餘可供建築土地，得予標售、標租或設定地上權。

依前項第一款規定領回面積不足最小建築單位面積者，應於規定期間內提出申請合併，未於規定期間內申請者，該管直轄市或縣（市）主管機關應於規定期間屆滿之

日起三十日內，按原徵收地價補償費發給現金補償。

第一項第二款以外之公共設施用地，如該事業得許民營者，其用地應依第一項第五款之規定辦理。

依第一項第三款至第五款撥用或讓售地價及標售底價，以開發總費用為基準，按其土地之位置、地勢、交通、道路寬度、公共設施及預期發展等條件之優劣估定之。

依第一項第五款標租或設定地上權時，其期限不得逾九十九年。

第一項第五款土地之標售、標租及設定地上權辦法，由各級主管機關定之。」

(六)**開發成本與地價之評定**

實施區段徵收時，直轄市或縣（市）主管機關應預計區段徵收土地平均開發成本，並斟酌區段徵收後各街廓土地之位置、地勢、交通、道路寬度、公共設施及預期發展情形，估計區段徵收各路街之路線價或區段價，提經地價評議委員會評定後，作為原土地所有權人領回抵價地之計算標準及下列權益之標準（土地徵收條例第四十五條）

㈠應領抵價地之權利價值。
㈡應領抵價地之面積。
㈢實際領回抵價地之地價。
㈣優先買回土地之權利價值。
㈤優先買回土地之面積。

其計算公式如下：

(一)預計抵價地之總面積
＝申領抵價地總面積＋優先買回土地總面積。

(二)預計抵價地總地價
＝Σ各宗抵價地面積×各該抵價地評定之單位地價。

(三)原土地所有權人應領抵價地或優先買回土地之權利價值
＝(二)式×該所有權被徵收土地應領補償地價÷區段徵收補償地價總額。

(四)原土地所有權人應領抵價地或優先買回土地面積
＝(三)式÷該土地評定之單位地價。

(五)原土地所有權人實際領回抵價地之地價
＝該所有權人實際領回抵價地面積×該抵價地評定之單位地價。

前述抵價地之位置及最小建築單位面積，由徵收機關依徵收之目的及地方實際情形規劃定之。但最小建築單位面積，不得小於畸零地使用規則及都市計畫所規定寬度、深度及面積（平均地權條例施細則第七十一條）

(七) **抵價地與補償費之發給**

(一)**抵價地之發給**

土地徵收條例第四十條之規定：「土地所有權人依前項規定申請發給抵價地時，得就其全部或部分被徵收土地應領之補償地價提出申請。

申請發給抵價地者，對其土地之權利義務，於接到該管直轄市或縣（市）主管機關核定發給抵價地通知時終止。經核定發給抵價地或已領竣徵收補償地價之土地所有權人，得向直轄市或縣（市）主管機關申請，改按原徵收補償地價發給現金補償或發給抵價地，經直轄市或縣（市）主管機關徵得需用土地人同意後核准。

前項申請改發給現金補償或改發給抵價地者，應於核定發給抵價地通知之日，或現金補償發給完竣之日，或通知補償地價存入保管專戶之日起一個月內為之，並以一次為限。申請改發給抵價地者，直轄市或縣（市）主管機關應限期繳回其申請改發給抵價地之徵收補償地價後始得核准。

申請發給抵價地者，直轄市或縣（市）主管機關不受第二十條第一項發給期限之限制。

經核定發給抵價地者，其應領之抵價地由該管直轄市或縣（市）主管機關於規劃分配後，囑託該管登記機關逕行辦理土地所有權登記，並通知原土地所有權人定期到場接管。未按指定期限接管者，視為已接管。」

(二)補償費之發給

土地徵收條例第三十九條第一項之規定區段徵收土地時，應依第三十條規定補償其地價。除地價補償得經土地所有權人申請，以徵收後可供建築之抵價地折算抵付外，其餘各項補償費依第三十一條至第三十四條規定補償之。

土地徵收條例第四十一條之規定：「土地所有權人申

請發給抵價地之原有土地上訂有耕地租約或設定他項權利或限制登記者，除第四十二條另有規定外，直轄市或縣（市）主管機關應通知申請人限期自行清理，並依規定期限提出證明文件。

申請人未依前項規定辦理者，直轄市或縣（市）主管機關應核定不發給抵價地。

直轄市或縣（市）主管機關經核定不發給抵價地者，應於核定之次日起十五日內發給現金補償。」

九、撤銷徵收及廢止

(一)撤銷或廢止徵收之原因

土地徵收條例第四十九條之規定：「已公告徵收之土地，需用土地人應切實按核准計畫及所定期限使用。在未依徵收計畫完成使用前，需用土地人應每年檢討其興辦事業計畫，並由其上級事業主管機關列管。有下列情形之一者，應辦理撤銷徵收：

1. 因作業錯誤，致原徵收之土地不在工程用地範圍內。

2. 公告徵收時，都市計畫已規定以聯合開發、市地重劃或其他方式開發。但以聯合開發方式開發之土地，土地所有權人不願參與聯合開發者，不在此限。

已公告徵收之土地，有下列情形之一者，應廢止徵

收：

　　1.因工程變更設計，致原徵收之土地不在工程用地範圍內。

　　2.依徵收計畫開始使用前，興辦之事業改變、興辦事業計畫經註銷、開發方式改變或取得方式改變。

　　3.已依徵收計畫開始使用，尚未依徵收計畫完成使用之土地，因情事變更，致原徵收土地之全部或一部已無徵收之必要。

　　依前二項辦理撤銷或廢止徵收之土地或土地改良物，其已一併徵收之殘餘部分，應同時辦理撤銷或廢止。但該殘餘部分已移轉或另有他用者，不在此限。

　　前三項規定，於本條例施行前公告徵收之土地，適用之。」

(二)撤銷徵收之程序

1. 撤銷徵收之申請

　　土地徵收條例第五十條之規定：「撤銷或廢止徵收，由需用土地人向中央主管機關申請之。

- 何謂撤銷徵收？應辦理撤銷徵收之情形為何？（92特三）
- 在那些情形下應辦理撤銷徵收，試依土地徵收條例之規定說明之。（91公升、90土登）

已公告徵收之土地有前條第一項或第二項各款情形之一,而需用土地人未申請撤銷或廢止徵收者,原土地所有權人得向該管直轄市或縣(市)主管機關請求之。

該管直轄市或縣(市)主管機關收受前項請求後,應會同需用土地人及其他有關機關審查。其合於規定者,由需用土地人依第一項規定申請之;不合規定者,該管直轄市或縣(市)主管機關應將處理結果函復原土地所有權人。

原土地所有權人不服前項處理結果,應於直轄市或縣(市)主管機關函復送達之日起三十日內向中央主管機關請求撤銷或廢止徵收。其合於規定者,由中央主管機關逕予撤銷或廢止;不合規定者,由中央主管機關將處理結果函復原土地所有權人。原土地所有權人不服處理結果者,依法提起行政救濟。

已公告徵收之土地有前條第一項或第二項各款情形之一,而需用土地人未申請撤銷或廢止徵收者,由該管直轄市或縣(市)主管機關會同需用土地人及其他有關機關審查後向中央主管機關申請撤銷或廢止徵收。」

2. 通知與徵收價額之繳回

土地徵收條例第五十一條之規定:「中央主管機關於核准撤銷或廢止徵收後,應將原案通知該管直轄市或縣(市)主管機關。

直轄市或縣(市)主管機關於收到中央主管機關通知核准撤銷或廢止徵收案時,應公告三十日,並通知原土地

所有權人於一定期間繳清應繳納之價額，發還其原有土地。未於一定期間繳清者，不發還其土地，並不得依第九條規定申請收回該土地。

前項一定期間，不得少於六個月。

第二項所稱應繳納之價額，指徵收補償地價、地價加成補償及遷移費。但第三十四條第一項規定之人口或物件已遷移者，無須繳納遷移費。

前項徵收補償地價，於徵收前設定有他項權利或耕地租約者，包括他項權利人或耕地承租人原應受領之價金。」

(三)撤銷徵收之處理與準用

1. 原權利之處理

土地徵收條例第五十二條之規定：「撤銷或廢止徵收後，徵收前原設定之他項權利及耕地租約不予回復。但依第四十二條規定由原土地所有權人及他項權利人申請於發給之抵價地設定抵押權或典權者，其原抵押權或典權准予回復。」

土地徵收條例第五十二條之一規定：「土地徵收處分有下列情形之一者，其徵收補償費之繳清、土地之發還、原設定他項權利及耕地租約之處理，準用前二條規定：

1. 經中央主管機關依行政程序法撤銷或廢止。

2. 經相對人或利害關係人依行政程序法第一百二十八條規定向行政機關申請後予以撤銷或廢止。

3. 經行政救濟結果撤銷或廢止。」

2. 土地改良物之處理

土地徵收條例第五十四條之規定:「土地撤銷或廢止徵收時,原一併徵收之土地改良物應一併辦理撤銷或廢止徵收。但該土地改良物已滅失者,不在此限。

前項土地改良物與徵收當時相較已減輕其價值,而仍得為相當之使用者,原需用土地人得就其現存部分酌定價額,一併辦理撤銷或廢止徵收。」

土地徵收條例第五十五條之規定:「撤銷或廢止徵收之土地與一併辦理撤銷或廢止徵收之土地改良物原所有權人相同者,應同時繳清土地及土地改良物應繳納之價額後,發還其原有之土地及現存之土地改良物。」

3. 撤銷徵收之準用

土地徵收條例第五十三條之規定,本條例第四十九條、第五十條、第五十一條、第五十二條、第五十二條之一條之規定,於土地改良物撤銷徵收時準用之。

依土地徵收條例規定,被徵收之土地,應如何補償其地價?建築改良物又如何補償?發給遷移費之規定又如何?(91估價)

十、徵收補償

(一)徵收補償之範圍與標準

1. 徵收補償之範圍

依現行規定，徵收補償之範圍如下：

(一)地價之補償。

(二)改良物之補償。

(三)土地改良之補償。

(四)合法營業損失之補償。

(五)改良物之遷移補償。

(六)接連地之損失補償。

2. 地價之補償

・土地法規定

依土地法第二百三十九條之規定：被徵收土地應補償之地價，依下列之規定：

(1)已依法規定地價，其所有權未經移轉者，依其法定地價。

(2)已依法規定地價，其所有權經過移轉者，依其最後移轉時之地價。

(3)未經依法規定地價者，其地價由該管直轄市或縣（市）地政機關估定之。」

保留徵收之地價補償，土地法第二百四十條規定：「保留徵收之土地，應補償之地價，依徵收時之地價。

> 試依平均地權條例及其施行細則之規定，說明土地徵收之地價補償標準為何？徵收之土地若為出租耕地，則被徵收耕地承租人之補償有那些規定？（92特四）

・土地徵收條例之規定

土地徵收條例第三十條之規定：被徵收之土地，應按照徵收當期之市價補償其地價。在都市計畫區內之公共設施保留地，應按毗鄰非公共設施保留地之平均市價補償其地價。

前項市價，由直轄市、縣（市）主管機關提交地價評議委員會評定之。

各直轄市、縣（市）主管機關應經常調查轄區地價動態，每六個月提交地價評議委員會評定被徵收土地市價變動幅度，作為調整徵收補償地價之依據。

前三項查估市價之地價調查估計程序、方法及應遵行事項等辦法，由中央主管機關定之。

・平均地權條例之規定

平均地權條例第十條規定：「本條例實施地區內之土地，政府於依法徵收時，應按照徵收當期之公告土地現值，補償其地價。在都市計畫區內之公共設施保留地，應按毗鄰非公共設施保留地之**平均公告土地現值**，補償其地價，其地上建築改良物，應參照**重建價格**補償。所謂「徵收當期之公告土地現值」乃指徵收公告期滿後第十五天之

公告現值而言。所稱毗鄰非公共設施保留地之平均公告土地現值,以毗鄰各非公共設施保留地土地現值之平均數為準。

若徵收之土地為**出租耕地**,則對被徵收人及佃農之補償,依平均地權條例第十一條規定:「依法徵收或照價收買之土地為出租耕地時,除由政府補償承租人為改良土地所支付費用,及尚未收穫之農作改良物外,並應由土地所有權人,以所得之補償地價,扣除土地增值稅餘額之三分之一,補償耕地承租人。

前項補償承租人之地價,應由主管機關於發放補償或依法提存時,代為扣交。

公有出租耕地依法撥用時,準用前二項規定,補償承租人,所需經費,由原管理機關負擔。但為無償撥用者,補償費用,由需地機關負擔。」

‧都市計畫法規定

依都市計畫法第四十九條規定:「依本法徵收或區段徵收之公共設施保留地,其地價補償以徵收當期毗鄰非公共設施保留地之平均公告土地現值為準,必要時得加成補償之。但加成最高以不超過百分之四十為限。

前項公共設施保留地之加成補償標準,由當地直轄市縣(市)地價評議委員會於評議當年期公告土地現值時評議之。

3. **改良物之補償**
(1)**建築改良物**

- 土地法之規定

土地法第二百四十一條規定：「土地改良物被徵收時，其應受之補償費，由該管直轄市或縣（市）地政機關會同有關機關估定之。」又土地法第一百六十二條規定：「建築改良物價值之估計，以同樣之改良物於估計時為重新建築需要費額為準，但應減去因時間經歷所受損耗之數額。」

- 土地徵收條例之規定

土地徵收條例第三十一條第一項之規定：「建築改良物之補償費，按徵收當時該建築改良物之重建價格估定之。」

- 平均地權條例之規定

平均地權條例第十條規定，政府於依法徵收時，其地上建築改良物，應參照重建價格補償。

- 都市計畫法之規定

依都市計畫法第四十九條第一項規定：「依本法徵收或區段徵收之公共設施保留地，其地上建築改良物之補償以重建價格為準。」

(2) **農作改良物**

- 土地法之規定

土地法第二百四十二條規定，被徵收之農作改良物，如被徵收時與其孳息成熟時期相距在一年以內者，其應受補償之價值，應按成熟之孳息估定之；其被徵收時與孳息成熟時期相距超過一年者，應依其種類、培育費用，並參

酌現值估定之。

對於所有規定估定之價額有異議時，該管直轄市或縣（市）地政機關應提交標準地價評議委員會評定之（土地法第二百四十七條）

・土地徵收條例之規定

土地徵收條例第三十一條第二項之規定：農作改良物之補償費，於農作改良物被徵收時與其孳息成熟時期相距在一年以內者，按成熟時之孳息估定之；其逾一年者，按其種植及培育費用，並參酌現值估定之。

・平均地權條例之規定

依平均地權條例第三十三條規定：照價收買之土地，地上如有農作改良物，應予補償。

前項農作改良物價額之估定，如其孳息成熟時間在收買後一年以內者，應按其成熟時之孳息估定之；其在一年以上者，應依其種類、培育費用，並參酌現值估定之。依法徵收之土地，準用前二項之規定。

4. 土地改良之補償

土地徵收條例第三十二條之規定：徵收土地公告前已領有建築執照或於農地上為合法改良土地，依第二十三條第一項規定停止工作者，其已支付之土地改良費用，應給予補償。

5. 合法營業損失之補償

土地徵收條例第三十三條之規定：「土地或土地改良物原供合法營業之用，因徵收而致營業停止或營業規模縮

小之損失,應給予補償。

前項補償基準,由中央主管機關定之。」

6. 改良物之遷移補償
⑴自行遷移

土地徵收條例第三十四條之規定:「徵收土地或土地改良物時,有下列情形之一,應發給遷移費:

1. 依第五條第一項第一款或第二款規定遷移者。

2. 徵收公告六個月前設有戶籍之人口必須遷移者。但因結婚或出生而設籍者,不受六個月期限之限制。

3. 動力機具、生產原料或經營設備等必須遷移者。

4. 因土地一部分之徵收而其改良物須全部遷移者。

5. 水產養殖物或畜產必須遷移者。

前項遷移費查估基準,由中央主管機關定之。」

土地法第二百一十五條規定:「徵收土地時,其改良物應一併徵收。但有下列情形之一者,不在此限:

1. 法律另有規定者。

2. 改良物所有權人要求取回,並自行遷移者。

3. 建築改良物建造時,依法令規定不能建造者。

4. 農作改良物之種類、數量顯與正常種植情形不相當者。

前項第三款、第四款之認定,由直轄市或縣(市)地政機關會同有關機關為之。」「第一項第三款、第四款之改良物,於徵收土地公告期滿後,得由直轄市或縣(市)地政機關通知其所有權人或使用人限期拆除或遷移;逾期

由直轄市或縣（市）地政機關會同有關機關逕行除去，並不予補償。

土地法第二百四十四條規定：因徵收土地致其改良物遷移時，應給以相當遷移費。

土地法第二百四十五條規定：因土地一部分之徵收而其改良物須全部遷移者，該改良物所有權人得請求給以全部之遷移費。

(2)**代為遷移**

土地法第二百三十八條規定：「直轄市或縣（市）地政機關遇有下列情形之一者，得將改良物代為遷移或一併徵收之：

一、受領遷移費人於交付遷移費時，拒絕收受或不能收受者。

二、受領遷移費人所在地不明者。

三、受領遷移費人不依期限遷移者。」

7.接連地之損失補償

土地法第二百一十六條之規定：「徵收之土地，因其使用影響於接連土地，致不能為從來之利用，或減低其從來利用之效能時，該接連土地所有權人得要求需用土地人為相當之賠償。

前項補償金，以不超過接連地因受徵收地使用影響而減低之地價額為準。」

(二)徵收補償之發放

1. 補償費之負擔與發給

土地徵收條例第十九條之規定：「徵收土地或土地改良物應發給之補償費，由需用土地人負擔，並繳交該管直轄市或縣（市）主管機關轉發之。」徵收土地或土地改良物應發給之補償費，應於公告期滿後**十五日內**發給之。

需用土地人未於公告期滿十五日內將應補償地價及其他補償費額繳交該管直轄市或縣（市）主管機關發給完竣者，該徵收案從此失其效力。但有下列各款情形之一者，不在此限（土地徵收條例第二十條）

(一)於公告期間內因對補償之估定有異議，而由該管市縣地政機關依第二十二條規定提交地價評議委員會復議者。

(二)經土地所有權人同意延期繳交有案者。

(三)應受補償人拒絕受領或不能受領者。

(四)應受補償人所在地不明者。

土地法第二百三十六條之規定：「徵收土地應給予之補償地價補償費及遷移費，由該管直轄市或縣（市）地政機關規定之。

前項補償地價補償及遷移費，均由需用土地人負擔，並繳交該管直轄市或縣（市）地政機關轉發之。

2. 補償費之提存與保管專戶之設置

(1)補償費之提存

土地法第二百三十七條規定：「直轄市或縣（市）地政機關發給補償地價及補償費，有下列情形之一時，得將款額提存之：

1. 應受補償拒絕受領或不能受領者。
2. 應受補償人所在地不明者。

依前項第二款規定辦理提存時，應以土地登記簿記載之土地所有權人及他項權利人之姓名、住址為準。

(2)保管專戶之設置

土地徵收條例第二十六條之規定：「直轄市或縣（市）主管機關應於國庫設立土地徵收補償費保管專戶，保管因受領遲延、拒絕受領或不能受領之補償費，不適用提存法之規定。直轄市或縣（市）主管機關應於本條例規定應發給補償費之期限屆滿次日起三個月內存入專戶保管，並通知應受補償人。自通知送達發生效力之日起，逾十五年未領取之補償費，歸屬國庫。

前項保管專戶儲存之補償費應給付利息。以實收利息照付。

未受領之徵收補償費，依第一項規定繳存專戶保管時，視同補償完竣。

第一項未受領補償費保管辦法，由中央主管機關定之。

前四項規定，於本條例施行前未辦竣提存之未受領補償費之，準用之。」

3. **土地債券之搭發**

(1) 土地法之規定

a. 土地法第二十九條之規定,私有土地超過最高面積限制時,而不於一定期間內將額外土地分割出賣者,該管直轄市或縣(市)政府得依本法徵收之,而徵收之補償地價,得斟酌情形搭發土地債券。但其清付期限,最長不得逾五年。

b. 依土地法第二百三十三條但書規定,因實施國家經濟政策或舉辦第二百零八條第一款、第二款或第四款事業徵收土地,得呈准行政院以土地債券搭發補償之。

(2) 都市計畫法之規定

依都市計畫法第七十八條第一項規定:「各級政府為實施都市計畫,或土地徵收,得發行公債。」

十一、穿越私有土地之上空或地下之地上權取得

(一) **需用土地人**因興辦第三條規定之事業,需穿越私有土地之上空或地下,得就需用之空間範圍協議取得地上權,協議不成時,準用徵收規定**取得地上權**。但應擇其損害最少之處所及方法為之。

(二) 前項土地因事業之興辦,致不能為相當之使用時,土地所有權人得自**施工之日起至完工後一年內**,請求需用土地人徵收土地所有權,需用土地人不得拒絕。

㈢前項土地所有權人原設定地上權取得之對價,應在徵收補償地價內扣除之。

㈣地上權徵收補償辦法,由中央目的事業主管機關會同中央主管機關定之。(土地徵收條例第57條)

十二、徵用私有土地或土地改良物之規定

㈠國家因興辦臨時性之公共建設工程,得徵用私有土地或土地改良物。

㈡徵用期間逾三年,或二次以上徵用,期間合計逾三年者,需用土地人應於申請徵用前,以書面通知;土地或土地改良物所有權人於收到通知書之日起三十日內,得請求需用土地人徵收所有權,需用土地人不得拒絕。

㈢依前項規定請求徵收土地或土地改良物所有權者,不得再依第九條規定申請收回其土地或土地改良物。

㈣第二章規定,於徵用土地或土地改良物時,準用之。但因情況緊急,如遲延使用土地或土地改良物,公共利益有受重大危害之虞者,得經中央主管機關核准後,先行使用該土地或土地改良物。

㈤徵用土地或土地改良物,應自公告徵用之日起計算使用補償費,並於公告期滿後十五日內一次發給所有權人、地上權、典權、不動產役權、農育權、永佃權或耕作權人;其每年補償費,土地依徵用公告期滿第十五日之公告土地現值百分之十計算,土地改良物依徵收補償費百分

之十計算；徵用期間不足一年者，按月計算之；不足一月者，按日計算之。

(六)因前項使用補償費，經應受補償人同意者，得延期或分期發給。

(七)因徵用致土地改良物必需拆除或未能回復為徵用前之使用者，準用第三十一條規定給予補償。但其使用方式經徵得所有權人同意者，不在此限。（土地徵收條例第58條）

捷運徵地補償 縣市不同價

北市公告現值加兩成 北縣四成 市議會附帶決議 要求北縣府「一致」

【記者王一中/台北報導】台北捷運系統用地的徵收補償,北縣為公告現值加四成、北市為加兩成,昨天引起台北市議會交通審查會不滿,帶決議要求台北市政府轉告台北縣政府,徵收補償成數應與北市政府「一致性」。

市議會交審會主席陳政忠解釋,一致性的意思就是希望北縣能與北市政府一樣,將補償加成調降為兩成。

交審會昨天審查台北捷運系統用地徵收補償預算,台北市議員王浩首先指出,南港線東延段的用地徵收是依公告現值加兩成,新莊線北市轄段也是一樣,依公告現值加兩成補償;但同樣是新莊線,北縣轄段卻是依公告現值加四成,明顯對台北市民不公。

台北市捷運局解釋,公告現值與用地徵收補償,都是地方政府地價評議委員會單獨決議,北縣、北市不同調,並非捷運局所能掌握。

捷運局長范良銹進一步表示,北市在統籌分配款上老被欺負的原因,費鴻泰原本打算以但書方式,要求北縣府調降徵收補償成數為公告現值加兩成,

但王浩認為,徵收費用是算在捷運總工程預算裡,再由北縣、市依比例分攤,北縣徵收費用高,等同台北市民幫台北縣政府出錢。

台北市議會副議長費鴻泰也聲援表示,「台北縣政府和議會都在做爛好人」,北縣公告現值與實際地價差距大,民眾納稅低,結果縣府稅收少,再來挖台北市政府努力增加稅收的錢;這也是北市在統籌分配款上老被欺負的原因,陳政忠表示,台北縣、市一水之隔,卻有兩種待遇,顯然對台北市民不公平,最後他裁示,既然不方便要求北縣府調降成數,但可要求北縣府與北市府「一致性」。

陳玉梅也認為,依北市議會的職權無法要求北縣府,不如把台北市的徵收補償成數也提高為四成,這樣「我們大家都會受到人民的愛戴」。

成,但稍後又認為,以但書方式要求太過強烈,最後改成以「附帶決議」方式建議北縣府。

歷屆國家考題

❶ 已徵收之土地在那些情形下，應辦理撤銷徵收。又，誰可以申請撤銷徵收？請依土地徵收條例之規定說明之。【96年經紀人No.1】

❷ 土地徵收條例對於土地徵收之地價、土地改良物、土地改良費用及營業損失之補償費規定為何？試說明之。【96年經紀人No.2】

❸ 何謂「抵價地」？何謂「抵費地」？此兩者有何不同？試說明之。【76年普考】

❹ 土地辦理徵收之程序為何？【77年普考】

❺ 試述土地徵收的原因？並請說明那些土地應儘量避免徵收。【79年基層丙級】

❻ 徵收土地區域內遇有名勝古蹟時，應如何處理？【81基層丙級】

❼ 市縣地政機關於接到上級政府通知核准徵收土地案時，應即公告，此項公告應說明那些事項？【81年基層丙級】

❽ 試述平均地權條例對於區段徵收之地價補償及土地處理之重要規定？【80土地代書】

❾ 區段徵收及市地重劃所應負擔的公共設施在項目上有何不同？此外有關私有領回比例有何不同？【81年土地代書檢覈】

❿ 請問私有土地經國家因公用事業之需要辦理徵收後，原

土地所有權人在何種條件下,始得收回其土地?【82年土地代書】

⓫試述土地徵收、區段徵收與保留徵收的意義與區別。【82年土地代書覆檢】

⓬試述照價收買與土地徵收之意義並比較之。【83年土地代書覆檢①】

⓭辦理區段徵收與市地重劃的目的均在促進土地利用,試分項說明兩者之間的異同。【83年土地代書覆檢②】

⓮土地徵收補償範圍及標準,土地法與平均地權條例規定有何不同?【84年土地代書覆檢】

⓯何謂照價收買?現行平均地權條例有關實施時機與地價補償之標準為何?試分述之。【84年土地代書】

⓰何謂抵價地?何謂優先買回土地?依規定具有領買回土地資格之原私有土地所有權人,如有人不要領買回土地時,其他申請領買回土地者,可否多分配一些土地。何故?【84年土地代書】

⓱依土地法第二百一十五條規定,徵收土地時,其改良物應一併徵收,但有例外,例外之情形有幾?又土地法與平均地權條例對徵收改良物之補償費如何規定?請比較說明之。【85年普考】

⓲何謂土地徵收?土地徵收之目的與地點之限制為何?試依規定說明之。【85年基層四等】

⓳私有都市計畫公共設施保留地在被政府依法徵收取得前,其使用上有何限制?又公共設施保留地在被徵收取

得前，於稅負上享有哪些優惠？請依現行土地法規之規定分述之。【86年普考】

⑳司法院大法官議決釋字第四二五號解釋謂：「土地徵收，係國家因公共事業之需要，對人民受憲法保障之財產權，經由法定程序予以剝奪之謂。規定此項徵收及其程序之法律必須符合必要性原則，並應於相當期間內給予合理之補償」。試問：關於上開解釋中所謂「必要性原則」「相當期間內」及「給予合理之補償」之涵義，於土地法既其施行法以及平均地權條例既其施行細則中有何規定？請分別述明之。【86年普考】

㉑何謂保留徵收？其目的為何？試申述之。【86年土地代書覈檢】

㉒何謂區段徵收？區段徵收範圍內之土地經規劃整理後應如何處理？【87中興碩、85中興碩、89交、92國轉】

㉓土地徵收因徵收範圍及徵收時間特殊，而有區段徵收與保留徵收之別，試分述其意義與目的之不同。【92特四】

㉔區段徵收土地之補償方式有那兩種？其補償標準各為何？請依土地徵收條例規定說明之。【89普】

㉕土地徵收條例訂有收回權及撤銷徵收之規定，兩者之立法精神各為何？土地法與土地徵收條例對於收回權及撤銷徵收，有何不同之規定，被徵收土地所有權人行使收回權時，在適用上為避免發生競合情形，現行法如何界定之，請一併說明之。【86北碩】

㉖試依土地徵收條例之規定,說明徵收補償之項目及其內容。【90普】

㉗何謂「土地徵收」?我國土地徵收之核准機關為何?又土地徵收之補償費應於何時發給?【87特四】

㉘按土地法、平均地權條例及土地徵收條例中,均各有若干限制土地所有權人行使土地權利之規定。請就其中,舉出三項「禁止土地所有權移轉」之規定內容。又,都市計畫法對於公共設施保留地之使用,有何限制之規定?請敘述之。【102年普考】

㉙何謂土地徵收失效?試就現行土地徵收條例及相關法律規定,詳予析論之。【104年普考】

㉚依土地徵收條例之規定,被徵收之土地或建築改良物應有之負擔,如所有權人係領取現金補償者,應如何辦理?又所稱「應有之負擔」,其內容為何?試分述之。【104年地政士普考】

㉛抵價地的意義為何?又關於抵價地可分配之比例及其原則為何?請依土地徵收條例之規定說明之。【109經紀人普】

㉜土地徵收涉及人民在憲法上所保障權利的侵害,政府在進行土地徵收時一定要嚴守土地徵收的必備要件,請問此必備要件為何?【108經紀人普】

比較性考題

> 1 試比較「抵費地」與「抵價地」兩者之差異。【89特四、89北碩、89交、92特三、92普】

答：

(一)意義不同：

1. 抵價地：係實施區段徵收時，經土地所有權人之申請，由政府以徵收後可供建築之土地折算抵付應補償予土地所有權人之徵收地價之土地。

2. 抵費地：係實施市地重劃時，重劃區內土地所有權人，按其土地受益比例，以其未建築之土地折價抵付應行負擔之工程費用、重劃費用及貸款利息之土地。

(二)發生原因不同：

1. 抵價地：發生在區段徵收時。
2. 抵費地：發生在市地重劃及農地重劃時。

(三)面積計算不同：

1. 抵價地：由徵收機關按其應補償地價與區段徵收補償地價總額之比例計算其應領之權益價值，並以該抵價地之單位地價折算之。

2. 抵費地：由參加重劃之所有權人按其土地受益比

例共同負擔。

(四)**分配比例不同**：
1. 抵價地總面積，以徵收總面積百分之五十為原則，因情形特殊，經上級主管機關核准者，不在此限。但不得少於百分之四十。
2. 抵費地：折價抵付共同負擔之土地，其合計面積以不超過各該重劃區總面積百分之四十五為限，但經重劃區內私有土地所有權人半數以上，且其所有土地面積超過區內私有土地總面積半數之同意者，不在此限。

(五)**適用對象不同**：
1. 抵價地：是由徵收機關折算抵付補償地價，發交原土地所有權人領回。
2. 抵費地：是由參加重劃之所有權人，提供土地折價抵付費用，移轉登記為直轄市或縣（市）有。

(六)**強制性不同**：
1. 抵價地：屬任意行為，可由被徵收土地所有權人選擇領回抵價地或以現金補償。
2. 抵費地：屬強制性質，為重劃區土地所有權人之必要負擔，如無未建築土地者，方得以現金繳納。

2 請說明土地徵收與照價收買之異同。【86中興碩】

答：
㈠意義：
1. 照價收買：係指國家按照將人所報地價，強制收買其土地，取消私有土地所有權之行為，為平均地權四大辦法之一。
2. 土地徵收：係指國家基於公共建設需要或公共用途，基於公權力之作用，強制取得私人土地，給予補償而取消其所有權，另行支配使用之謂。

㈡比較：
1. 相同點：照價收買與土地徵收均為國家干預私人土地所有權之行政行為，即國家得行使上級所有權或最高支配權，強制收取私人土地之下級所有權，以實現土地政策。
2. 相異點：
   ⑴原因不同：照價收買之原因乃低報地價、低報移轉現值、超額建地、空地等……，土地徵收之原因乃進行公共建設、國家經濟政策等。前者趨向消極性、制裁性之目的，後者趨向積極性土地建設性之目的。
   ⑵程序不同：照價收買之程序為公告通知、繳交書狀、發給補償、交付土地程序。土地徵收之

程序為徵收土地之聲請、徵收土地之校准與令知、公告與通知、徵收補償費之發給及提存、徵收土地之限期交付與遷移、徵收完竣與被徵收土地所有權人權利義務之終止等。

(3) 處理不同：照價收買之土地，得依程序隨時公開標售，不需經該轄區內民意機關之同意及行政院之核准。徵收之土地，應依核准之計劃使用，若不依核准計劃使用或徵收完畢後一年內不實行使用者，其原土地所有權人得照原徵收價額收回其土地。

(4) 範圍不同：照價收買之土地，如地上建物同屬土地所有權人所有者，始一併收買；土地徵收之土地及其建物，應一併徵收。

3 試比較市地重劃與區段徵收之差異。【92交升、92特】

答：

(一) 相同點：

1. 區段徵收與市地重劃皆是促進都市建設之重要利器，促使都市土地為更經濟合理之利用。
2. 區段徵收土地以抵價地抵付補償地價者，其原有租賃關係及他項權利準用市地重劃有關規定處

理。

3. 區段徵收與市地重劃,政府均可無償取得區域內之道路等部分公共設施用地。

(二)**相異點:**

1. 舉辦主體不同:區段徵收僅限於由政府辦理;而市政重劃,則可由(1)政府主動辦理;(2)政府優先辦理;(3)人民自行辦理。

2. 負擔不同:區段徵收之補償地價及建設費用是由政府負擔,地主可選擇領取現金或抵價地補償;而市地重劃之公共設施用地及重劃費用及貸款利息則由土地所有權人按受益程度公平負擔,並以土地折價低付。

3. 負擔公共設施項目不同:

  (1)區段徵收範圍內之土地,經規劃整理後,以下公共設區用地應無償登記為直轄市或縣(市)有:道路、溝渠、公園、綠地、兒童遊樂場、廣場、停車場、國民學校、體育場所。

  (2)實施市地重劃時,以下公共設施用地應由參加重劃土地所有權人按其土地受益比例共同負擔:道路、溝渠、兒童遊樂場、鄰里公園、廣場、綠地、國民小學、國民中學、停車場、零售市場。

4. 土地分配面積不同:

  (1)區段徵收抵價地之總面積,以徵收總面積百分

之五十為原則，其因特殊情形，經上級機關核准者，不在此限。但不得少於百分之四十。
(2)參加市地重劃地主獲分配土地，於扣除折價低付共同負擔之土地後，最高為重劃區總面積百分之五十五。

5. 土地分配位次不同：
(1)區段徵收土地分配位次，採公開抽籤方式決定。
(2)市地重劃土地分配，係按重劃前原有土地相關位次分配於原街廓之面臨原有路街線為原則。

感謝一次考上地政士第七名

各位前輩老師教授大家好

很幸運的一次考上地政士。

以下是我讀書準備和上考場應對的一些小撇步。

第一，拼命寫考古題，摸透透出題走向。我個人因為時間上的許可，從92年寫至107年，可能寫了將近三百題的申論。如果各位前輩要同時忙於工作，盡量一天至少挪出半小時或一小時的時間，寫一題考古題，累積三個月也是可觀的數字。

第二，在練習寫題的時候同時計時，如同正式考試一般認真看待。當你上考場時，幾乎是沒有時間讓你慢慢思考的，盡量訓練到一看到題目就能知道他要考的法條。下筆也要快，平時速度的訓練是必須的。盡量不要邊找答案邊寫，掙扎一下XD寫完之後再回頭找答案，才能真正了解自己所欠缺的。

第三，近幾年修法的法條一定要多注意，很容易變成考題。新增有關房地產的各項法規也要大概知道脈絡，以免出題老師神來一筆超出命題大綱出題。

第四，平均分配每題申論所需的時間。如地政士每科為90分，平均一題僅有20分可以下筆。因此在寫考卷的時候必須嚴格掌控每題分配時間。一定要帶手錶，隨時注意時間，一題寫滿18分之後就要開始結尾了。不會的題目也

要分配一樣的時間，給自己亂蓋的時間說不定會得到意想不到的分數。

第五，不恥下問纏著老師。我在準備地政士時，下課中場休息時間或是平時自己練習的時候遇到問題都會立刻問老師，不過是面對面會是用賴問，老師們都很好很快並且耐心的回覆我，我甚至會自己寫考題再給老師改，才會真正了解到自己寫題的框架有沒有走偏或是哪裡的觀念理解不夠正確。

第六，各科老師發給的講義都是經文，已經是濃縮再濃縮，可以的話盡量要牢記在心。但當然不是看考古題或是看老師發的講義就好，在讀的過程中有任何不懂的還是要搭配法條、課本，才能融會貫通。

第七，善用每天零碎的時間，通勤的時間，睡前原本在滑手機的時間，原本的沒時間就會變成有時間了！

大家都是我的大大前輩，知識經歷都比我淵博，我可以對你們來說絕對是一塊小蛋糕。給自己一個不得不考上的理由，適當的壓力push自己，用剩下來的時間大家一起努力考經紀人。

2019年 地政士考照班 鄧芯婷

附錄一

第一章 土地稅概說

第一節 土地稅的基本概念

一、**土地稅之意義**：土地稅乃以土地為課稅客體，所課徵之賦稅。

二、**土地稅性質**：

土地稅為地方稅：此為土地法第一四六條規定：「土地稅為地方稅。」即屬於直轄市、縣（市）政府徵收之賦稅。

三、**土地稅之種類**：（土地稅法之架構）

(一)狹義土地稅：指以土地（僅指土地，不包括房屋）為課稅客體所課徵之賦稅。土地稅法第一條，土地稅分為地價稅、田賦（已停止）及土地增值稅。

(二)廣義土地稅：指以不動產（包括土地與房屋）為課稅客體，所課徵之賦稅。包括地價稅、田賦、房屋稅、土地增值稅、契稅。

(三)最廣土地稅：指與不動產有關之賦稅。包括工程受益費、遺產稅與贈與稅等。

四、土地稅之主管機關：
依土地稅法第二條：
1. 中央為財政部。
2. 直轄市為直轄市政府。
3. 縣（市）為縣（市）政府。
4. 田賦實物經收機關為直轄市、縣（市）糧政主管機關。

五、土地稅之特性：
(一)無法隱匿，不易逃漏。
(二)不易轉嫁（註二）。
(三)絕對確實、固定、恆久。
(四)充裕而富有彈性。
(五)估價不易：因土地稅法為技術性法規。

六、土地稅之作用（功能）
(一)地盡其利功能。
(二)地利共享功能。
(三)防止土地投機和壟斷功能。（地權分散）
(四)促進地價溫和，理性上漲功能。

八、土地稅之課稅方法：
按價格課稅即以土地之價值為課稅。屬於一種從價稅。例如：地價稅、房屋稅、遺產及贈與稅。

第二節　規定地價

一、**規定地價之意義**：依照法定程序，將土地價格查報確定後，編造地價冊及總歸戶冊，作為人民申報地價的準則，並作為各種施政的依據。

二、**規定地價之重要性**：

平均地權的基本工作，因為規定地價後，才能據以實施照價徵稅、照價收買，及漲價歸公。（平均地權四大辦法）

三、**規定地價之程序**：

平均地權條例規定：

平均地權條例第十五條及十六條規定：「直轄市及縣（市）主管機關辦理規定地價或重新規定地價之程序如下：

1. 分區調查最近一年之土地買賣價格或收益價格。
2. 依據調查結果，劃分**地價區段**，並估計**區段地價**後，提交地價評議委員會評議。
3. 計算宗地單位地價。
4. 公告及申報地價，其期限為三十日。
   (1)公告地價與時期如下：
   直轄市或縣（市）主管機關於地價評議完竣及計算宗地地價後，應按土地所在地之鄉（鎮、市、區）公告其宗地單位地價（平均地權條例施行細則第十六條），**公告期間為三十日**。

(2)申報地價時期與限制如下：（平均地權條例第十六條）
   ①土地所有權人應於公告地價期間申報地價，土地所有權人未於公告期間申報地價者，以公告地價**百分之八十**為其申報地價。
   ②土地所有權人於公告期間申報地價者，其申報之地價超過公告地價百分之一百二十時，以公告地價**百分之一百二十**為其申報地價；申報之地價未滿公告地價百分之八十時，以公告地價百分之八十為其申報地價。
(3)照申報地價收買土地：
   申報地價未滿公告地價百分之八十，得照私人申報地價收買。（平均地權條例第十六條及第三十一條第一項第一款）

請說明規定地價之意義及辦理程序。【77年基丙】

---

5. 編造地價冊及總歸戶冊：
   依照申報地價，編造地價冊及總歸戶冊。編造總歸戶冊時，應以土地所有權人在同一直轄市或縣（市）之土地，為歸戶之範圍（平均地權條例施行細則第十六條後段）。

四、地價之種類：（註四）
(一)**買賣價格**：乃指土地市場成交的價格。亦稱時

價。或市價。
(二)**收益價格**：乃指以土地純收益與利率還原而決定之地價。亦稱還原價值，係以通行投資年利率除土地純收益所得之價格。
(三)**標準地價**：依土地法規定，政府依法查估公告作為土地所有權人申報地價參考時之地價。（平均地權條例稱之為公告地價）
(四)**平均地價**：乃指在同一地價等級內抽查宗地之市價或收益價格而用算術平均數法；中位數法與眾位數法所求得之該等級之地價稱之。
(五)**申報地價**：乃指土地所有權人參照公告地價向政府所申報之地價。（平均地權條例名稱相同）
(六)**法定地價**：政府依土地法將人民申報地價登載於土地登記簿或地價冊上之地價，又稱「登錄地價」。（平均地權條例稱之為申報地價）。
(七)**估定地價**：在沒有規定地價的地區，政府為了徵收土地的需要，彌補老百姓的損失，或者為融資貸放的需要或者為拍賣土地的需要，而委託各縣市政府，依土地法及地價調查估計規則所估定之地價稱之。

五、重新規定地價：
(一)**重新規定地價的原因：**
規定地價後，國父 孫中山先生主張，應規定地價「永以為定」（註五），但現行土地法與平均地

權條例皆有重新規定地價之規定，其理由為地主首次申報地價以後，隨著人口增加、社會進步、土地之價值，必相應提高，假如，土地始終不移轉，地主則可以較低的成本（按原地價課徵的地價稅）擁有土地，並享用土地自然增值，殊不公平，所以應比照市場地價逐漸調高課稅地價，促使納稅人負擔公平，符合稅賦公平原則。故此與國父 孫中山先生所主張「永以為定」之原則不同。

(二)重新規定地價的時機：

平均地權條例規定：

依平均地權條例第十四條規定：「規定地價後，**每二年**重新規定地價一次，但必要時得延長之。重新規定地價者，亦同。」

(三)重新規定地價之程序：

與規定地價同。

註 釋

註一：

(一)職權立法：乃立法機關本於職權所制定之法律。例如：我國經立法院三讀通過，總統公布其名稱，為法、律、條例、通則。

(二)委任立法：乃立法機關委任行政機關於授權範圍內制定與法律效力相同規章。

例如：法律授權給行政機關制定之規章（命令）。

其名稱為：規程、規則、細則、辦法、綱要、準則。

註二：

(一)租稅轉嫁：納稅人納稅之後，透過經濟交易過程，將稅負加入價格之中而移轉由他人負擔之謂。即指納稅義務人與稅負人不屬於同一人。

(二)租稅歸宿：納稅人納稅之後，租稅之最後實際負擔者。

註三：

有關土地法第一五六條規定：土地所有權人聲請登記所有權應同時申報地價中「聲請登記所有權」係指(一)土地總登記(二)土地所有權移轉登記兩種。

註四：有關地價圖示解析（觀念澄清）

(一)土地法規定名稱如下：　　(二)平均權條例規定名稱如下：

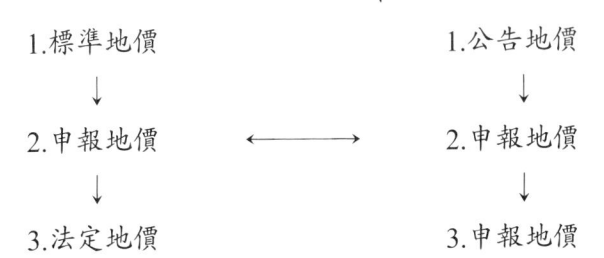

1.標準地價　　　　　　　　　　1.公告地價
　↓　　　　　　　　　　　　　　↓
2.申報地價　←──→　　　　　　2.申報地價
　↓　　　　　　　　　　　　　　↓
3.法定地價　　　　　　　　　　3.申報地價

①標準地價（公告地價）之作用：作為土地所有權人申報地價之參考。

②法定地價（申報地價）之作用：作為政府課徵地價稅之依據。（即登載於登記簿或地價冊上

之地價)。

註五：孫中山先生在其手訂「地方自治開始實行法」中謂：「隨地主之報多報少，所報之價，則永以為定。此後凡公家收買土地，悉照此價不得增減；原主無論何時，祇能收回此項所定之價，而將來所增之價，悉歸公於地方團體之公有。」

習題

一、何謂土地稅？土地稅可分為那幾種？

二、試依平均地權條例規定說明規定地價之程序？

三、何謂公告地價？申報地價？公告現值？三者在租稅上有何意義？

四、試述土地稅之功能（作用）？

第二章　地價稅

第一節　地價稅的意義及特性

一、**地價稅的意義及其性質：**
　㈠意義：是針對土地價值所課徵的賦稅。因土地之所以具有價值，是因為土地具有產生收益的能力。故地價稅是針對這種收益能力而課徵的賦稅。
　㈡性質：在實質上應屬於收益稅而不是純粹的財產稅。最多只能稱為形式上的財產稅，因為財產本身並無長期付稅的能力。

二、**地價稅的功能：**
　㈠地權分散：（防止土地壟斷）
　㈡地盡其利：（促進土地合理有效利用）。
　㈢加速都市建設發展。

三、**地價稅的特性：**
　㈠係按地價總額課徵，是一種從價稅。
　㈡地價稅的課徵具有普遍性。
　㈢地價稅課稅成本低，稅源穩定確實：此乃因土地的固定性及不可移動，納稅義務人無法隱匿課稅對象，故課稅成本低，其稅源確實。
　㈣地價稅政策目的重於財政目的。因地價稅採累進稅率可促使持有大量土地之土地所有人，致土地持有

成本加重,而促使其出售土地的功能以防止地權集中,而有利於土地利用。

第二節　地價稅課徵程序及其相關規定

一、**課稅範圍:**
　㈠原則―已規定地價之土地除土地稅法第二十二條規定課徵田賦者外,應課徵地價稅。(土地稅法第十四條、平均地權條例第十七條)
　㈡例外:(依土地稅法第二十二條及平均地權條例第二十二條之規定)
　　1. 非都市土地:依法編定之農業用地或未規定地價者,課徵田賦。
　　2. 都市土地:都市土地合於下列規定者課徵田賦。
　　　⑴依都市計劃編為農業區及保護區,限作農業用地使用者。
　　　⑵公共設施尚未完竣前,仍作農業用地使用者。
　　　⑶依法限制建築,仍作農業用地使用者。
　　　⑷依法不能建築,仍作農業用地使用者。

我國地價稅之納稅義務人皆有明文規定,但土地稅法中為何又有代繳之規範?試問何種情形主管稽徵機關得指定代繳?如何繳交?【89年不動產經紀人】

(5)依都市計劃編為公共設施保留地,仍作農業用地使用者。※但目前田賦已經行政院命令停徵。

二、納稅義務人:

㈠**一般納稅義務人如下:**

1. 土地所有權人。
2. 設有典權土地,為典權人。
3. 承領土地,為承領人。
4. 承墾土地為耕作權人。

前項第一款土地所有權屬於公有或公同共有者,以管理機關或管理人為納稅義務人;其為分別共有者,地價稅,以共有人各按其應有部份為納稅義務人。

㈡**土地為信託財產者,為受託人**

1. 土地為信託財產者,於信託關係存續中,以受託人為地價稅或田賦之納稅義務人。
2. 前項土地應與委託人在同一直轄市或縣(市)轄區內所有之土地合併計算地價總額,依第十六條規定稅率課徵地價稅,分別就各該土地地價占地價總額之比例,計算其應納之地價稅。但信託利益之受益人為非委託人且符合左列各款規定者,前項土地應與受益人在同一直轄市或縣(市)轄區內所有之土地合併計算地價總額:
(1)受益人已確定並享有全部信託利益者。

(2)委託人未保留變更受益人之權利者。
　(三)**代繳義務人**──（註一）
　　1. 指定使用人代繳：土地有下例情形之一者，主管稽徵機關得指定土地使用人負責代繳其使用部分之地價稅：
　　　(1)納稅義務人行蹤不明者。
　　　(2)權屬不明者。
　　　(3)無人管理者。
　　　(4)土地所有權人申請由占有人代繳。
　　2. 土地所有權人在同一直轄市，縣（市）內有兩筆以上土地，為不同之使用人所使用者，如土地所有權人之地價稅，係按累進稅率計算，各土地使用人應就所使用土地之地價比例，負代繳地價稅之義務。（土地稅法第四條第二項）

三、**地價稅之課徵基礎（稅基）：**
　地價稅按每一土地所有權人在每一直轄市或縣（市）轄區內之地價總額計徵之。前項所稱地價總額，指每一土地所有權人依法定程序，辦理規定地價或重新規定地價，經核列歸戶冊之地價總額（土地稅法第十五條）。

四、**地價稅納稅義務基準日與徵收方式：**
　各年地價稅以納稅義務基準日土地登記簿所載之所有權人或典權人為納稅義務人。（土地稅法施行細則第二十條）

五、地價稅稅率：

㈠**基本稅率**：地價稅基本稅率為千分之十。即土地所有權人之地價總額，未超過土地所在直轄市及縣（市）累進起點地價者，其地價稅，按基本稅率徵收。超過累進起點地價者，其超過部分則按累進稅率課徵。（土地稅法第十六條）。

※**累進起點地價**：

1. 意義：即開始適用累進稅率計稅之起點地價總額。
2. 計算方式：

   ①係以各該直轄市及縣（市）土地七公畝之平均地價為準。但不包括工業用地、礦業用地、農業用地，及免稅土地在內。

   ②計算公式：

   地價稅累進起點地價＝

$$\frac{直轄市或縣（市）規定地價總額－（農業用地地價＋工業用地地價＋礦業用地地價＋免稅地地價）}{直轄市或縣（市）規定地價總面積（公畝）－（農業用地面積＋工業用地面積＋礦業用地面積＋免稅面積）（公畝）} \times 7$$

㈡**累進稅率**：土地所有權人地價總額超過土地所在直轄市或縣（市）累進起點地價，依下列規定累進課徵地價稅。

1. 超過累進起點地價未達五倍者，就其超過部分課徵千分之十五。

2. 超過累進起點地價五倍至十倍者,就其超過部分課徵千分之二十五。
3. 超過累進起點地價十倍至十五倍者,就其超過部分課徵千分之三十五。
4. 超過累進起點地價十五倍至二十倍者,就其超過部分課徵千分之四十五。
5. 超過累進起點地價二十倍以上者,就其超過部分課徵千分之五十五。

現行地價稅之基本稅率是多少?自用住宅用地的優惠稅率多少?自用住宅用地指何種土地?適用優惠稅率之住宅用地之面積有何限制規定?(80土地登記代理人)(85、86土檢)

試依平均地權條例規定,說明自用住宅用地之意義及其地價稅與土地增值稅之優惠稅率。(92公)

實例題

(一)張三在台北市有土地一筆，面積100m²，申報地價為8,000元/m²假設台北市累進起點地價為900,000元，試問張三一年應繳納多少地價稅？（8,000元）

(二)張三在台北市有土地一筆，面積為200m²，其申報地價為6,000元/m²，假設台北市累進起點地價為600,000元，試問張三一年應納多少地價稅？（15,000元）

答：
(一)8,000元/m²×100m²＝800,000元（未超過累進起點地價）
800,000元×10/1,000＝8,000元
(二)6,000元/m²×200m²＝1,200,000元
(1)600,000元×10/1,000＝6,000元
(2)600,000元×15/1,000＝9,000元
(1)＋(2)＝6,000元＋9,000元＝15,000元

六、地價稅之優惠稅率：
(一)**自用住宅用地**：
- 定義：土地所有權人或其配偶、直系親屬，於該地辦竣戶籍登記，且無出租或供營業用之住宅用

地。（土地稅第九條），以其土地上之建築改良物屬土地所有權人或其配偶、直系親屬所有者為限。（土地稅法施行細則第四條）。合於下列規定之自用住宅用地，其地價稅按**千分之二計徵**：

(1)都市土地面積未超過三公畝部分。
(2)非都市土地面積未超過七公畝部分。

土地所有權人與其配偶及未成年之受扶養親屬，適用前項自用住宅用地稅率繳納地價稅者以一處為限。（土地稅法第十七條第三項）。

- **適用要件（限制）（條件）**

    (1)**戶籍限制**：土地所有權人或其配偶、直系親屬於該地辦竣戶籍登記。

    (2)**產權限制**：土地之建築改良物屬於土地所有權人或其配偶，直系親屬所有者為限。

    (3)**使用（用途）限制**：無出租或供營業用。

    (4)**處數限制**：

    ①土地所有權人在本法施行區域內申請超過一處之自用住宅用地時，依本法第十七條第三項認定一處適用自用住宅用地稅率，以土地所有權人擇定之戶籍所在地為準；土地所有權人未擇定者以申請當年之自用住宅用地地價稅額最高者為準；其稅額相同者，依土地所有權人、配偶、未成年受扶養親屬戶籍所

在地之順序適用。

②土地所有權人與其配偶或未成年受撫養親屬分別以所有土地申請自用住宅用地者，應以共同擇定之戶籍所在地為準；未擇定者，以土地所有權人與其配偶、未成年受撫養親屬申請當年度之自用住宅用地地價稅最高者為準。

③第一項後段未成年受扶養親屬戶籍所在地之適用順序，依長幼次序定之。

(5)**面積限制**：都市土地未超過三公畝、非都市土地七公畝。申請之自用住宅用地面積超過上列規定，依下列順序計算至都市土地三公畝、非都市土地七公畝為止。（平均地權條例施行細則第三十條、土地稅法施行細則第九條）

①都市土地未超過三公畝部分。

②非都市土地未超過七公畝部分。

③土地所有權人在本法施行區域內申請之自用住宅用地面積超過本法第十七條第一項規定時，應依土地所有權人擇定之適用順序計算至該規定之面積限制為止；土地所有權人未擇定者，以申請當年之自用住宅用地地價稅額由高至低之適用順序計算之；其稅額相同者，適用順序如下：

A、土地所有權人與其配偶及未成年之受扶

養親屬之戶籍所在地。
B、直系血親尊親屬之戶籍所在地。
C、直系血親卑親屬之戶籍所在地。
D、直系姻親之戶籍所在地。
E、前項第二款至第四款之適用順序，依長幼次序定之。

㈡**國民住宅用地**：國民住宅及企業或公營事業興建之勞工宿舍，自動工興建或取得土地所有權之日起，其用地之地價稅按**千分之二**計徵。（土地稅法第十七條第二項）。

㈢**事業用地**：供下列事業直接使用之土地，按**千分之十**計徵地價稅。但未按目的事業主管機關核定規範使用者，不適用之。（土地稅法第十八條）。
1. 工業用地、礦業用地。
2. 私立公園、動物園、體育場所用地。
3. 寺廟、教堂用地、政府指定之名勝古蹟用地。
4. 經主管機關核准設置之加油站及依都市計畫法規定設置之供公眾使用之停車場用地。
5. 其他經行政院核定之土地。
但在依法劃定之工業區或工業用地公告前，已在非工業區或工業用地設立工廠，經政府核准有案者，其直接供工廠使用之土地，準用前項規定。

㈣**公共設施保留地**：（土地稅法第十九條）
都市計劃公共設施保留地之地價稅率有三種情形如

下：
1. 在保留期間仍為建築使用者，如作自用住宅用地按千分之二。
2. 未作自用住宅用地使用統按**千分之六**。
3. 未作任何使用並與使用之土地隔離者，免徵地價稅。

(五)**公有土地**：（土地稅法第二十條）
1. 公有土地按基本稅率徵收地價稅。
2. 但公有土地供公共使用者，免徵地價稅。

實例題

(一)自用住宅用地面積，計算順序分析：
題目：張君於台中市擁有房地五處，各佔地一公畝，設籍情形如下：
1. 第一處位於西區，由其本人設籍
2. 第二處位於西區，由其配偶設籍
3. 第三處位於中區由其未成年受扶養之女設籍。
4. 第四處位於南區由其祖父母設籍。
5. 第五處位於北區由其已成年子設籍。
試問張君應如何申報用自用住宅用地課徵地價稅。請替張君選出那幾處按優惠稅率課徵。
（1.4.5.）

(二)某甲在台北市有土地一筆，其面積為$300m^2$，申報地價為$8000元/m^2$，假設台北市累進起點地價為

600,000元,如其符合自用住宅條件,並申請按自用住宅稅率課徵,試問其一年應繳地價稅多少?(4,800元)

㈢某甲都市土地一筆,面積500m²,其申報地價為6,000元/m²設其為都市計劃公共設施保留地,並建築使用且為自用住宅,其一年須繳納地價稅多少?(10,800元)

答:
㈡8,000元×300m²×2/1,000＝4,800元
㈢6,000元/m²×300m²(三公畝)×2/1,000＝3,600元
6,000元×200m²×6/1,000＝7,200元
3,600元＋7,200元＝10,800元

計算題

張三在花蓮市擁有一筆自用住宅用地,面積700m²,申報地價為30,000元／m²,若適用自用住宅用地稅率,請計算張三一年之地價稅為多少?(設累進起點地價為200萬元)

答:㈠自用

$$30,000元／m² \times 300m² \times \frac{2}{1000} = 18,000元$$

(二)一般

30,000元／m²×400m²＝12,000,000元

（超過累進起點地價）

$2,000,000 \times \dfrac{10}{1000}$

＋（12,000,000－2,000,000）

$\times \dfrac{15}{1000} = 170,000$元

(三)張三應納地價稅為：

(一)＋(二)＝18,000＋170,000＝188,000元

七、地價稅之加徵：（懲罰稅率）

(一)**空地**：

1. 所稱空地，指已完成道路、排水，及電力設施，於有自來水地區並已完成自來水系統，而仍未依法建築使用；或雖建築使用，而建築改良物價值不及所占基地申報地價百分之十，且經直轄市或縣（市）政府認定應予增建，改建或重建之私有及公有非公用建築用地。（土地稅法第十一條）。

2. 空地稅：係指針對可利用而逾期未利用或作低度利用的私有建築基地所課之賦稅。

3. 加徵規定：直轄市或縣（市）政府對於私有空地，得視建設發展情形，分別劃定區域，限期建築、增建、改建或重建，逾期未建築、增建、改

建或重建者按該宗土地應納地價稅基本稅額加徵二倍至五倍之空地稅或照價收買。經依前項規定限期建築、增建、改建或重建之土地，其新建之改良物價值不及所占基地申報地價百分之五十者，直轄市或縣（市）政府不予核發建築執照。（平均地權條例第二十六條）。

(二)**荒地**：

1. 所指農業用地閒置不用，經直轄市或縣（市）政府報經內政部核准通知限期使用或命其委託經營逾期仍未使用或委託經營。（平均地權條例第二十六條之一）。

2. 荒地稅：係指針對可利用，應利用，而逾期未利用，或作低度利用，違法利用之農業用地，所課徵之賦稅。

3. 加徵規定：按應納田賦加徵一倍至三倍之荒地稅。經加徵荒地稅滿三年，仍不使用，得照價收買。（平均地權條例第二十六條之一）。

八、地價稅之課徵程序：

(一)**規定地價**：（公告地價）：

1. 平均地權條例施行區域內未規定地價之土地，應即全面舉辦規定地價。但偏遠地區及未登記之土地得由省（市）政府劃定範圍，報經內政部檢定後分期辦理（平均地權條例第十三條）。

2. 規定地價後，每二年重新規定地價一次；但必要

時得延長之。重新規定地價者亦同（平均地權條例第十四條。）

(二)**申報地價**：舉辦規定地價或重新規定地價時，土地所有權人未於公告期間，申報地價者，以公告地價百分之八十為其申報地價。土地所有權人於公告期間申報地價者，其申報地價超過公告地價百分之一百二十時，以公告地價百分之一百二十為其申報地價，申報地價未滿公告地價百分之八十時，得照價收買或以公告地價百分之八十為其申報地價（平均地權條例第十六條）。

(三)**地價稅核定之依據及徵收**：地價稅由直轄市或縣（市）主管稽徵機關，按照地政機關編送之地價歸戶冊及地籍異動通知資料核定，於11月1日起一個月內一次徵收當年地價稅。（土地稅法第四十條）

(四)**申請適用特別稅率**：

1. 依土地稅法第十七條第十八條規定，得適用特別稅率之用地，土地所有權人應於每年地價稅開徵**四十日**前提出申請，逾期申請者，自申請之次年期開始適用。前已核定而用途未變更者，以後免再申請。（土地稅法第四十一條）。

2. 適用特別稅率之原因、事實消滅時，應即向主管稽徵機關申報（土地稅法第四十一條第二

項)。
3. 主管稽徵機關應於每年地價稅開徵**六十日**前,將第十七條及第十八條適用特別稅率課徵地價稅之有關規定及其申請手續公告週知(土地稅法第四十二條)。

(五)**填發稅單**:主管稽徵機關於查定納稅義務人每年應納地價稅額後,應填發地價稅稅單,分送納稅義務人或代繳義務人,並將其繳納期限、罰則、繳納方式、稅額計算方法等公告週知(土地稅法第四十三條)。

(六)**繳納稅款**:地價稅納稅義務人或代繳義務人,應於收到地價稅稅單後三十日內,向指定公庫繳納。

第三節 地價稅之罰則

一、**逾期未繳納稅款**:

依稅捐稽徵法第20條規定,逾期繳納稅捐應加徵滯納金者,每逾三日按滯納數額加徵百分之一滯納金;逾三十日仍未繳納者,移送強制執行。

二、**短匿稅額**:

納稅義務人藉變更、隱匿地目等則或於適用特別稅率、減免地價稅或田賦之原因、事實消滅時,未向主管稽徵機關申報者,依下列規定辦理:

一、逃稅或減輕稅賦者,除追補應納部分外,處短匿

稅額或賦額三倍以下之罰鍰。
二、規避繳納實物者，除追補應納部分外，處應繳田賦實物額一倍之罰鍰。

土地買賣未辦竣權利移轉登記，再行出售者，處再行出售移轉現值百分之二之罰鍰。

第一項應追捕之稅額或賦額、隨賦徵購實物及罰鍰，納稅義務人應於通知繳納之日起一個月內繳納之；屆期不繳納者，移送強制執行。

註 釋

註一：

(一)繼承土地，在未辦妥繼承登記前，可向繼承人為納稅義務人，課徵地價稅。因依民法七五九條規定，繼承而取得物權者，無須登記，即發生取得效力，從而繼承人因繼承而取得之財產，雖未登記，亦應就該財產履行納稅義務。又繼承人有數人時，在分割遺產前，各繼承人對於遺產全部為公同共有，可向其管理人發單課徵地價稅。（財政部66.10.4台財稅第三六七四〇號函）

(二)經法院拍賣或判決確定取得所有權之土地，依法自領得執行法院所發權利移轉證書之日起或法院判決確定書之日起，取得該土地之所有權，應負繳納地價稅之義務。取得權利之日在當期納稅基準日之前，當期（即全年）地價稅可向拍定人或

判決確定取得所有權人課徵。（財政部台財稅第三三五八八號函）

註二：民國八十二年七月三十日公布刪除土地稅法第五十六條條文。

第四節　地價稅稅率計算

一、稅基：

㈠**累進起點地價**：即開始適用累進稅率計稅之起點地價總額。

㈡**累進起點地價計算公式**：

1.係以各該直轄市及縣（市）土地七公畝之平均地價為準。但不包括工業用地、礦業用地、農業用地、免稅土地在內。

2.計算公式：

地價稅累進起點地價＝直轄市或縣（市）規定地價總額－（工業用地地價＋礦業用地地價＋農業用地地價＋免稅土地等）÷直轄市或縣（市）規定地價總面積（公畝）－（工業用地面積＋礦業用地面積＋農業用地面積＋免稅土地地價面積（公畝））×7

$$地價稅累進起點地價 = \frac{直轄市或縣（市）規定地價總額－（工業用地地價＋礦業用地地價＋農業用地地價＋免稅土地等）}{直轄市或縣（市）規定地價總面積（公畝）－（工業用地面積＋礦業用地面積＋農業用地面積＋免稅地面積（公畝））} \times 7$$

二、應課徵稅額計算＝申報地價×持有面積×稅率

三、稅率：
㈠自用住宅用地稅率：千分之二
1. 面積限制：（平方公尺換算為坪＝平方公尺×0.3025）
   ⑴都市土地面積未超過三公畝部份。（300平方公尺；90.75坪）
   ⑵非都市土地面積未超過七公畝部份。（700平方公尺；211.75坪）
2. 面積超過上列部份依一般稅率計徵。

㈡一般稅率：

自用住宅：	
優惠稅率條件限制	稅率
都市土地未超過三公畝部分。 非都市土地未超過七公畝部分。 超過前項面積限制之部分依一般稅率計徵。	2/1000
一般稅率採累進稅率：	

級別	超過累進起點地價倍數	稅率
1	未超過累進起點地價（基本稅率）	10/1000
2	超過累進起點地價未達5倍就超過部分課徵	15/1000
3	超過累進起點地價5倍未達10倍就超過部分課徵	25/1000
4	超過累進起點地價10倍未達15倍就超過部分課徵	35/1000
5	超過累進起點地價15倍未達20倍就超過部分課徵	45/1000
6	超過累進起點地價20倍以上就超過部分課徵	55/1000

地價稅作業

張三在某市有土地2筆，甲地50平方公尺，每平方公尺1,000元，乙地110平方公尺，每平方公尺20,000元，假設該市累進起點地價為100,000元，又乙地按自用住宅用地稅率計課，請問張三每年應納地價稅若干？

（一般500元＋自用4,400元＝4,900元）

【註】自用住宅用地優惠稅率不累進，故單獨計算，不必與其他土地合併地價計算稅額；亦不適用累進稅率。

習題

一、試述地價稅之納稅義務人及代繳義務人。
二、何謂累進地點地價？現行規定之計算公式為何？
三、試述地價稅一般稅率之結構。
四、何謂自用住宅用地？其地價稅稅率之優惠規定為何？
五、何謂空地？現行法律對私有空地徵收空地稅有何規定。
六、那些土地按千分之十課徵地價稅，不予累進課徵？
七、試述都市計劃公共設施保留地，適用之地價稅稅率。
八、土地為信託財產者，納稅義務人為何？其合併計算地價總額之規定為何？
九、適用自用住宅用地之優惠稅，有何條件限制？
十、請依平均地權條例規定，說明地價稅之累進起點地價及課徵之一般稅率結構。
十一、請依土地稅法之規定，詳細說明地價稅之納稅義務人，又那些代繳義務人代繳之地價稅，得向納稅義務人求償。

第三章 土地增值稅

第一節 土地增值稅之意義及特性

一、**意義及其性質**：
　㈠意義：對於土地價值，非因投施勞力資本而增加的部分所課的賦稅（註一）。
　㈡性質：屬於資本收益稅。亦即對已規定地價之土地於移轉時所發生之增益所課徵之資本增益稅。

二、**土地增值稅的特性**：土地增值稅是對土地自然增值課稅，藉此遏阻土地投機，達成漲價歸公理想（即地利共享）。其特性如下：
　㈠徵收自然增值，促進地利共享。
　㈡針對地主，不勞而獲課稅，符合稅負公平原則。
　㈢無法逃漏，符合稅收確實原則。
　㈣課徵成本低。
　㈤土地增值稅仍有部分轉嫁。

第二節 土地增值稅課徵程序及其相關規定

一、**課稅範圍**
　㈠移轉：

已規定地價之土地，於土地所有權移轉時，應按其**土地漲價總數額**徵收土地增值稅，但有下列三種情形，免徵土地增值稅：（土地稅法第二十八條）（註二）

1. 因繼承而移轉之土地。
2. 各級政府出售或依法贈與之公有土地。
3. 受贈之私有土地。

(二)**設定典權**：（土地稅法第二十九條）

已規定地價之土地，設定典權時，**出典人**應依土地稅法規定**預繳**土地增值稅。但**出典人**回贖時，原繳之土地增值稅，應無息退還。

(三)**土地交換**：應分別向原土地所有權人徵收土地增值稅（土地稅法施行細則第四十二條第一項）

(四)**土地分割**：（土地稅法施行細則第四十二條第二、三項）

1. 分別共有之土地分割後，各人所取得之土地價值與其分割前應有部分價值相等者免徵土地增值稅，其價值減少者，就其減少部分課徵土地增值稅。
2. 公同共有土地分割，其土地增值稅之課徵，準用前項之規定。

(五)**土地合併**：（土地稅法施行細則第四十二條第四項）

土地合併後，各共有人應有部分價值與其合併前之

土地價值相等者，免徵土地增值稅。其價值減少者，就其減少之部分課徵土地增值稅。

前項(四)、(五)情形，其土地價值之計算，以共有土地分割或土地合併時之公告土地現值為準（土地稅法施行細則第四十二條第五項）。

二、**土地增值稅之納稅義務人**：

(一)**有償移轉**：以原土地所有權人為納稅義務人（平均地權條例第三十七條），納稅義務人未於規定期限內繳納者，得由取得所有權之人**代為繳納**，由權利人單獨申報土地移轉現值者，應由權利人**代為繳納**。（土地稅法第五條之一）（註三）

所謂有償移轉，指買賣、交換、政府照價收買或徵收等方式之移轉。

(二)**無償移轉**：以取得所有權人為納稅義務人（平均地權條例第三十七條）（土地稅條例第五條）

所謂無償移轉：指遺贈、贈與等方式之移轉。

(三)**設定典權**：以出典人為納稅義務人（土地稅法第五條）。

三、**以土地為信託財產之納稅義務人**

受託人就受託土地，於信託關係存續中，有償移轉所有權、設定典權或依信託法第三十五條第一項規定轉為其自有土地時，以**受託人**為納稅義務人，課徵土地增值稅。

以土地為信託財產，受託人依信託本旨移轉信託土地

與委託人以外之**歸屬權利人**時，以該歸屬權利人為納稅義務人，課徵土地增值稅。

四、土地增值稅之課稅基礎（稅基）──土地漲價總數額：

(一)土地增值稅之徵收，應依照土地漲價總數額計算，於土地所有權移轉或設定典權時行之。但因繼承，而移轉者，不徵土地增值稅。前項土地漲價總數額，應減去土地所有權人為改良土地已支付全部費用（平均地權條例第三十六條）。

(二)土地所有權移轉，其移轉現值超過原規定地價或前次移轉時申報之現值，應就其超過總數額依第三十六條第二項之規定扣減後，徵收土地增值稅。

1. 前項所稱原**規定地價**，係指中華民國五十三年規定之地價，其在中華民國五十三年以前已依土地法規定辦理規定地價及在中華民國五十三年以後舉辦規定地價之土地，均以其第一次規定之地價為原規定地價。

2. 所稱前次移轉時申報之現值，於因繼承取得之土地再行移轉者，係指繼承開始時該土地之公告土地現值（平均地權條例第三十八條）。

(三)規定地價或前次移轉時申報之現值，應按政府公告之物價指數調整後，再計算其土地漲價總數額（平均地權條例第三十九條及土地稅法第三十二條）。

（註四）

五、稅額計算
 ㈠**計算土地漲價總數額公式：**

  土地漲價總數額＝申報土地移轉現值－原規定地價或前次移轉時所申報之土地移轉現值×（臺灣地區消費者物價總指數÷100）－（改良土地費用＋工程受益費＋土地重劃負擔總費用＋因土地使用變更而無償捐贈作為公共設施用地其捐贈土地之公告現值總額）所稱改良土地，指下列各款而言：

  1. 建築基地改良：包括整平或填挖基地、水土保持、埋設管道、修築駁崁、開挖水溝、舖築道路等。
  2. 農地改良：包括耕地整理、水土保持、土壤改良及修築農路、灌溉、排水、防風、防沙、堤防等設施。
  3. 其他用地開發所為土地改良。

 ㈡**移轉現值之認定：**
  1. 土地所有權移轉或設定典權，其申報現值之審核標準，依下列規定：
   ⑴申報人於訂定契約之日起三十日內申報者，以**訂約日**當期之公告土地現值為準。
   ⑵申報逾訂定契約之日起三十日始申報者，以受理申報機關**收件日**當期之公告土地現值為準。
   ⑶遺贈之土地，以遺贈人**死亡日**當期之公告土

地現值為準。
(4) 依法院判決移轉登記者，以申報人向**法院起訴日**當期之公告土地現值為準。
(5) 經法院或法務部行政執行署所屬行政執行分署拍賣之土地，以**拍定日**當期之公告土地現值為準。但拍定價額低於公告土地現值者，以拍定價額為準；拍定價額如已先將設定抵押金額及其他債務予以扣除者，應以併同計算之金額為準。
(6) 經政府核定照價收買或協議購買之土地，以政府**收買日**或**購買日**當期之公告土地現值為準。但政府給付之地價低於收買日或購買日當期之公告土地現值者，以政府給付之地價為準。

前項第一款至第四款申報人申報之移轉現值，經審核低於公告土地現值者，得由主管機關照其自行申報之移轉現值收買或照公告土地現值徵收土地增值稅。前項第一款至第三款之申報移轉現值，經審核超過公告土地現值者，應以其自行申報之移轉現值為準，徵收土地增值稅。

於中華民國八十六年一月十七日起至八十六年十月三十日期間經法院判決移轉、法院拍賣、政府核定照價收買或協議購買之案件，於期間屆至尚未核課或尚未核課確定者，其申報移轉現值之審

核標準適用第一項第四款至第六款及前項規定。
2. 依法免徵土地增值稅之土地，主管稽徵機關應依下列規定核定其移轉現值並發給**免稅證明**，以憑辦理土地所有權移轉登記：
　⑴依第二十八條規定免徵土地增值稅之公有土地，以實際出售價額為準；各級政府贈與或受贈之土地，以贈與契約訂約日當期之公告土地現值為準。
　⑵依第二十八條之一規定，免徵土地增值稅之私有土地，以贈與契約訂約日當期之公告土地現值為準。
　⑶依第三十九條之一第三項規定，免徵土地增值稅之抵價地，以區段徵收時實際領回抵價地之地價為準。

六、稅率結構：

試依現行土地稅法之規定，說明土地增值稅之納稅義務人，及其稅率結構中「一般稅率」之內容。【88年不動產經紀人】

土地稅法補充資料

第三十一條▲（申報移轉現值審核標準）

㈠土地漲價總數額之計算，應自該土地所有權移轉或設定典權時，經核定之申報移轉現值中減除下列各款後之餘額，為漲價總數額：

一、規定地價後，未經過移轉之土地，其原規定地價。規定地價後，曾經移轉之土地，其前次移轉現值。

二、土地所有權人為改良土地已支付之全部費用，包括已繳納之工程受益費、土地重劃費用及因土地使用變更而無償捐贈一定比率土地作為公共設施用地者，其捐贈時捐贈土地之公告現值總額。

㈡前項第一款所稱之原規定地價，依平均地權條例之規定；所稱前次移轉時核計土地增值稅之現值，於因繼承取得之土地再行移轉者，係指繼承開始時該土地之公告現值。但繼承前依第三十條之一第三款規定領回區段徵收抵價地之地價，高於繼承開始時該土地之公告現值者，應從高認定。

㈢土地所有權人辦理土地移轉繳納土地增值稅時，在其持有土地期間內，因重新規定地價增繳之地價稅，就其移轉土地部分，准予抵繳其應納之增值稅。但准予抵繳之總額，以不超過土地移轉時應繳增值稅總額百

分之五為限。

(四)前項增繳之地價稅抵繳辦法,由行政院定之。

第三十一條之一▲(課徵土地增值稅)

以自有土地交付信託,且信託契約明定受益人為委託人並享有全部信託利益,受益人於信託關係存續中死亡者,該土地有第一項應課徵土地增值稅之情形時,其原地價指受益人死亡日當期之公告土地現值。但委託人藉信託契約,不當為他人或自己規避或減少納稅義務者,不適用之。

第一項土地,於計課土地增值稅時,委託人或受託人於信託前或信託關係存續中,有支付第三十一條第一項第二款改良土地之改良費用或同條第三項增繳之地價稅者,準用該條之減除或抵繳規定;第二項及第三項土地,遺囑人或受益人死亡後,受託人有支付前開費用及地價稅者,亦準用之。

本法中華民國一百零四年七月一日修正施行時,尚未核課或尚未核課確定案件,適用前二項規定。

在那些情況下之土地移轉免徵土地增值稅?試依土地稅法之規定說明之。【91年土地登記代理人】

土地增值稅之納稅義務人為何?又土地分割與土地合併後課徵土地增值稅之規定為何?請分別說明之。【94年地政士】

• 一般稅率	20%	30%	40%
• 超過20年，未超過30年	20%	28%	36%
• 超過30年，未超過40年	20%	27%	34%
• 超過40年	20%	26%	32%

(一)**一般稅率**：
　　1. 土地增值稅之稅率，依下列之規定：
　　　(1)土地漲價總數額，超過原規定地價或前次移轉時核計土地增值稅之現值數額未達百分之一百者，就其漲價總數額，徵收增值稅百分之二十。
　　　(2)土地漲價總數額，超過原規定地價或前次移轉時核計土地增值稅之現值數額在百分之一百以上未達百分之二百者，除按前款規定辦理外，其超過部分，徵收增值稅百分之三十。
　　　(3)土地漲價總數額，超過原規定地價或前次移轉時核計土地增值稅之現值數額百分之二百以上者，除按前二款規定分別辦理外，其超過部分徵收增值稅百分之四十。
　　2. 因修正前項稅率造成直轄市政府及縣（市）政府稅收之實質損失，於財政收支劃分法修正擴大中央統籌分配稅款規模之規定施行前，由中央政府補足之，並不受預算法第二十三條有關公債收入不得充經常支出之用之限制。

3. 前項實質損失之計算，由中央主管機關與直轄市政府及縣（市）政府協商之。公告土地現值應調整至一般正常交易價格。
4. 全國平均之公告土地現值調整達一般正常交易價格百分之九十以上時，第一項稅率應檢討修正。
5. 持有土地年限超過二十年以上者，就其土地增值稅超過第一項最低稅率部分減徵百分之二十。
6. 持有土地年限超過三十年以上者，就其土地增值稅超過第一項最低稅率部分減徵百分之三十。
7. 持有土地年限超過四十年以上者，就其土地增值稅超過第一項最低稅率部分減徵百分之四十。

(二)**自用住宅優惠稅率**：為百分之十

依土地稅法第三十四條（平均地權條例第四十一條）規定，土地所有權人，出售其自用住宅者，都市土地面積未超過三公畝部分或非都市土地面積未超過七公畝部分，其土地增值稅就該部分之土地漲價總數額按百分之十徵收，超過三公畝或七公畝者，其超過部分之土地漲價總數額，依前條規定之稅率徵收之（註五）。

●土地稅法第三十四條

(一)土地所有權人出售其自用住宅用地者，都市土地面積未超過三公畝部分或非都市土地面積未超過七公畝部分，其土地增值稅統就該部分之土地漲價總數額按百

分之十徵收之；超過三公畝或七公畝者，其超過部分之土地漲價總數額，依前條規定之稅率徵收之。

(二)前項土地於出售前一年內，曾供營業使用或出租者，不適用前項規定。

(三)第一項規定於自用住宅之評定現值不及所占基地公告土地現值百分之十者，不適用之。但自用住宅建築工程完成滿一年以上者不在此限。

(四)土地所有權人，依第一項規定稅率繳納土地增值稅者，以一次為限。

(五)土地所有權人適用前項規定後，再出售其自用住宅用地，符合下列各款規定者，不受前項一次之限制：

1. 出售都市土地面積未超過一‧五公畝部分或非都市土地面積未超過三‧五公畝部分。

2. 出售時土地所有權人與其配偶及未成年子女，無該自用住宅以外之房屋。

3. 出售前持有該土地六年以上。

4. 土地所有權人或其配偶、未成年子女於土地出售前，在該地設有戶籍且持有該自用住宅連續滿六年。

5. 出售前五年內，無供營業使用或出租。

(六)因增訂前項規定造成直轄市政府及縣（市）政府稅收之實質損失，對財政收支劃分法修正擴大中央統籌分配稅款規模之規定施行前，由中央政府補足之，並不受預算法第二十三條有關公債收入不得充

經常支出之用之限制。
(七)前項實質損失之計算,由中央主管機關與直轄市政府及縣(市)政府商之。

△**土地增值稅之優惠稅率要件:**

(一)**戶籍限制**(設籍限制):土地所有權人或其配偶、直系親屬於該地辦竣戶籍登記。

(二)**產權限制**:土地之建築改良物屬於土地所有權人或其配偶、直系親屬所有者為限。所謂直系親屬,包括直系血親尊親屬、直系血親卑親屬、直系姻親尊親屬、直系姻親卑親屬在內。

(三)**使用(用途)限制**:土地出售前滿一年內,未曾供營業或出租。

(四)**面積限制**:都市土地面積未超過三公畝或非都市土地面積,未超過七公畝、申報之自用住宅用地面積,超過上開規定,依下列順序計算至三公畝或七公畝為止(其超過三公畝或七公畝之土地漲價總數額,依一般稅率徵收之)。

土地稅法施行細則第四十四條——
土地所有權人申報出售在本法施行區域內之自用住宅用地,面積超過本法第三十四條第一項或第五項第一款規定時,應依土地所有權人擇定之適用順序計算至該規定之面積限制為止;土地所有權人未擇定者,應以各筆土地依本法第三十三條規定計算之土地增值稅額,由高至低之適用順序

計算之。

(五)**次數限制**：依自用住宅優惠稅率繳納土地增值稅以一次為限，一人一生僅能享用一次。土地所有權人適用前項規定後，再出售其自用住宅用地，符合下列各款規定者，不受前項一次之限制：

1. 出售都市土地面積未超過一・五公畝部分或非都市土地面積未超過三・五公畝部分。
2. 出售時土地所有權人與其配偶及未成年子女，無該自用住宅以外之房屋。
3. 出售前持有該土地六年以上。
4. 土地所有權人或其配偶、未成年子女於土地出售前，在該地設有戶籍且持有該自用住宅連續滿六年。
5. 出售前五年內，無供營業使用或出租。

(六)**現值限制**：自用住宅之評定現值不及所占基地公告現值百分之十者，不適用。但自用住宅建築工程完工滿一年者，不在此限。（土地稅法第三十四條第三項）

實例題

一、某甲有土地一筆,面積50m^2,前次移轉現值100元/m^2,本次移轉現值為360元/m^2,物價指數150/100試問應繳納土地增值稅多少?(**2,400元**)

二、某甲在台北市有土地一筆,面積500m^2,其前次移轉現值為200元/m^2,本次移轉現值為900元/m^2,物價指數200/100,試問某甲如申請按自用住宅用地課稅應納土地增值稅多少?(**37,000元**)

答:

㈠100元×150/100(物價指數)=150元
　360元－150元/150元=1.4倍
　(150元×20%)+(60元×30%)×50m^2=2400元

㈡200元×200/100=400元
　900元－400元/400元=500元/400元=1.25倍
　(400元×20%)+(100元×30%)=110元
　⑴110元×200m^2=22,000元
　⑵500元×300m^2(三公畝)×10/100=15,000元
　⑴+⑵=22,000元+15,000元=37000元

計算題

三、土地增值稅

張三在台北市有一筆土地1500m²,民國80年經台北市政府市地重劃後,分配住宅用地800m²,於85年出售於王五,若適用一般用地課徵土地增值稅,應繳納多少土地增值稅?

相關資料:①原地價4000元/m² ②土地重劃負擔費用400萬元 ③當期公告土地現值90,000元/m²,物價指數250

答:$90,000/m^2 - (4,000/m^2 \times \frac{250}{100}) = 80,000/m^2$
重劃費負擔費用每m²:400萬元÷800m²=5,000元/m²
$80,000/m^2 - 5,000/m^2 = 75,000/m^2$
$75,000元/m^2 \div (4,000元/m^2 \times \frac{250}{100}) = 2$倍以上
$(10,000 \times 20\%) + (10,000 \times 30\%) + (55,000 \times 40\%)$
=27,000元/m²
27,000元/m²×800m²=2,160萬元
重劃土地第一次移轉可減徵土地增值稅40%
應繳土地增值稅為:2,160萬元×(1-40%)=1,296萬元

△**自用住宅用地適用土地增值稅優惠稅率申請程序:**
㈠由土地所有權人申請:應於土地現值申報書註明自用住宅字樣,並檢附建築改良物證明文件,其未註

明者，得於繳納期限屆前滿，向當地稽徵機關補行申請，逾期不得申請依自用住宅用地稅率課徵土地增值稅。（土地稅法第三十四條之一第一項）。

(二)稽徵機關主動通知：土地所有權移轉，依規定由權利人單獨申報土地移轉現值或無須申報土地移轉現值之案件，稽徵機關應主動通知土地所有權人，其合於自用住宅用地要件者，應於收到通知之次日起三十日內提出申請，逾期申請者，不得適用自用住宅用地稅率課徵土地增值稅（土地稅法第三十四條之一第二項）。

七、土地增值稅之減免規定：

(一)**土地增值稅之免徵情形如下：**

1. **繼承之土地**：依平均地權條例第三十六條規定，因繼承而移轉之土地，免徵土地增值稅。但前項土地再行移轉，以繼承開始時該土地之公告現值為準（土地稅法第三十一條第二項後半段）。

2. **公有土地及政府受捐贈之私有土地**：依土地稅法第二十八條及平均地權條例第三十五條規定，政府出售或依法贈與之公有土地及接受捐贈之私有土地，免徵土地增值稅。

3. **私人捐贈供興辦社會福利事業或依法設立私立學校使用之土地免徵之**。但以符合下列各款規定者為限：

   (1)受贈人為財團法人。

⑵法人章程載明法人解散時,其賸餘財產歸屬當地地方政府所有。
⑶捐贈人未以任何方式取得所捐贈土地之利益(土地稅法第二十八條之一及平均地權條例第三十五條之一)。

4. 被徵收土地:
⑴一般徵收之土地:(土地稅法第三十九條與平均地權條例第四十二條)
①被徵收之土地,免徵其土地增值稅。
②依法得徵收之私有土地,土地所有權人自願售與需用土地人者,準用之。
⑵區段徵收之土地:(土地稅法第三十九條之一與平均地權條例第四十二條之一)
①以現金補償地價者,免徵土地增值稅。
②依平均地權條例第五十四條第三項規定,因領回抵價地不足最小建築單位面積而領取現金補償者,亦免徵土地增值稅。
③依平均地權條例第五十四條第一項、第二項規定以抵價地補償其地價者,免徵土地增值稅。

5. 配偶贈與土地不課徵:
⑴配偶相互贈與之土地,得申請不課徵土地增值稅。但於再移轉依法應課徵土地增值稅時,以該土地第一次不課徵土地增值稅前之原規定地

價或最近一次課徵土地增值稅時核定之申報移轉現值為原地價,計算漲價總數額,課徵土地增值稅。(土地稅法第28條之2)

(2)前項受贈土地,於再移轉計課土地增值稅時,贈與人或受贈人於其具有土地所有權之期間內,有支付第三十一條第一項第二款改良土地之改良費用或同條第三項增繳之地價稅者,準用該條之減除或抵繳規定;其為經重劃之土地,準用第三十九條之一第一項之減徵規定。該項再移轉土地,於申請適用第三十四條規定稅率課徵土地增值稅時,其出售前一年內未曾供營業使用或出租之期間,應合併計算。

6.土地為信託財產之不課徵土地增值稅(不課徵土地增值稅之情形)

土地為信託財產者,於下列各款信託關係人間移轉所有權,不課徵土地增值稅:

(1)因信託行為成立,委託人與受託人間。

(2)信託關係存續中受託人變更時,原受託人與新受託人間。

(3)信託契約明定信託財產之受益人為委託人者,信託關係消滅時,受託人與受益人間。

(4)因遺囑成立之信託,於信託關係消滅時,受託人與受益人間。

(5)因信託行為不成立、無效、解除或撤銷,委託

人與受託人間。

7.農業用地得申請不課徵土地增值稅

(1)作農業使用之農業用地，移轉與自然人時，得申請不課徵土地增值稅。

(2)前項不課徵土地增值稅之土地承受人於其具有土地所有權之期間內，曾經有關機關查獲該土地未作農業使用且未在有關機關所令期限內恢復作農業使用，或雖在有關機關所令期限內已恢復作農業使用而再有未作農業使用情事時，於再移轉時應課徵土地增值稅。

(3)前項所定土地承受人有未作農業使用之情事，於配偶間相互贈與之情形，應合併計算。

(4)作農業使用之農業用地，於本法中華民國八十九年一月六日修正施行後第一次移轉，或依第一項規定取得不課徵土地增值稅之土地後再移轉，依法應課徵土地增值稅時，以該修正施行日當期之公告土地現值為原地價，計算漲價總數額，課徵土地增值稅。

(5)本法中華民國八十九年一月六日修正施行後，曾經課徵土地增值稅之農業用地再移轉，依法應課徵土地增值稅時，以該土地最近一次課徵土地增值稅時核定之申報移轉現值為原地價，計算漲價總數額，課徵土地增值稅，不適用前項規定。

●申請不課徵土地增值稅之程序（三十九條之三）

依前條第一項規定申請不課徵土地增值稅者，應由權利人及義務人於申報土地移轉現值時，於土地現值申報書註明農業用地字樣提出申請；其未註明者，得於土地增值稅繳納期間屆滿前補行申請，逾期不得申請不課徵土地增值稅。但依規定得由權利人單獨申報土地移轉現值者，該權利人得單獨提出申請。

農業用地移轉，其屬無須申報土地移轉現值者，主管稽徵機關應通知權利人及義務人，其屬權利人單獨申報土地移轉現值者，應通知義務人，如合於前條第一項規定不課徵土地增值稅之要件者，權利人或義務人應於收到通知之次日起三十日內提出申請，逾期不得申請不課徵土地增值稅。

㈡**土地增值稅之減徵情形如下：**

1. 重劃之土地：經重劃之土地，於重劃後第一次移轉時，其土地增值稅減徵百分之四十（土地稅法第三十九條之一第一項與平均地權條例第四十二條）。

2. 領回抵價地後第一次移轉時，應以原土地所有權人實際領回抵價地為原地價，計算漲價總數額，課徵土地增值稅，並減徵百分之四十。（土地稅

法第三十九條之一（但書）平均地權條例第四十二條之一（但書））

八、售舊地購新地之退稅：

(一)土地所有權人於出售土地後，自完成移轉登記或領取補償地價之日起，二年內重購土地合於下列規定之一，其新購土地地價超過原出售土地地價或補償地價，扣除繳納土地增值稅之餘額者，得向稽徵機關申請就其已納土地增值稅額內，退還其不足支付新購土地地價之數額。

1. 自用住宅用地出售或被徵收後，另行購買未超過三公畝之都市土地或未超過七公畝之非都市土地，仍作自用住宅用地者。
2. 自營工廠用地出售或被徵收後，另於其他都市計畫工業區或政府編定之工業用地內購地建廠者。自營工廠用地，係指依工廠設立登記規則登記之工廠所自有，且全部供自用者而言。
3. 自耕之農業用地出售或被徵收後，另行購買仍供自耕之農業用地者。

前項規定於土地所有權人先購買土地後，自完成移轉登記之日起二年內，始行出售土地或土地始被徵收者，準用之。（土地稅法第三十五條）

※若土地所有權人因重購土地退還土地增值稅者，其重購之土地，自完成移轉登記之日起，五年內再行移轉時，除就該次移轉之漲價總數額課徵土地增值

稅外,並應**追繳**原退還稅款;重購之土地,改作其他用途者亦同。(土地稅法第三十七條)

九、出典回贖之土地增值稅退稅:

已規定地價之土地,設定典權時,出典人應依土地稅法規定預繳土地增值稅。但出典人回贖,原繳之土地增值稅應無息退還。(土地稅法第二十九條)。

※立法理由:因土地所有權實際上並未發生移轉,且出典人將來有回贖權之規定,同時在出典人於土地上設定典權時,因已取得典價,可為使用收益之用途,故規定原繳土地增值稅應無息退還。

十、重購土地退稅要件:(依土地稅法第三十五條,平均地權條例第四十四條規定如下)

1. **要件(限制):**
   (1)時間限制:需土地所有權人於出售土地後,自完成移轉登記之日起二年內重購土地,或先購買土地後,自完成移轉登記之日二年內,始行出售土地。
   (2)性質限制:需自用住宅用地,自營工廠用地,自耕農業用地出售後,重購土地之使用性質相同者。
   (3)使用限制:需出售自用住宅用地前一年內,未曾供出租或營業使用。
   (4)面積限制:自用住宅購買未超過三公畝之都市土地或未超過七公畝之非都市土地。

(5)超價限制：需新購土地地價，超過原出售土地地價扣除繳納土地增值稅後之餘額。

(6)移轉限制：重購土地自完成移轉登記之日起，五年內再行移轉時，或改作其他用途時，除就該次移轉之漲價總數額課徵土地增值稅外，並應追還稅款。

2. **立法理由**：在工業社會中因職業調動，子女就學等原因，而遷居經常之事，為使納稅義務人不致因出售原有住宅用地課徵土地增值稅之緣故，而無法有足夠資金購買新住宅用地，同時為配合工業發展政策促進自耕農之發展特設此規定。

故其本質應屬於行政法上「福利行政」性質。

●**適法錯誤退稅**：納稅義務人對於因適用法令、認定事實、計算或其他原因之錯誤，致溢繳稅款者，納稅義務人得自繳納之日起十年內提出具體證明，申請退還；屆期未申請者，不得再行申請。（稅捐稽徵法第二十八條）。

十一、土地增值稅之抵繳：

㈠依土地稅法第三十一條及平均地權條例第三十六條規定，土地所有權人辦理土地移轉繳納土地增值稅時，在其持有土地期間內，因重新規定地價增繳之地價稅，就其移轉土地部分，准予抵繳其應納土地增值稅。但准予抵繳之總額，以不超過移轉時，應繳增值稅總額百分之五為限。

(二)土地所有權人在持有土地期間,經重新規定地價者,其增繳之地價稅,自重新規定地價起(按新地價核計之稅額)每繳納一年地價稅抵繳該筆土地應繳納土地增值稅總額百分之一(繳納半年者,抵繳百分之〇・五),但以不超過應繳增值稅總額百分之五為限。如申請按實際增繳稅額抵繳其應納土地增值稅者,應檢附地價稅繳納收據,送該管稽徵機關按實抵繳。

土地增值稅可申請退稅之情形及理由為何?試依規定分別申述之。(89特三)

依平均地權條例之規定,土地增值稅有那些減稅及退稅規定?(82特軍)

第三節　土地增值稅之課徵程序

一、**公告現值**：直轄市或縣(市)政府對轄區內之土地,應經常調查其地價動態,繪製地價區段圖,估計區段地價後,提經地價評議委員會評定,據以編製土地現值表於每年一月一日公告,作為土地移轉及設定典權時申報土地移轉現值之參考,並作為主

管機關審核土地移轉現值及補償徵收地地價之依據（平均地權條例第四十六條）。

二、**申報現值：**申報土地所有權移轉或設定典權時，權利人及義務人應於訂定契約之日起三十日內，檢同契約及有關文件，共同申請土地所有權移轉或設定典權登記，並共同申報其土地移轉現值。但依規定得由權利人單獨申請登記，權利人得單獨申報其移轉現值。

三、**填發稅單：**主管稽徵機關應於申報土地移轉現值收件之日起七日內，核定應納土地增值稅並填發稅單，送達納稅義務人。但申請按自用住宅用地稅率課徵土地增值稅之案件，其期間得延長為二十日。

四、**繳納稅款：**土地增值稅納稅義務人收到土地增值稅繳納通知書後，應於三十日內向公庫繳納。

五、**土地登記：**
(一)權利人及義務人應於繳納土地增值稅後，共同向主管地政機關申請土地所有權移轉或設定典權登記。
(二)欠繳土地稅之土地，在欠稅未繳清前不得辦理移轉登記或設定典權。（土地稅法第五十一條第一項）

第四節　土地增值稅之罰則

一、**逾期未繳納土地稅如何處罰？土地買賣未辦竣登記再行移轉登記應如何處罰？逾期未繳納土地增值稅之處**

罰如下：

㈠**逾期未繳納土地增值之處罰如下：**

納稅義務人或代繳義務人未於稅單所載限繳日期內繳清應納稅款者，應加徵滯納金。經核准以票據繳納稅款者，以票據兌現日為繳納日。(土地稅法第53條)

㈡**土地買賣未辦竣登記再行移轉登記之處罰如下：**

1. 土地買賣未辦竣權利移轉登記，再行出售者，處再行出售移轉現值百分之二之罰鍰（土地稅法五十四條第二項）。

2. 土地買賣未辦竣權利移轉登記，承買人再行出售該土地者，處應納登記費二十倍以下之罰鍰。（平均地權條例第八十一條）

二、**規避應納稅**

㈠依土地稅法規定受贈土地之財團法人，有下列情形之一者，除追補應納之土地增值稅外，並處應納土地增值稅額二倍之罰鍰。

1. 未按捐贈目的使用土地者。
2. 違反各該事業設立宗旨者。
3. 土地收益未全部用於各該事業者。
4. 經稽徵機關查獲或經人舉發查明捐贈人有以任何方式取得捐贈土地之利益者。

三、**壟斷投機土地者。**

以經營土地買賣、違背土地法律，從事土地壟斷、投

機者,處三年以下有期徒刑,並得併課7000元以下罰金。

註釋

註一:我國憲法規定:「土地價值非因施以勞力資本而增加者,應由國家徵收土地增值稅,歸人民共享。」。因此,稅法遂依據憲法之函義將屬於所得稅性質之土地增值稅,列為一個獨立稅目,使該稅與所得稅得以分離課稅。並進而實現國父平均地權理論「漲價歸公」之理想亦即地利共享之目的。

註二:土地增值稅之免徵限額調整為台幣一百元(行政院七十七年財字第二三九一二號函)。

註三:已納之土地增值稅,倘發生退還情事,原則上應以繳款通知書上所載納稅義務人為退還對象,惟如該應退稅款係由權利人向稽徵機關申請代繳有案,或權利人能提示證明該項應退稅款確係由權利人代為繳納,並經稽徵機關查明屬實者,應准由代繳人辦理切結手續後,退還代繳人。(財政部76.6.12(74)台財稅第一七四五一號)

註四:財政部69.4.17台財稅第三三一三號函一(六)補充規定,土地法第三十二條遇一般物價有變動時,應按政府發布之物價指數調整原規定地價及前次移轉時核計土地增值稅之現值後再計算漲價總數額,其須考慮物價指數因素,目的在確切計算漲價總數額,以免按表面上

漲價數額計課土地增值稅，如因季節性之波動，發生物價指數降低時，此一降低因素不能用以作為調整之因素，而使土地漲價數額超過其實際之漲價總數額，基於上述理由，遇物價指數降低時，原地價或前次移轉時核計土地增值稅之現值應不予調整。

註五：

(一)配偶及三等親屬間土地買賣因未能提出支付價款證明，經課徵贈與稅者，如符合土地稅法規定，准適用自用住宅稅率課徵土地增值稅。（財政部72.9.18台財稅第三六三七八號函）

(二)同一土地所有權人持有多處自用住宅用地同時出售，如其合計面積不超過土地稅法之規定者，可視為一次出售按自用住宅用地稅率計課土地增值稅。此所稱「同時出售」，除訂定契約日應相同外，並須在同一天申報移轉現值，始可視為一次出售。（財政部72.11.16台財稅第三八一三五號）

(三)土地出售前一年內被他人占有營業或住家用，雖土地所有權人與占有人間並無租賃關係存在，但事實上該土地確已供他人營業及住家使用，並非自用，依規定不得按優惠稅率課徵土地增值稅。（財政部76.4.26台財稅第七五八一〇七二號函）

第五節　土地增值稅計算

一、稅基及計算：
(一)稅基：土地漲價總數額。
(二)計算：
1. 土地漲價總數額＝（當年度公告現值×土地持分）－（前次移轉公告現值×土地持分×當年物價指數百分比）－改良土地費用（包括已繳納工程受益費、土地重劃負擔總費用及捐贈一定比率作為公共設施用地之捐贈時捐贈土地之公告現值總額）
2. 倍數＝土地漲價總數額÷（前次移轉公告現值×土地持分×當年物價指數百分比）

二、應課徵稅額：土地漲價總數額×稅率。

三、稅率：

自用住宅：		
優惠稅率條件限制	稅率	持有土地20年以上減徵限制
都市土地未超過三公畝部分。非都市土地未超過七公畝部分。超過前項面積限制之部分依一般稅率計徵。	10%	超過自用住宅優惠稅率土地面積部分方可適用
一般稅率採累進稅率：		持有土地超過二十年以上第一項最低稅率部分減徵規定：

超過土地漲價總數額倍數	稅率	20年以下	20年以上	30年以上	40年以上
未達一倍就土地漲價總數額	20%	不減徵	不減徵	不減徵	不減徵
一倍以上未達二倍依前項規定辦理外就超過部分	30%	不減徵	減徵20%	減徵30%	減徵40%
二倍以上依前二項規定辦理外就超過部分	40%	不減徵	減徵20%	減徵30%	減徵40%

四、計算公式：

持有年限 稅級別	20年以下 不減徵	20年以上 減徵20%	30年以上 減徵30%	40年以上 減徵40%
第一級	a×20%	a×20%	a×20%	a×20%
第二級	a×30%−b×10%	a×28%−b×8%	a×27%−b×7%	a×26%−b×6%
第三級	a×40%−b×30%	a×36%−b×24%	a×34%−b×21%	a×32%−b×18%

備註：
a＝土地漲價總數額
b＝原規定地價或前次移轉時現值總額（按物價總指數調整後之總額）

土地增值稅作業

張三於85年2月購買土地一筆，面積200平方公尺，並按當期公告現值1,000元／平方公尺申報移轉現值，嗣於100年2月將該筆土地出售，並依當期土地公告現值2000元／平方公尺為申報移轉現值，張三於85年10月繳納工程受益

費40,000元；設物價指數為120%，則張三應納土地增值稅為何？（**一般稅率：24,000元**、**自用稅率：12,000元**）

習題

一、試述土地增值稅之課徵範圍及納稅義務人。
二、試述土地增值稅之稅率結構。
三、土地漲價總數額如何計算？
四、土地所有權或設定典權其移轉現值之申報，審核之標準為何？
五、自用住宅用地如何適用土地增值稅之優惠稅率？有何條件限制？
六、農地移轉免徵土地增值稅之規定如何？對於規避者，有何罰則？
七、試述土地增值稅退稅之規定（時機）？
八、自用住宅用地適用土地增值稅優惠稅率應如何申請？
九、試依現行土地稅法說明土地增值稅減免規定？
十、試述土地增值稅稽徵程序？
十一、試述增繳地價稅抵繳土地增值稅有何規定？
十二、試比較公告地價及公告現值？
　　　答：
　　　　甲、二者之意義：
　　　　　　㈠公告地價：政府依法查估公告作為人民申報

地價參考之地價。

(二)公告現值：直轄市及縣（市）政府依平均地權條例公告土地現值。（土地稅第十二條）

乙、二者不同：

(一)作用不同：
1. 公告地價：作為人民申報地價之參考。
2. 公告現值：①作為土地移轉及設定典權時申報土地移轉現值之參考。②並作為主管機關審核土地移轉現值及補償徵收土地地價之依據。

(二)時間不同：
1. 公告地價：每三年公告一次，必要時得延長之。
2. 公告現值：每年一月一日公告。

(三)查估程序不同：
1. 公告地價程序較為嚴謹。
2. 公告現值程序較為簡略。

(四)申報限制不同：
1. 申報地價：僅得在公告地價一二〇％—八〇％以內申報。
2. 申報現值：不得低於當期公告現值。

(五)查估標準不同：
1. 公告地價：宜接近「收益價格」。
2. 公告現值：宜接近「市價」。

十三、試述採用倍數累進稅率課徵土地增值稅有何缺點？
答：(一)漲價倍數高，而漲價金額少則稅負重，反之漲價倍數小，而漲價金額高者，則稅負輕，有失公平。
(二)長期保有土地者，較短期投機壟斷者，稅負較重有失公平。
(三)投機者利用虛偽移轉或輾轉買賣方式規避最高級距稅率以達成逃稅目的。

十四、私人捐贈供興辦社會事業所使用之土地，其土地增值稅為何？有何限制條件？其罰則如何？

十五、試比較地價稅與土地增值稅適用自用住宅用地要件有何不同？

十六、土地為信託財產者，在哪些情況下其移轉不得課徵土地增值稅？信託土地課徵土地增值稅時，其納稅義務人為何？（90年土地登記代理人特考）
提示：參閱土地稅法二十八條之三、五條之二。

十七、何謂「原地價」？「原地價」在課徵土地增值稅的作用為何？配偶相互贈與之土地，不課徵土地增值稅。但於再移轉依法應課徵土地增值稅時，其「原地價」為何？請依規定說明之。（110經紀人普）

十八、稅捐稽徵機關對於土地申報移轉現值之審核標準為何？又，土地增值稅得重購退稅之情形為何？請依土地稅法之規定，分別說明之。（106經紀人普）

第四章　房屋稅

第一節　房屋稅之意義及其相關規定

一、**房屋稅意義及其性質：**

㈠意義：以房屋現值為稅基，向房屋持有人逐年課徵之賦稅。

㈡性質：為純粹之財產稅，且為收益稅。

二、**課稅範圍：**

㈠課徵依據：房屋稅之徵收，依本條例之規定；本條例未規定者，依其他有關法律之規定。

㈡課徵對象：

房屋稅以附著於土地之各種房屋，及有關增加該房屋使用價值之建築物為課徵對象（房屋稅條例第三條）。茲分述如下：

1. 房屋，指固定於土地上之建築物，供營業工作或住宅用者。
2. 增加該房屋使用價值之建築物，指附屬於應徵房屋稅房屋之其他建築物，因而增加該房屋之使用價值。（例如中央空調、電梯等）

三、**課稅時期：**

㈠房屋稅每年徵收一次，其開徵日期由省（市）政府定之。

㈡新建、增建或改建之房屋,於當期建造完成者,均須按月比例計課,未滿一個月者不計。(房屋稅條例第十二條)

四、房屋稅納稅義務人及代繳規定:

㈠所有人:房屋稅向房屋所有人徵收之。

㈡典權人:設有典權者,向典權人徵收之。

㈢共有人:共有房屋向共有人徵收之。由共有人推定一人繳納,其不為推定者,由現住人或使用人代繳。前項代繳之房屋稅,在其應負擔部份以外之稅款,對於其他共有人有求償權。

㈣管理人(或現住人):所有權人或典權人住址不明,或非居住房屋所在地者,應由管理人或現住人繳納之。

㈤承租人:如屬出租應由承租人負責代繳,抵扣房租。

㈥起造人:未辦建物所有權第一次登記且所有人不明之房屋,其房屋稅向使用執照所載起造人徵收之;無使用執照者,向建造執照所載起造人徵收之;無建造執照者,向現住人或管理人徵收之。

㈦受託人:房屋為信託財產者,於信託關係存續中,以受託人為房屋稅之納稅義務人。受託人為二人以上者,準用第一項有關共有房屋之規定。

五、房屋稅之課稅基礎:

㈠申報現值及評定價格:房屋建造完成之日起三十日

內，應向當地主管稽徵機關申報現值，其有增建、改建，或變更亦同（房屋稅條例第七條）。如不予申報，經查獲者，以不動產評價委員會評定之價格，核定其房屋現值（房屋稅條例第十六條）。（註一）

(二)核計房屋現值：主管稽徵機關依據納稅義務人所申報之現值，並參照不動產評價委員會評定之標準，核計房屋現值；依前項規定核計之房屋現值，主管稽徵機關應通知納稅義務人；納稅義務人如有異議，得於接到通知書之日起三十日內，檢附證件，申請重行核計。

六、房屋稅之稅率結構：

(一)**稅率之擬定**：直轄市及縣（市）政府得視地方實際情形，在第五條規定稅率範圍內，分別規定房屋稅徵收稅率，提經當地民意機關通過，報請或層轉財政部備案。

(二)**稅率之規定**：

1. 住家用房屋：

   供自住或公益出租人出租使用者，為其房屋現值百分之一點二；其他供住家用者，最低不得少於其房屋現值百分之一點五，最高不得超過百分之三點六。各地方政府得視所有權人持有房屋戶數訂定差別稅率。

2. 非住家用房屋：供營業、私人醫院、診所或自由

職業事務所使用者,最低不得少於其房屋現值百分之三,最高不得超過百分之五;供人民團體等非營業使用者,最低不得少於其房屋現值百分之一點五,最高不得超過百分之二點五。

3. 房屋同時作住家及非住家用者,應以實際使用面積,分別按住家用或非住家用稅率,課徵房屋稅。但非住家用者,課稅面積最低不得少於全部面積六分之一。

前項第一款供自住及公益出租人出租使用之認定標準,由財政部定之。(房屋稅條例第五條)

七、房屋稅停止課徵時機:

房屋遇有焚燬、坍塌、拆除至不堪居住程度者依房屋稅條例第八條規定,應由納稅義務人申報當地主管稽徵機關查實後,在未重建完成期內,停止課徵。

八、減免規定:

(一)**公有房屋**:公有房屋供下列各款使用者,依房屋稅條例第十四條的規定免徵房屋稅:

1. 各級**政**府機關及地方自治機關之辦公房屋及員工宿舍。
2. **軍**事機關部隊之辦公房屋及其官兵宿舍。
3. **監**獄、看守所及其辦公房屋暨員工宿舍。
4. **公**立學校、醫院、社會教育學術研究機構及救濟機構之校舍、院舍、辦公房屋及其員工宿舍。
5. 工礦、農林、水利、漁牧**事**業機關之研究或試

驗所所用之房屋。
6. **糧**政機關之糧倉、鹽務機關之鹽倉、公賣事業及政府經營之自來水（場）所使用之廠房及辦公房屋。
7. **郵**政、電信、鐵路、公路、航空、氣象、港務事業，供本身業務所使用之房屋及其員工宿舍。
8. 名勝**古**蹟及紀念先賢先烈之祠廟。
9. 政府配供**貧**民居住之房屋。
10. 政府機關為輔導**退**除役官兵就業所舉辦事業使用之房屋。

㈡私有房屋減免：
1. **免徵部分**：私有房屋有下列情形之一者，免徵房屋稅。
    ⑴業經立案之私立**學**校及學術研究機構，完成財團法人登記，其供校舍或辦公使用之房屋。
    ⑵業經立案之私立**慈**善救濟事業，不以營利為目的，其直接供辦理事業所使用之房屋。
    ⑶專供祭祀用之**宗**祠、宗教團體供傳教佈道之教堂及寺廟。但以完成財團法人或寺廟登記，且房屋為其所有者為限。
    ⑷**無**償供政府機關公用或供軍用之房屋。
    ⑸不以營利為目的，並經政府核准之**公**益社團自有供辦公使用之房屋。但以同業、同鄉、同學或宗親社團為受益對象者，除依工會法組成

之工會經由當地主管稽徵關報經直轄市、縣（市）政府核准免徵外，不在此限。

(6)專供飼養禽畜之房舍、培植**農**產品之溫室、稻米育苗中心作業室、人工繁殖場、抽水機房舍；專供農民自用之燻菸房、稻穀及茶葉烘乾機房、存放農機具倉庫及堆肥舍等房屋。

(7)受重大災害，毀損面積佔整棟面積**五**成以上，必須修復始能使用之房屋。

(8)**司**法保護事業所有之房屋。

(9)住家房屋現值在新臺幣**十**萬元以下者。上項標準如遇房屋標準價格依第十一條第二項規定重行評定時，按該重行評定時之物價指數增減程度調整之。調整金額以千元為單位，按千元計算。

(10)**農**會所有之倉庫，專供糧政機關儲存公糧，經主管機關證明者。

(11)經目的事業主管機關許可設立之公益信託，其受託人因該信託關係而取得之房屋，直接供辦理公益活動使用者。

2. **減半徵收**：私有房屋有下列情形之一者，其房屋稅減半徵收。

(1)政府平價配售之平民住宅。

(2)合法登記之工廠供直接生產使用之自有房屋。

(3)農會所有之自用倉庫及檢驗場，經主管機關證

明者。

> 依現行房屋稅條例之規定,私有房屋於那些情形下,其房屋稅可減半徵收?【88年不動產經紀人】

(4)受重大災害,毀損面積佔整棟面積三成以上不及五成之房屋。

依第一項第一款至第八款、第十款、第十一款及第二項規定減免房屋稅者,應由納稅義務人於減免原因、事實發生之日起三十日內申報當地主管稽徵機關調查核定之;逾期申報者,自申報日當月份起減免。

第二節　房屋稅之課徵程序

一、**房屋現值之申報:**

㈠房屋之新建、重建、增建或典賣移轉,主管建築機關及主管登記機關應於核准發照或登記之日起,同時通知主管稽徵機關。

㈡納稅義務人應於房屋建造完成之日起三十日內,向當地主管稽徵機關,申報房屋現值及使用情形,其有增建、改建、變更使用或移轉、承典時,亦同。

㈢房屋遇有焚燬、坍塌、拆除至不堪居住程度者,應由納稅義務人申報當地主管機關查實後,在未重建

完成期內，停止課徵。

二、房屋現值之核計：

(一)主管稽徵機關應依據不動產評價委員會評定之標準，核計房屋現值。

(二)**房屋標準價格**，由**不動產評價委員會**依據下列事項分別評定，直轄市由市政府公告之，各縣（市）局於呈請政府核定後公告：（房屋稅條例第十一條）

1. 按各種建造材料所建房屋，區分種類及等級。
2. 各種房屋之耐用年數及折舊標準。
3. 按房屋所處街道村里之商業交通情形及房屋供求概況，並比較各該不同地段之房屋買賣價格減除地價部分，訂定標準。

前項房屋標準價格，**每三年重行評定一次**，並應依其耐用年數予以折舊，按年遞減其價格。

三、填發稅單：

(一)房屋現值申請重行核計：依規定核計之房屋現值，主管機徵機關，應通知納稅義務人。納稅義務人如有異議，得於接到通知書之日起三十日內，檢附證件，申請重行核計。

(二)申請復查：適用稅捐稽徵法第三十五條規定。

(三)送達：適用稅捐稽徵法第十八條、第十九條規定。

(四)繳納稅款：納稅義務人如期持房屋稅單繳納。

> 請依房屋稅條例規定，列述房屋標準價格係依據那些事項分別評定？【90年不動產經紀人】

> 試依房屋稅條例之規定，說明納稅義務人申報房屋現值、補稅與罰鍰、滯納金之相關內容為何？【94年不動產經紀人】

第三節　房屋稅罰則

一、**逾期未申報現值：**

納稅義務人未依房屋稅條例第七條之規定期限內辦理申報，因而發生漏稅者，除責令補繳應納稅額外，並按所漏稅額處以二倍以下罰鍰。

二、**逾期未繳納稅款：**

納稅義務人逾主管稽徵機關所定之徵收期限繳納稅款者，每逾二日，加徵所欠稅額百分之一滯納金，以三十日為限。逾三十日經催繳後仍未繳納者由主管稽徵機關移送法院強制執行。

三、**欠繳房屋稅不得辦理移轉登記：**

欠繳房屋稅之房屋，在欠稅未繳清前，不得辦理移轉登記或設定典權登記。

前項所欠稅款，房屋承受人得申請代繳，其代繳稅額得向納稅義務人求償，或在買價、典價內照數扣除。

註釋

註一：為簡化房屋稅之稽徵，自六十五年起房屋稅一律按當地不動產評價委員會評定之標準價格計稅。

註二：房屋出租非作營業用作，仍依房屋現值課徵百分之一點二。

第四節　房屋稅計算

一、稅基：**房屋現值（房屋標準價格）**。

二、應課徵稅額：**應繳房屋稅=房屋課稅現值×適用稅率**

房屋標準單價（元）×房屋面積（m^2×（1－每年折舊率％×折舊經歷年數）×街路等級調整率（％）×適用稅率＝應納房屋稅

三、稅率：

種類	現行稅率	稅率規範	備註
住家用	1.2%	最低1.2% 最高3.6%	
營業用	3%	最低3% 最高5%	
非住家非營業用	2%	最低1.5% 最高2.5%	適用對象包括私人醫院、診所、自由職業事務所及人民團體
房屋同時作住家及非住家用	應以實際使用面積，分別按住家用或非住家稅率課徵房屋稅，但非住家用者，課徵面積最低不得少於全部面積六分之一。		

房屋稅作業

甲6年前購屋乙棟，評定房屋標準單價2,000元/平方公尺，折舊率1%，路線調整率為150%。已知該房屋面積為100平方公尺，供自住使用，問應納房屋稅？（3,384元）

習 題

一、房屋稅之課徵對象為何？
二、房屋稅依據何種價值計徵？
三、房屋現值如何評定？（何謂房屋標準價格試述之）
四、房屋稅之種類與稅率各為何？
五、房屋稅之納稅義務人？
六、未申報房屋現值之處罰規定？

七、房屋典賣或移轉時,其承受人對房屋稅款應負何種責任?
八、房屋在何種情況下,納稅義務人可申請停止課徵?
九、試述公有房屋稅免徵之規定?
十、試說明房屋稅稅率擬定程序?
十一、試述私有房屋稅減免徵之規定?

● 不動產評價委員會(房屋稅條例第九條)

各直轄市、縣(市)(局)應選派有關主管人員及建築技術專門人員組織不動產評價委員會。

不動產評價委員會應由當地民意機關及有關人民團體推派代表參加,人數不得少於總額五分之二。其組織規程由財政部定之。

第五章　契稅

第一節　契稅之意義及其相關規定

一、**契稅之意義及其性質**：
　　㈠意義：政府就不動產之買賣、承典、交換、贈與、分割或因占有而取得所有權者（或典權人）按契價所課徵之賦稅。
　　㈡性質：不動產移轉稅（流通稅）。

二、**課稅範圍**：
　　㈠不動產之買賣、承典、交換、贈與、分割，或因占有而取得所有權者，均應申報繳納契稅。
　　㈡開徵土地增值稅區域土地，免徵契稅。

三、**契稅納稅義務人**：
　　㈠買賣契稅：應由**買受人**申報納稅。
　　㈡典權契稅：應由**典權人**申報納稅。
　　㈢交換契稅：應由**交換人**估價立契，各就承受部分申報納稅。交換有給付差額價款者，其差額價款，應依買賣契稅稅率課徵。
　　㈣贈與契稅：應由**受贈人**估價立契，申報納稅。
　　㈤贈與契稅之申報繳納：應由歸屬權利人估價立契。
　　　（以不動產為信託財產，受託人依信託本旨移轉信託財產與委託人以外之歸屬權利人）

(六)分割契稅：應由**分割人**估價立契，申報納稅。

(七)占有契稅：應由**占有不動產依法取得所有權人**估價立契。

四、**特殊契稅：**

(一)先典後賣之契稅：先典後賣者，得以原納典權契稅額，抵繳買賣契稅。但以典權人與買主同屬一人者為限。

(二)領買或標購公產之契稅：依法購買或標購公產及向法院標購拍賣之不動產者，仍應申報繳納契稅。

(三)變相方式取得不動產或典權之契稅：凡以遷移、補償等變相方式支付產價，取得不動產所有權者，應照價買賣契稅申報納稅；其以抵押、借貸等變相方式代替設典，取得使用權，應照典權契稅申報納稅。

※此外如交換有給付差額價款者，其差額價款應依買賣契稅稅率課徵。（註一）

五、**契稅之課稅基礎**

(一)納稅義務人申報契價，以當地不動產評價委員會評定之標準價格為準。

(二)但依契稅條例第十一條取得不動產之移轉價格低於評定標準價格者，不在此限。（契稅條例第十三條第一項但書）。不動產評價委員會組織規程，由財政部定之（契稅條例第十三條第二項）。

六、**契稅之稅率結構：**

㈠買賣契稅：為其契價百分之六。
㈡典權契稅：為其契價百分之四。
㈢交換契稅：為其契價百分之二。
㈣贈與契稅：為其契價百分之六。
㈤分割契稅：為其契價百分之二。
㈥占有契稅：為其契價百分之六。

※契稅之稅率及納稅義務人之規定列表於下：

種類	稅率	納稅義務人
買賣契稅	6.0%	買受人
典權契稅	4.0%	典權人
交換契稅	2.0%	交換人
贈與契稅	6.0%	受贈人
分割契稅	2.0%	分割人
占有契稅	6.0%	占有人

七、契價之認定：

㈠契價以當地不動產評價委員會評定之標準價格為準。

㈡如申報之移轉價格，高於標準價格而自願以申報價格納稅者，則以申報價格核定。以標準價格報繳契稅者，事後如經檢舉或查獲實際移轉價格高於申報價格，亦無需補稅，並得免罰。

㈢標購公產及向法院標購拍賣之不動產，如標購價格低於標準價格者，得按標購價格核定。（不低時，

可按標準價格核定。）

八、**契稅之免稅：**

依契稅條例第十四條第一項規定，有下列情形之一者，免徵契稅：

1. 各級政府機關、地方自治機關、公立學校因公使用而取得之不動產。但供營業用者，不在此限。
2. 政府經營之郵政事業，因業務使用而取得之不動產。
3. 政府因公務需要，以公有不動產交換，或因土地重劃而交換不動產取得所有權者。
4. 建築物於建造完成前，變更起造人名義者。但依第十二條第二項規定應申報納稅者，不適用之。
5. 建築物於建造完成前，其興建中之建築工程讓與他人繼續建造未完工部分，因而變更起造人名義為受讓人，並以該受讓人為起造人名義取得使用執照者。

※建築物於建造完成前，因買賣、交換、贈與，以承受人為建造執照原始起造人或中途變更起造人名義，並取得使用執照者，應由使用執照所載起造人申報納稅。（契稅條例第十二條第二項）

九、**不動產為信託財產者之不課徵契稅**

不動產為信託財產者，於左列各款信託關係人間移轉所有權，不課徵契稅：

㈠因信託行為成立，委託人與受託人間。

(二)信託關係存續中受託人變更時,原受託人與新受託人間。
(三)信託契約明定信託財產之受益人為委託人者,信託關係消滅時,受託人與受益人間。
(四)因遺囑成立之信託,於信託關係消滅時,受託人與受益人間。
(五)因信託行為不成立、無效、解除或撤銷,委託人與受託人間。

十、申報契稅

(一)納稅義務人應於不動產買賣、承典、交換、贈與及分割契稅成立之日起,或因占有而依法申請為所有人之日起三十日內,填具契稅申報書表,檢附公定格式契約書及有關文件,向當地主管稽徵機關申報契稅。但未辦建物所有權第一次登記之房屋買賣、交換、贈與、分割,應由雙方當事人共同申報。
(二)不動產移轉發生糾紛時,其申報契稅之起算日期,應以法院判決確定日為準。
(三)向政府機關標購或領買公產,以政府機關核發產權移轉證明書之日為申報起算日。
(四)向法院標購拍賣之不動產,以法院發給權利移轉證明書之日為申報起算日。
(五)建築物於建造完成前,因買賣、交換、贈與,以承受人為建造執照原始起造人或中途變更起造人名義並取得使用執照者,以主管建築機關核發使用執照

之日起滿三十日為申報起算日。

第二節　契稅課徵程序

一、**申報契稅：** 納稅義務人應於不動產買賣、承典、交換、贈與、分割契約成立之日起，或因占有而依法申請為所有人之日起三十日內，填具契稅申報書表，檢同產權契約書狀憑證，向當地主管稽徵機關申報契稅（契稅條例第十六條第一項）。

二、**補正說明：** 主管稽徵機關對納稅義務人所檢送表件，如認為有欠完備或有疑問時，應於收件後七日內通知納稅義務人補正或說明。

三、**填發稅單：** 主管稽徵機關收到納稅義務人契稅申報案件，應於十五日內審查完竣，查定應納稅額，發單通知納稅義務人依限繳納。

四、**繳納稅款：** 納稅義務人應於稽徵機關核定稅額通知書送達後三十日內繳納，並憑取收件清單領回原繳證件。

五、**變更登記：** 凡因不動產之買賣、承典、交換、贈與、分割及占有而辦理所有權登記者，地政機關應憑繳納契稅收據、免稅證明書或同意移轉證明書，辦理權利變更登記。

第三節　契稅之罰則

一、逾期未申報契價：

納稅義務人不依規定期限內申報者，每逾**三日**，加徵應納稅額百分之一**怠報金**，但最高以應納稅額為限。但不得超過新臺幣一萬五仟元。（契稅條例第二十四條）

> 契稅是屬於何種性質之賦稅？我國契稅條例中有無免徵之規定？請扼要說明之。【90年不動產經紀人】

二、逾期未繳納稅款：

(一)納稅義務人不依規定期限繳納稅款，每逾**二日**，加徵應納稅額百分之一**滯納金**；逾期三十日仍不繳納稅款及滯納金或前條之怠報金者，移送法院強制執行。（契稅條例第二十五條）

(二)依稅法規定逾期繳納稅捐應加徵滯納金者，每逾三日按滯納數額加徵百分之一滯納金；逾三十日仍未繳納者，移送強制執行。但因不可抗力或不可歸責於納稅義務人之事由，致不能依第二十六條、第二十六條之一規定期間申請延期或分期繳納稅捐者，得於其原因消滅後十日內，提出具體證明，向稅捐稽徵機關申請回復原狀並同時補行申請延期或分期繳納，經核准者，免予加徵滯納金。（稅捐稽徵法

第20條）

(三)在規定申報繳納契稅期間，因不可抗力致不能如期申報或繳納者，應於不可抗力之原因消滅後十日內，聲明事由，經查明屬實，免予加徵怠報金或滯納金。（契稅條例第三十條）

三、匿報短報：

納稅義務人應納契稅，匿報或短報，經主管稽徵機關查得，或經人舉發查明屬實者，除應補繳稅額外，並加處以應納稅額**一倍以上三倍以下**之罰鍰（契稅條例第二十六條）

四、檢舉獎金：

告發或檢舉納稅義務人逃漏、匿報、短報或以其他不正當之行為逃稅者，稽徵機關得以罰鍰**百分之二十**獎給舉發人，並為舉發人絕對保守祕密。前項告發或檢舉獎金，稽徵機關應於收到罰鍰後三日內，通知原檢舉人，限期領取。公務員為舉發人時，不適用本條獎金之規定（契稅條例第三十二條）。

註 釋

註一：不動產交換，其實質與買賣相同，現行交換契稅稅率僅為買賣契稅稅率之三分之一，易為取巧者利用為逃稅工具，有失稅賦公平原則。

第四節　契稅計算

一、稅基：契價
二、應課徵稅額計算＝契價（房屋標準價格或房屋現值）
　　×稅率
三、稅率：

種類	稅率	納稅義務人	備註
買賣契稅	6％	買受人	
典權契稅	4％	典權人	
交換契稅	2％等值部分	交換人	有給付差額價款者，其差額價款應依買賣契稅稅率課徵。
贈與契稅	6％	受贈人	
分割契稅	2％	分割人	
占有契稅	6％	占有人	取得所有權者

作業

甲出售房屋一棟予乙，該房屋之評定標準價格（房屋現值）為100萬元，若依評定標準價格課徵契稅，則其應納契稅為何？（60,000元）

習題

一、何謂契稅？課稅之範圍？

二、契稅種類有幾？其稅率為各何？

三、契稅之納稅義務人為何？

四、試述契稅稽徵程序？

五、試述契稅減免規定？

六、不動產先設定典權再行買賣者，其契稅應如何繳納。

七、經向法院標購拍賣之不動產，是否應繳納契稅？請述其理由？

八、試說明不動產交易所得稅、土地增值稅、契稅及房屋稅之課稅標的。（111經紀人普）

解釋名詞

1. **土地稅**：以土地為課稅客體所課徵之賦稅。
2. **地價稅**：係針對土地價值所課徵之賦稅。
3. **土地增值稅**：係對於土地價值非因投施勞力資本而增加的部分所課徵之賦稅。
4. **房屋稅**：以房屋現值為稅基，向房屋持有人逐年（定期）課徵之賦稅。
5. **契稅**：政府就不動產之買賣、承典、交換、贈與、分割或因占有而取得所有權者（或典權人）按契價所課徵之賦稅。
6. **遺產稅**：對財產所有權人死之時所遺留之財產，所課徵之賦稅。
7. **贈與稅**：對自然人生前無償給予他人財產，並經他允受，所課徵之賦稅。
8. **地價總額**：為地價稅之稅基。指每一地所有權人依法定程序辦理規定地價或重新規定地價，經核列歸戶冊之地價總額。
9. **累進起點地價**：開始適用累進稅率計稅之起點地價總額。
10. **自用住宅用地**：指土地所有權人或其配偶、直系親屬於該地辦竣戶籍登記，且無出租或供營業用之住宅用地。且其土地上之建築改良物屬於土地所有權人或其配偶、直系親屬所有者為限。

房地合一稅
（所得稅法不動產交易部分）

> 中華民國一百零四年六月二十四日總統華總一義字第10400073881號令修正公布第126條條文；增訂第4-4、4-5、14-4～14-8、24-5、108-2、125-2條條文；並自一百零五年一月一日施行
>
> 中華民國110年4月28日總統華總一經字第11000039201號令修正公布第4-4、4-5、14-4～14-6、24-5、126條條文；並自110年7月1日施行

第四條之四▲（中華民國105年1月1日起房屋、土地，交易所得按新制課徵所得稅之情形）

㈠個人及營利事業交易中華民國一百零五年一月一日以後取得之房屋、房屋及其坐落基地或依法得核發建造執照之土地（以下合稱房屋、土地），其交易所得應依第十四條之四至第十四條之八及第二十四條之五規

定課徵所得稅。

㈡個人及營利事業於中華民國一百零五年一月一日以後取得以設定地上權方式之房屋使用權或預售屋及其坐落基地,其交易視同前項之房屋、土地交易。

㈢個人及營利事業交易其直接或間接持有股份或出資額過半數之國內外營利事業之股份或出資額,該營利事業股權或出資額之價值百分之五十以上係由中華民國境內之房屋、土地所構成者,該交易視同第一項房屋、土地交易。但交易之股份屬上市、上櫃及興櫃公司之股票者,不適用之。

㈣第一項規定之土地,不適用第四條第一項第十六款規定;同項所定房屋之範圍,不包括依農業發展條例申請興建之農舍。

第四條之五▲(依第四條之四交易之房屋、土地,免納所得稅之情形)

㈠前條交易之房屋、土地有下列情形之一者,免納所得稅。但符合第一款規定者,其免稅所得額,以按第十四條之四第三項規定計算之餘額不超過四百萬元為限:

1. 個人與其配偶及未成年子女符合下列各目規定之自住房屋、土地:

  ⑴個人或其配偶、未成年子女辦竣戶籍登記、持有並居住於該房屋連續滿六年。

  ⑵交易前六年內,無出租、供營業或執行業務使

用。
(3)個人與其配偶及未成年子女於交易前六年內未曾適用本款規定。
2. 符合農業發展條例第三十七條及第三十八條之一規定得申請不課徵土地增值稅之土地。
3. 被徵收或被徵收前先行協議價購之土地及其土地改良物。
4. 尚未被徵收前移轉依都市計畫法指定之公共設施保留地。

㈡前項第二款至第四款規定之土地、土地改良物,不適用第十四條之五規定;其有交易損失者,不適用第十四條之四第二項損失減除、第二十四條之五第三項損失減除及同條第四項後段自營利事業所得額中減除之規定。

第十四條之四▲(個人房屋、土地交易所得額或損失之計算及按持有期間依規定稅率計算應納稅額,不併計綜合所得總額)

㈠第四條之四規定之個人房屋、土地交易所得或損失之計算,其為出價取得者,以交易時之成交價額減除原始取得成本,與因取得、改良及移轉而支付之費用後之餘額為所得額;其為繼承或受贈取得者,以交易時之成交價額減除繼承或受贈時之房屋評定現值及公告土地現值按政府發布之消費者物價指數調整後之價值,與因取得、改良及移轉而支付之費用後之餘額為

所得額。但依土地稅法規定繳納之土地增值稅，除屬當次交易未自該房屋、土地交易所得額減除之土地漲價總數額部分之稅額外，不得列為成本費用。

(二)個人房屋、土地交易損失，得自交易日以後三年內之房屋、土地交易所得減除之。

(三)個人依前二項規定計算之房屋、土地交易所得，減除當次交易依土地稅法第三十條第一項規定公告土地現值計算之土地漲價總數額後之餘額，不併計綜合所得總額，按下列規定稅率計算應納稅額：

1. 中華民國境內居住之個人：

    (1)持有房屋、土地之期間在二年以內者，稅率為百分之四十五。

    (2)持有房屋、土地之期間超過二年，未逾五年者，稅率為百分之三十五。

    (3)持有房屋、土地之期間超過五年，未逾十年者，稅率為百分之二十。

    (4)持有房屋、土地之期間超過十年者，稅率為百分之十五。

    (5)因財政部公告之調職、非自願離職或其他非自願性因素，交易持有期間在五年以下之房屋、土地者，稅率為百分之二十。

    (6)個人以自有土地與營利事業合作興建房屋，自土地取得之日起算五年內完成並銷售該房屋、土地者，稅率為百分之二十。

(7)個人提供土地、合法建築物、他項權利或資金，依都市更新條例參與都市更新，或依都市危險及老舊建築物加速重建條例參與重建，於興建房屋完成後取得之房屋及其坐落基地第一次移轉且其持有期間在五年以下者，稅率為百分之二十。

(8)符合第四條之五第一項第一款規定之自住房屋、土地，按本項規定計算之餘額超過四百萬元部分，稅率為百分之十。

2. 非中華民國境內居住之個人：

(1)持有房屋、土地之期間在二年以內者，稅率為百分之四十五。

(2)有房屋、土地之期間超過二年者，稅率為百分之三十五。

(四)第四條之五第一項第一款及前項有關期間之規定，於繼承或受遺贈取得者，得將被繼承人或遺贈人持有期間合併計算。

第十四條之五▲（房屋、土地交易所得或損失及稅額之申報期限及應檢附文件）

個人有前條之交易所得或損失，不論有無應納稅額，應於下列各款規定日期起算三十日內自行填具申報書，檢附契約書影本及其他有關文件，向該管稽徵機關辦理申報；其有應納稅額者，應一併檢附繳納收據：

1. 第四條之四第一項所定房屋、土地完成所有權移轉登記日之次日。

2. 第四條之四第二項所定房屋使用權交易日之次日、預售屋及其坐落基地交易日之次日。
3. 第四條之四第三項所定股份或出資額交易日之次日。

第十四條之六▲（未依規定申報房屋、土地交易所得或申報之成交價額偏低而無正當理由，稽徵機關之核定方式）

個人未依前條規定申報或申報之成交價額較時價偏低而無正當理由者，稽徵機關得依時價或查得資料，核定其成交價額；個人未提示原始取得成本之證明文件者，稽徵機關得依查得資料核定其成本，無查得資料，得依原始取得時房屋評定現值及公告土地現值按政府發布之消費者物價指數調整後，核定其成本；個人未提示因取得、改良及移轉而支付之費用者，稽徵機關得按成交價額百分之三計算其費用，並以三十萬元為限。

第十四條之七▲（稽徵機關之調查核定通知書之送達及查對更正、退稅等事項，準用本法相關規定）

㈠個人未依第十四條之五規定期限辦理申報者，稽徵機關得依前條規定核定所得額及應納稅額，通知其依限繳納。

㈡稽徵機關接到個人依第十四條之五規定申報之申報書後之調查核定，準用第八十條第一項規定。

㈢前項調查結果之核定通知書送達及查對更正，準用第八十一條規定。

㈣第二項調查核定個人有應退稅款者，準用第一百條第二項及第四項規定。

㈤個人依第十四條之四及前條規定列報減除之各項成本、費用或損失等超過規定之限制,致短繳自繳稅款,準用第一百條之二規定。

第十四條之八▲(個人自住房屋、土地之重購,得按重購價額占出售價額之比率,申請扣抵或退還稅額)

㈠個人出售自住房屋、土地依第十四條之五規定繳納之稅額,自完成移轉登記之日或房屋使用權交易之日起算二年內,重購自住房屋、土地者,得於重購自住房屋、土地完成移轉登記或房屋使用權交易之次日起算五年內,申請按重購價額占出售價額之比率,自前開繳納稅額計算退還。

㈡個人於先購買自住房屋、土地後,自完成移轉登記之日或房屋使用權交易之日起算二年內,出售其他自住房屋、土地者,於依第十四條之五規定申報時,得按前項規定之比率計算扣抵稅額,在不超過應納稅額之限額內減除之。

㈢前二項重購之自住房屋、土地,於重購後五年內改作其他用途或再行移轉時,應追繳原扣抵或退還稅額。

第二十四條之五▲(營利事業房屋、土地交易所得額之計算;另營利事業之總機構在我國境外,交易境內房屋、土地之交易所得額之計算)

㈠營利事業當年度房屋、土地交易所得或損失之計算,以其收入減除相關成本、費用或損失後之餘額為所得額。但依土地稅法規定繳納之土地增值稅,除屬未自

該房屋、土地交易所得額減除之土地漲價總數額部分之稅額外,不得列為成本費用。

㈡營利事業依前項規定計算之房屋、土地交易所得,減除依土地稅法第三十條第一項規定公告土地現值計算之土地漲價總數額後之餘額,不併計營利事業所得額,按下列規定稅率分開計算應納稅額,合併報繳;其在中華民國境內無固定營業場所者,由營業代理人或其委託之代理人代為申報納稅:

1. 總機構在中華民國境內之營利事業:

⑴持有房屋、土地之期間在二年以內者,稅率為百分之四十五。

⑵持有房屋、土地之期間超過二年,未逾五年者,稅率為百分之三十五。

⑶持有房屋、土地之期間超過五年者,稅率為百分之二十。

⑷因財政部公告之非自願性因素,交易持有期間在五年以下之房屋、土地者,稅率為百分之二十。

⑸營利事業以自有土地與營利事業合作興建房屋,自土地取得之日起算五年內完成並銷售該房屋、土地者,稅率為百分之二十。

⑹營利事業提供土地、合法建築物、他項權利或資金,依都市更新條例參與都市更新,或依都市危險及老舊建築物加速重建條例參與重建,於興建房屋完成後取得之房屋及其坐落基地第一次移轉

且其持有期間在五年以下者,稅率為百分之二十。
2. 總機構在中華民國境外之營利事業:
　(1)持有房屋、土地之期間在二年以內者,稅率為百分之四十五。
　(2)持有房屋、土地之期間超過二年者,稅率為百分之三十五。
㈢營利事業依第一項規定計算之當年度房屋、土地交易損失,應先自當年度適用相同稅率之房屋、土地交易所得中減除,減除不足部分,得自當年度適用不同稅率之房屋、土地交易所得中減除,減除後尚有未減除餘額部分,得自交易年度之次年起十年內之房屋、土地交易所得減除。
㈣營利事業交易其興建房屋完成後第一次移轉之房屋及其坐落基地,不適用前二項規定,其依第一項規定計算之房屋、土地交易所得額,減除依土地稅法第三十條第一項規定公告土地現值計算之土地漲價總數額後之餘額,計入營利事業所得額課稅,餘額為負數者,以零計算;其交易所得額為負者,得自營利事業所得額中減除,但不得減除土地漲價總數額。
㈤稽徵機關進行調查或復查時,營利事業未提示有關房屋、土地交易所得額之帳簿、文據者,稽徵機關應依查得資料核定;成本或費用無查得資料者,得依原始取得時房屋評定現值及公告土地現值按政府發布之消

費者物價指數調整後,核定其成本,其費用按成交價額百分之三計算,並以三十萬元為限。

(六)獨資、合夥組織營利事業交易房屋、土地,應由獨資資本主或合夥組織合夥人就該房屋、土地交易所得額,依第十四條之四至第十四條之七規定課徵所得稅,不計入獨資、合夥組織營利事業之所得額,不適用前五項規定。

第一百零八條之二▲（個人未依限辦理房屋、土地交易所得申報、短漏報房屋、土地交易所得或未申報者之處罰）

(一)個人違反第十四條之五規定,未依限辦理申報,處三千元以上三萬元以下罰鍰。

(二)個人已依本法規定辦理房屋、土地交易所得申報,而有漏報或短報情事,處以所漏稅額二倍以下之罰鍰。

(三)個人未依本法規定自行辦理房屋、土地交易所得申報,除依法核定補徵應納稅額外,應按補徵稅額處三倍以下之罰鍰。

第一百二十五條之二▲（實施新制所得稅稅課收入之分配及運用）

依第十四條之四至第十四條之八及第二十四條之五規定計算課徵之所得稅稅課收入,扣除由中央統籌分配予地方之餘額,循預算程序用於住宅政策及長期照顧服務支出;其分配及運用辦法,由財政部會同內政部及衛生福利部定之。

搬家具工人也能順利一次考上「不動產經紀人」感謝函

搬家具工人也能順利,一次考上「不動產經紀人」,論學歷,僅有「義民中學」,講資歷,從未從事不動產。小弟今年37歲,不愛唸書,也不會讀書,一年前寫字比現在醜十倍,問方法我不會,如今,我做得到,相信你也可以。

究竟如何呢?心中永遠要有一種信念,「既然發願要考,就不要放棄」,以及上課認真聽取考試的各種技巧,有信心就離成功不遠了。

非常感謝曾文龍教授及柳瑜師長們及田德全老師,多虧你們,小弟才能有今天的成果!感恩平安

107年大日不動產經紀人新竹班

陳德儒 敬上

2019.2月

大日不動產研究中心・大日出版社
大日明企管顧問公司

➢ 臺北市忠孝東路四段60號8樓
➢ 電話:02-2721-9521　傳真:02-2781-3202
➢ 網址:http://www.bigsun.com.tw

附錄二

區域計畫法

中華民國六十三年一月十七日立法院制定全文24條
中華民國六十三年一月三十一日總統公布施行
中華民國八十九年一月六日修正10條增訂6條
中華民國八十九年一月二十六日公布

第一章　總則

第一條▲（立法目的）
為促進土地及天然資源之保育利用，人口及產業活動之合理分布，以加速並健全經濟發展，改善生活環境，增進公共福利，特制定本法。

第二條▲（法律適用）

區域計畫依本法之規定；本法未規定者，適用其他法律。

第三條▲（區域計畫定義）

本法所稱區域計畫，係指基於地理、人口、資源、經濟活動等相互依賴及共同利益關係，而制定之區域發展計畫。

第四條▲（主管機關）

區域計畫之**主管機關**：中央為**內政部**；直轄市為**直轄市政府**；縣（市）為**縣（市）政府**。

各級主管機關為審議區域計畫，應設立**區域計畫委員會**；其組織由行政院定之。

第二章　區域計畫之擬定、變更、核定與公告

第五條▲（區域計畫之擬定地區）

下列地區應**擬定**區域計畫：
一、依全國性綜合開發計畫或地區性綜合開發計畫所指定之地區。
二、以首都、直轄市、省會或省（縣）轄市為中心，為促進都市實質發展而劃定之地區。
三、其他經內政部指定之地區。

第六條▲（區域計畫之擬定機關）

區域計畫之**擬定機關**如下：
一、跨越兩個省（市）行政區以上之區域計畫，由中央主管機關擬定。
二、跨越兩個縣（市）行政區以上之區域計畫，由中央主管機關擬定。
三、跨越兩個鄉、鎮（市）行政區以上之區域計畫，由縣主管機關擬定。
依前項第三款之規定，應擬定而未能擬定時，上級主管機關得視實際情形，指定擬定機關或代為擬定。

第七條▲（區域計畫內容）

區域計畫應以**文字及圖表**，表明下列事項：
一、區域範圍。
二、自然環境。
三、發展歷史。
四、區域機能。
五、人口及經濟成長、土地使用、運輸需要、資源開發等預測。
六、計畫目標。
七、城鄉發展模式。
八、自然資源之開發及保育。
九、土地分區使用計畫及土地分區管制。
十、區域性產業發展計畫。
十一、區域性運輸系統計畫。
十二、區域性公共設施計畫。

十三、區域性觀光遊憩設施計畫。

十四、區域性環境保護設施計畫。

十五、實質設施發展順序。

十六、實施機構。

十七、其他。

第八條▲（資料之配合提供）

區域計畫之擬定機關為擬定計畫，得要求有關政府機關或民間團體提供必要之資料，各該機關團體應配合提供。

第九條▲（區域計畫之核定）

區域計畫依下列規定程序**核定**之：

一、中央主管機關擬定之區域計畫，應經中央區域計畫委員會**審議通過**，報請行政院**備案**。

二、直轄市主管機關擬定之區域計畫，應經直轄市區域計畫委員會**審議通過**，報請中央主管機關**核定**。

三、縣（市）主管機關擬定之區域計畫，應經縣（市）區域計畫委員會審議通過，報請中央主管機關核定。

四、依第六條第二項規定由上級主管機關擬定之區域計畫，比照本條第一款程序辦理。

第十條▲（公告實施）

區域計畫核定後，擬定計畫之機關應於接到核定公文之日起**四十天內公告**實施，並將計畫圖說發交各有關地方政府及鄉、鎮（市）公所分別公開展示；其展示期間，

不得少於**三十日**。並經常保持清晰完整,以供人民閱覽。

第十一條▲（區域計劃實施之效力）

區域計畫公告實施後,凡依區域計畫擬定市鎮計畫、鄉街計畫、特定區計畫或已有計畫而須變更者,當地都市計畫主管機關應按規定期限辦理擬定或變更手續。未依限期辦理者,其上級主管機關得代為擬定或變更之。

第十二條▲（區域計劃之配合）

區域計畫公告實施後,區域內有關之開發或建設事業計畫,均應與區域計畫密切配合；必要時應修正其事業計畫,或建議主管機關變更區域計畫。

第十三條▲（區域計畫之變更）

區域計畫公告實施後,擬定計畫之機關應視實際發展情況,**每五年通盤檢討**一次,並作必要之變更。但有下列情事之一者,得隨時**檢討變更**之：

一、發生或避免重大災害。

二、興辦重大開發或建設事業。

三、區域建設推行委員會之建議。

區域計畫之變更,依第九條及第十條程序辦理；必要時上級主管機關得比照第六條第二項規定變更之。

第十四條▲（調查勘測）

主管機關因擬定或變更區域計畫,得派員進入公私土地實施**調查或勘測**。但設有圍障之土地,應事先通知土地所有權人或其使用人；通知無法送達時,得以公告方式

為之。

為實施前項調查或勘測，必須遷移或拆除地上障礙物，以致所有權人或使用人遭受損失者，應予適當之**補償**。補償金額依協議為之；協議不成，報請上級政府核定之。

第三章　區域土地使用管制

第十五條▲（非都市土地分區管制）

區域計畫公告實施後，不屬第十一條之非都市土地，應由有關直轄市或縣（市）政府，按照非都市土地分區使用計畫，製定**非都市土地使用分區圖**，並**編定各種使用地**，報經上級主管機關核備後，實施管制。變更之程序亦同。其管制規則，由中央主管機關定之。

前項非都市土地分區圖，應按鄉、鎮（市）分別繪製，並利用重要建築或地形上顯著標誌及地籍所載區段以標明土地位置。

第十五條之一▲（分區變更之程序）

區域計畫完成通盤檢討公告實施後，不屬第十一條之非都市土地，符合非都市土地分區使用計畫者，得依下列規定，辦理分區變更：

一、政府為加強資源保育須檢討變更使用分區者，得由直轄市、縣（市）政府報經上級主管機關核定時，逕為辦理**分區變更**。

二、為開發利用，依各該區域計畫之規定，由申請人擬具開發計畫，檢同有關文件，向直轄市、縣（市）政府申請，報經各該區域計畫擬定機關許可後，辦理**分區變更**。

區域計畫擬定機關為前項第二款計畫之許可前，應先將申請開發案提報各該**區域計畫委員會**審議之。

第十五條之二▲（許可開發之審議）

依前條第一項第二款規定申請開發之案件，經審議符合下列各款條件，得**許可開發**：

一、於國土利用係屬適當而合理者。

二、不違反中央、直轄市或縣（市）政府基於中央法規或地方自治法規所為之土地利用或環境保護計畫者。

三、對環境保護、自然保育及災害防止為妥適規劃者。

四、與水源供應、鄰近之交通設施、排水系統、電力、電信及垃圾處理等公共設施及公用設備服務能相互配合者。

五、取得開發地區土地及建築物權利證明文件者。

前項審議之作業規範，由中央主管機關會商有關機關定之。

第十五條之三▲（開發影響費）

申請開發者依第十五條之一第一項第二款規定取得區域計畫擬定機關許可後，辦理分區或用地變更前，應將開發區內之公共設施用地完成分割移轉登記為各該直轄

市、縣（市）有或鄉、鎮（市）有，並向直轄市、縣（市）政府繳交**開發影響費**，作為改善或增建相關公共設施之用；該開發影響費得以開發區內可**建築土地抵充**之。

前項開發影響費之收費範圍、標準及其他相關事項，由中央主管機關定之。

第一項開發影響費得成立基金；其收支保管及運用辦法，由直轄市、縣（市）主管機關定之。

第一項開發影響費之徵收，於都市土地準用之。

第十五條之四▲（許可審議之期限及延長）

依第十五條之一第一項第二款規定申請開發之案件，直轄市、縣（市）政府應於受理後六十日內，報請各該區域計畫擬定機關辦理許可審議，區域計畫擬定機關並應於**九十日內**將審議結果通知申請人。但有特殊情形者，**得延長一次**，其延長期間並不得超過原規定之期限。

第十五條之五▲（上級主管機關辦理許可審議）

直轄市、縣（市）政府不依前條規定期限，將案件報請區域計畫擬定機關審議者，其上級主管機關得令其一定期限內為之；逾期仍不為者，上級主管機關得依申請，逕為辦理許可審議。

第十六條▲（非都市土地分區圖公告）

直轄市或縣（市）政府依第十五條規定實施非都市土地分區使用管制時，應將非都市土地分區圖及編定結果予以公告；其編定結果，應通知土地所有權人。

前項分區圖複印本，發交有關鄉（鎮、市）公所保管，隨時備供人民免費閱覽。

第十七條▲（因區域計畫受害土地改良物之補償）

區域計畫實施時，其地上原有之土地改良物，不合土地分區使用計畫者，經政府令其變更使用或拆除時所受之損害，應予適當補償。補償金額，由雙方協議之。協議不成，由當地直轄市、縣（市）政府報請上級政府予以核定。

第四章　區域開發建設之推動

第十八條▲（區域建設推行委員會之組成）

中央、直轄市、縣（市）主管機關為推動區域計畫之實施及區域公共設施之興修，得邀同有關政府機關、民意機關、學術機構、人民團體、公私企業等組成區域建設推行委員會。

第十九條▲（區域建設推行委員會之任務）

區域建設推行委員會之任務如下：
一、有關區域計畫之建議事項。
二、有關區域開發建設事業計畫之建議事項。
三、有關個別開發建設事業之協調事項。
四、有關籌措區域公共設施建設經費之協助事項。
五、有關實施區域開發建設計畫之促進事項。
六、其他有關區域建設推行事項。

第二十條▲（開發建設進度）

區域計畫公告實施後，區域內個別事業主管機關，應配合區域計畫及區域建設推行委員會之建議，分別訂定開發或建設進度及編列年度預算，依期辦理之。

第五章　罰則

第二十一條▲（罰則）

違反第十五條第一項之管制使用土地者，由該管直轄市、縣（市）政府處**新臺幣六萬元以上三十萬元以下罰鍰**，並得限期令其變更使用、停止使用或拆除其地上物恢復原狀。

前項情形經限期變更使用、停止使用或拆除地上物恢復原狀而不遵從者，得**按次處罰**，並**停止供水、供電、封閉、強制拆除**或採取其他恢復原狀之措施，其費用由土地或地上物所有人、使用人或管理人負擔。

前二項罰鍰，經限期繳納逾期不繳納者，移送法院強制執行。

第二十二條▲（罰則）

違反前條規定不依限變更土地使用或拆除建築物恢復土地原狀者，除依行政執行法辦理外，並得處**六個月以下有期徒刑或拘役**。

第六章　附則

第二十二條之一▲（審查費之收取）
區域計畫擬定機關或上級主管機關依本法為土地開發案件之許可審議，應收取審查費；其收費標準，由中央主管機關定之。

第二十三條▲（施行細則）
本法施行細則，由內政部擬訂，報請行政院核定之。

第二十四條▲（施行日）
本法自公布日施行。

非都市土地使用管制規則

中華民國六十五年三月三十日內政部訂定發布全文8條
中華民國九十年三月二十六日內政部修正發布全文59條；並自發布日起實施
中華民國一百零三年十二月三十一日內政部內授中辦地第1031303711號令修正發布第2、3、9、17、30-1～30-3、43、49-1、52-1、56條條文及第6條條文之附表一、第27條條文之附表三；增訂第30-4、31-1、31-2條條文；並刪除第44-2條條文
中華民國一百零四年十二月三十一日內政部內授中辦地字第1041311398號令修正發布第6、35條條文及第27條附表三；並增訂6-2、6-3條條文
中華民國一百零八年二月十四日內政部內授中辦地字第1080260590號令修正發布第35、52-1條條文及第6條附表一；並增訂第46-1條條文
中華民國一百零八年五月三十日內政部台內地字第1080262814號令增訂發布第9-1條條文
中華民國一百零八年九月十九日內政部台內地字第1080264995號令增訂發布第23-3、30-6條條文
中華民國一百零九年三月三十日內政部台內地字第1090261617號令修正發布第9-1條條文
中華民國一百十年七月十五日內政部台內地字第1100263579號令修正發布第9、30、52-1條條文及第6條條文之附表一
中華民國一百十年十月十三日內政部台內地字第1100265188號令修正發布第9條條文
中華民國一百十一年七月二十日內政部台內地字第1110264095號令修正發布第40條條文及第6條條文之附表一

中華民國一百十一年七月二十七日行政院院臺規字第1110182320號公告第9-1條第5項所列屬「科技部」之權責事項,自一百十一年七月二十七日起改由「國家科學及技術委員會」管轄

中華民國一百十三年三月二十九日內政部台內國字第1130802987號令修正發布第6條條文之附表一;並增訂第30-7、30-8條條文

第一章　總則

第一條

本規則依區域計畫法(以下簡稱本法)第十五條第一項規定訂定之。

第二條

非都市土地得劃定為特定農業、一般農業、工業、鄉村、森林、山坡地保育、風景、國家公園、河川、海域、特定專用等使用分區。

第三條

非都市土地依其使用分區之性質,編定為甲種建築、乙種建築、丙種建築、丁種建築、農牧、林業、養殖、鹽業、礦業、窯業、交通、水利、遊憩、古蹟保存、生態保護、國土保安、殯葬、海域、特定目的事業等使用地。

第四條

非都市土地之使用，除國家公園區內土地，由國家公園主管機關依法管制外，按其編定使用地之類別，依本規則規定管制之。

第五條

非都市土地使用分區劃定及使用地編定後，由直轄市或縣（市）政府管制其使用，並由當地鄉（鎮、市、區）公所隨時檢查，其有違反土地使用管制者，應即報請直轄市或縣（市）政府處理。

鄉（鎮、市、區）公所辦理前項檢查，應指定人員負責辦理。

直轄市或縣（市）政府為處理第一項違反土地使用管制之案件，應成立聯合取締小組定期查處。

前項直轄市或縣（市）聯合取締小組得請目的事業主管機關定期檢查是否依原核定計畫使用。

第二章　容許使用、建蔽率及容積率

第六條

非都市土地經劃定使用分區並編定使用地類別，應依其容許使用之項目及許可使用細目使用。但中央目的事業主管機關認定為重大建設計畫所需之臨時性設施，經徵得使用地之中央主管機關及有關機關同意後，得核准為臨時使用。中央目的事業主管機關於核准時，應函請直轄市或縣（市）政府將臨時使用用途及期限等資料，依

相關規定程序登錄於土地參考資訊檔。中央目的事業主管機關及直轄市、縣（市）政府應負責監督確實依核定計畫使用及依限拆除恢復原狀。

前項容許使用及臨時性設施，其他法律或依本法公告實施之區域計畫有禁止或限制使用之規定者，依其規定。

海域用地以外之各種使用地容許使用項目、許可使用細目及其附帶條件如附表一；海域用地容許使用項目及區位許可使用細目如附表一之一。

非都市土地容許使用執行要點，由內政部定之。

目的事業主管機關為辦理容許使用案件，得視實際需要，訂定審查作業要點。

第六條之一

依前條第三項附表一規定應申請許可使用者，應檢附下列文件，向目的事業主管機關申請核准：

一、非都市土地許可使用申請書如附表五。

二、使用計畫書。

三、土地登記（簿）謄本及地籍圖謄本。

四、申請許可使用同意書。

五、土地使用配置圖及位置示意圖。

六、其他有關文件。

前項第三款之文件能以電腦處理者，免予檢附。申請人為土地所有權人者，免附第一項第四款規定之文件。第一項第一款申請書格式，目的事業主管機關另有規定者，得依其規定辦理。

第六條之二

依第六條第三項附表一之一規定於海域用地申請區位許可者,應檢附申請書如附表一之二,向中央主管機關申請核准。

依前項於海域用地申請區位許可,經審查符合下列各款條件者,始得核准:

一、對於海洋之自然條件狀況、自然資源分布、社會發展需求及國家安全考量等,係屬適當而合理。

二、申請區位若位屬附表一之二環境敏感地區者,應經各項環境敏感地區之中央法令規定之目的事業主管機關同意。

三、興辦事業計畫經目的事業主管機關核准或原則同意。

四、申請區位屬下列情形之一者:
　㈠非屬已核准區位許可範圍。
　㈡屬已核准區位許可範圍,並經該目的事業主管機關同意。
　㈢屬已核准區位許可範圍,且該區位逾三年未使用。

第一項申請案件,中央主管機關應會商有關機關審查。但涉重大政策或認定疑義者,應依下列原則處理:

一、於不影響海域永續利用之前提下,尊重現行之使用。

二、申請區位、資源和環境等為自然屬性者優先。

三、多功能使用之海域，以公共福祉最大化之使用優先，相容性較高之使用次之。

本規則中華民國一百零五年一月二日修正生效前，依其他法令已同意使用之用海範圍，且屬第一項需申請區位許可者，各目的事業主管機關應於本規則中華民國一百零五年一月二日修正生效後六個月內，將同意使用之用海範圍及相關資料報送中央主管機關；其使用之用海範圍，視同取得區位許可。

於海域用地申請區位許可審議之流程如附表一之三。

第六條之三

中央主管機關依前條核准區位許可者，應按個案情形核定許可期間，並核發區位許可證明文件，將審查結果納入海域相關之基本資料庫，並副知該目的事業主管機關及直轄市、縣（市）政府。

第七條

山坡地範圍內森林區、山坡地保育區及風景區之土地，在未編定使用地之類別前，適用林業用地之管制。

第八條

土地使用編定後，其原有使用或原有建築物不合土地使用分區規定者，在政府令其變更使用或拆除建築物前，得為從來之使用。原有建築物除准修繕外，不得增建或改建。

前項土地或建築物，對公眾安全、衛生及福利有重大妨礙者，該管直轄市或縣（市）政府應限期令其變更或停

止使用、遷移、拆除或改建，所受損害應予適當補償。

第九條

下列非都市土地建蔽率及容積率不得超過下列規定。但直轄市或縣（市）政府得視實際需要酌予調降，並報請中央主管機關備查：

一、甲種建築用地：建蔽率百分之六十。容積率百分之二百四十。

二、乙種建築用地：建蔽率百分之六十。容積率百分之二百四十。

三、丙種建築用地：建蔽率百分之四十。容積率百分之一百二十。

四、丁種建築用地：建蔽率百分之七十。容積率百分之三百。

五、窯業用地：建蔽率百分之六十。容積率百分之一百二十。

六、交通用地：建蔽率百分之四十。容積率百分之一百二十。

七、遊憩用地：建蔽率百分之四十。容積率百分之一百二十。

八、殯葬用地：建蔽率百分之四十。容積率百分之一百二十。

九、特定目的事業用地：建蔽率百分之六十。容積率百分之一百八十。

經區域計畫擬定機關核定之開發計畫，有下列情形之

一,區內可建築基地經編定為特定目的事業用地者,其建蔽率及容積率依核定計畫管制,不受前項第九款規定之限制:
一、規劃為工商綜合區使用之特定專用區。
二、規劃為非屬製造業及其附屬設施使用之工業區。
依工廠管理輔導法第二十八條之十辦理使用地變更編定之特定目的事業用地,其建蔽率不受第一項第九款規定之限制。但不得超過百分之七十。
經主管機關核定之土地使用計畫,其建蔽率及容積率低於第一項之規定者,依核定計畫管制之。
第一項以外使用地之建蔽率及容積率,由下列使用地之中央主管機關會同建築管理、地政機關訂定:
一、農牧、林業、生態保護、國土保安用地之中央主管機關:行政院農業委員會。
二、養殖用地之中央主管機關:行政院農業委員會漁業署。
三、鹽業、礦業、水利用地之中央主管機關:經濟部。
四、古蹟保存用地之中央主管機關:文化部。

第九條之一

依原獎勵投資條例、原促進產業升級條例或產業創新條例編定開發之工業區,或其他政府機關依該園區設置管理條例設置開發之園區,於符合核定開發計畫,並供生產事業、工業及必要設施使用者,其擴大投資或產業升級轉型之興辦事業計畫,經工業主管機關或各園區主管

機關同意,平均每公頃新增投資金額(不含土地價款)超過新臺幣四億五千萬元者,平均每公頃再增加投資新臺幣一千萬元,得增加法定容積百分之一,上限為法定容積百分之十五。

前項擴大投資或產業升級轉型之興辦事業計畫,為提升能源使用效率及設置再生能源發電設備,於取得前項增加容積後,並符合下列各款規定之一者,得依下列項目增加法定容積:
一、設置能源管理系統:百分之二。
二、設置太陽光電發電設備於廠房屋頂,且水平投影面積占屋頂可設置區域範圍百分之五十以上:百分之三。

第一項擴大投資或產業升級轉型之興辦事業計畫,依前二項規定申請後,仍有增加容積需求者,得依工業或各園區主管機關法令規定,以捐贈產業空間或繳納回饋金方式申請增加容積。

第一項規定之工業區或園區,區內可建築基地經編定為丁種建築用地者,其容積率不受第九條第一項第四款規定之限制。但合併計算前三項增加之容積,其容積率不得超過百分之四百。

第一項至第三項增加容積之審核,在中央由經濟部、科技部或行政院農業委員會為之;在直轄市或縣(市)由直轄市或縣(市)政府為之。

前五項規定應依第二十二條規定辦理後,始得為之。

第三章　土地使用分區變更

第十條

非都市土地經劃定使用分區後，因申請開發，依區域計畫之規定需辦理土地使用分區變更者，應依本規則之規定辦理。

第十一條

非都市土地申請開發達下列規模者，應辦理土地使用分區變更：

一、申請開發社區之計畫達五十戶或土地面積在一公頃以上，應變更為鄉村區。

二、申請開發為工業使用之土地面積達十公頃以上或依產業創新條例申請開發為工業使用之土地面積達五公頃以上，應變更為工業區。

三、申請開發遊憩設施之土地面積達五公頃以上，應變更為特定專用區。

四、申請設立學校之土地面積達十公頃以上，應變更為特定專用區。

五、申請開發高爾夫球場之土地面積達十公頃以上，應變更為特定專用區。

六、申請開發公墓之土地面積達五公頃以上或其他殯葬設施之土地面積達二公頃以上，應變更為特定專用區。

七、前六款以外開發之土地面積達二公頃以上，應變更

為特定專用區。

前項辦理土地使用分區變更案件,申請開發涉及其他法令規定開發所需最小規模者,並應符合各該法令之規定。

申請開發涉及填海造地者,應按其開發性質辦理變更為適當土地使用分區,不受第一項規定規模之限制。

中華民國七十七年七月一日本規則修正生效後,同一或不同申請人向目的事業主管機關提出二個以上興辦事業計畫申請之開發案件,其申請開發範圍毗鄰,且經目的事業主管機關審認屬同一興辦事業計畫,應累計其面積,累計開發面積達第一項規模者,應一併辦理土地使用分區變更。

第十二條

為執行區域計畫,各級政府得就各區域計畫所列重要風景及名勝地區研擬風景區計畫,並依本規則規定程序申請變更為風景區,其面積以二十五公頃以上為原則。但離島地區,不在此限。

第十三條

非都市土地開發需辦理土地使用分區變更者,其申請人應依相關審議作業規範之規定製作開發計畫書圖及檢具有關文件,並依下列程序,向直轄市或縣(市)政府申請辦理:

一、申請開發許可。

二、相關公共設施用地完成土地使用分區及使用地之異

動登記，並移轉登記為該管直轄市、縣（市）有或鄉（鎮、市）有。但其他法律就移轉對象另有規定者，從其規定。
三、申請公共設施用地以外土地之土地使用分區及使用地之異動登記。
四、山坡地範圍，依水土保持法相關規定應擬具水土保持計畫者，應取得水土保持完工證明書；非山坡地範圍，應取得整地排水完工證明書。

但申請開發範圍包括山坡地及非山坡地範圍，非山坡地範圍經水土保持主管機關同意納入水土保持計畫範圍者，得免取得整地排水完工證明書。

填海造地及非山坡地範圍農村社區土地重劃案件，免依前項第四款規定取得整地排水完工證明書。

第一項第二款相關公共設施用地按核定開發計畫之公共設施分期計畫異動登記及移轉者，第一項第三款土地之異動登記，應按該分期計畫申請辦理變更為許可之使用分區及使用地。

第十四條

直轄市或縣（市）政府依前條規定受理申請後，應查核開發計畫書圖及基本資料，並視開發計畫之使用性質，徵詢相關單位意見後，提出具體初審意見，併同申請案之相關書圖，送請各該區域計畫擬定機關，提報其區域計畫委員會，依各該區域計畫內容與相關審議作業規範及建築法令之規定審議。

前項申請案經區域計畫委員會審議同意後,由區域計畫擬定機關核發開發許可予申請人,並通知土地所在地直轄市或縣(市)政府。

依前條規定申請使用分區變更之土地,其使用管制及開發建築,應依區域計畫擬定機關核發開發許可或開發同意之開發計畫書圖及其許可條件辦理,申請人不得逕依第六條附表一作為開發計畫以外之其他容許使用項目或許可使用細目使用。

第十四條之一

非都市土地申請開發許可案件,申請人得於區域計畫擬定機關許可前向該機關申請撤回;區域計畫擬定機關於同意撤回後,應通知申請人及土地所在地直轄市或縣(市)政府。

第十五條

非都市土地開發需辦理土地使用分區變更者,申請人於申請開發許可時,得依相關審議作業規範規定,檢具開發計畫申請許可,或僅先就開發計畫之土地使用分區變更計畫申請同意,並於區域計畫擬定機關核准期限內,再檢具使用地變更編定計畫申請許可。

申請開發殯葬、廢棄物衛生掩埋場、廢棄物封閉掩埋場、廢棄物焚化處理廠、營建剩餘土石方資源處理場及土石採取場等設施,應先就開發計畫之土地使用分區變更計畫申請同意,並於區域計畫擬定機關核准期限內,檢具使用地變更編定計畫申請許可。

第十六條

申請人依前條規定僅先就開發計畫之土地使用分區變更計畫申請同意時,應於區域計畫擬定機關核准期限內,檢具開發計畫之使用地變更編定計畫向直轄市或縣(市)政府申請許可,逾期未申請者,其原經區域計畫擬定機關同意之土地使用分區變更計畫失其效力。但在核准期限屆滿前申請,並經區域計畫擬定機關同意延長期限者,不在此限。

前項使用地變更編定計畫,經直轄市或縣(市)政府查核資料,並報經區域計畫委員會審議同意後,由區域計畫擬定機關核發開發許可予申請人,並通知土地所在地直轄市或縣(市)政府。

第十六條之一

申請人依第十五條規定僅先就開發計畫之土地使用分區變更計畫申請同意者,應於使用地變更編定計畫取得區域計畫擬定機關許可後,始得依第十三條第一項第二款至第四款規定辦理。但依第十五條第一項規定辦理之案件,經興辦事業計畫之中央目的事業主管機關認定屬重大建設計畫且有迫切需要,於取得區域計畫擬定機關同意後,得先申請土地使用分區之異動登記。

第十七條

申請土地開發者於目的事業法規另有規定,或依法需辦理環境影響評估、實施水土保持之處理及維護或涉及農業用地變更者,應依各目的事業、環境影響評估、水土

保持或農業發展條例有關法規規定辦理。

前項環境影響評估、水土保持或區域計畫擬定等主管機關之審查作業，得採併行方式辦理，其審議程序如附表二及附表二之一。

第十八條

非都市土地申請開發屬綜合性土地利用型態者，應由區域計畫擬定機關依其土地使用性質，協調判定其目的事業主管機關。

前項綜合性土地利用型態，係指多類別使用分區變更案或多種類土地使用（開發）案。

第十九條

申請人依第十三條第一項第一款規定申請開發許可，依區域計畫委員會審議同意之計畫內容或各目的事業相關法規之規定，需與當地直轄市或縣（市）政府簽訂協議書者，應依審議同意之計畫內容及各目的事業相關法規之規定，與當地直轄市或縣（市）政府簽訂協議書。

前項協議書應於區域計畫擬定機關核發開發許可前，經法院公證。

第二十條

區域計畫擬定機關核發開發許可、廢止開發許可或開發同意後，直轄市或縣（市）政府應將許可或廢止內容於各該直轄市、縣（市）政府或鄉（鎮、市、區）公所公告三十日。

第二十一條

申請人有下列情形之一者，直轄市或縣（市）政府應報經區域計畫擬定機關廢止原開發許可或開發同意：
一、違反核定之土地使用計畫、目的事業或環境影響評估等相關法規，經該管主管機關提出要求處分並經限期改善而未改善。
二、興辦事業計畫經目的事業主管機關廢止或依法失其效力、整地排水計畫之核准經直轄市或縣（市）政府廢止或水土保持計畫之核准經水土保持主管機關廢止或依法失其效力。
三、申請人自行申請廢止。

屬區域計畫擬定機關委辦直轄市或縣（市）政府審議許可案件，由直轄市或縣（市）政府廢止原開發許可，並副知區域計畫擬定機關。

屬中華民國九十二年三月二十八日本規則修正生效前免經區域計畫擬定機關審議，並達第十一條規定規模之山坡地開發許可案件，中央主管機關得委辦直轄市、縣（市）政府依前項規定辦理。

第二十一條之一

開發許可或開發同意依前條規定廢止，或依第二十三條第一項規定失其效力者，其土地使用分區及使用地已完成變更異動登記者，依下列規定辦理：
一、未依核定開發計畫開始開發、或已開發尚未取得建造執照、或已取得建造執照尚未施工之土地，直轄市或縣（市）政府應依編定前土地使用性質辦理變

更或恢復開發許可或開發同意前原土地使用分區及使用地類別。
二、已依核定開發計畫完成使用或已依建造執照施工尚未取得使用執照之土地，申請人應於廢止或失其效力之日起一年內重新申請使用分區或使用地變更。申請人於獲准開發許可前，直轄市或縣（市）政府得維持其土地使用分區與使用地類別，及開發許可或開發同意廢止或失其效力時之土地使用現狀。

申請人因故未能於前項第二款規定期限內申請土地使用分區或使用地變更，於不影響公共安全者，得於期限屆滿前敘明理由向直轄市、縣（市）政府申請展期；展期期間每次不得超過一年，並以二次為限。

第一項第二款應重新申請之土地，逾期未重新申請使用分區或使用地變更，或經申請使用分區或使用地變更未獲准許可，或申請人以書面表示不再重新申請者，直轄市或縣（市）政府應依編定前土地使用性質辦理變更或恢復開發許可或開發同意前之土地使用分區及使用地類別。

依第十六條之一但書規定，先完成土地使用分區之異動登記者，因原經區域計畫擬定機關同意之土地使用分區變更計畫失其效力，或使用地變更編定計畫經區域計畫擬定機關不予許可，直轄市或縣（市）政府應依編定前土地使用性質辦理變更或恢復土地使用分區變更計畫同意前原土地使用分區類別。

第二十二條

區域計畫擬定機關核發開發許可或開發同意後,申請人有下列各款情形之一,經目的事業主管機關認定未變更原核准興辦事業計畫之性質者,應依第十三條至第二十條規定之程序申請變更開發計畫:

一、增、減原經核准之開發計畫土地涵蓋範圍。
二、增加全區土地使用強度或建築高度。
三、變更原開發計畫核准之主要公共設施、公用設備或必要性服務設施。
四、原核准開發計畫土地使用配置變更之面積已達原核准開發面積二分之一或大於二公頃。
五、增加使用項目與原核准開發計畫之主要使用項目顯有差異,影響開發範圍內其他使用之相容性或品質。
六、變更原開發許可或開發同意函之附款。
七、變更開發計畫內容,依相關審議作業規範規定,屬情況特殊或規定之例外情形應由區域計畫委員會審議。

前項以外之變更事項,申請人應製作變更內容對照表送請直轄市或縣(市)政府,經目的事業主管機關認定未變更原核准興辦事業計畫之性質,由直轄市或縣(市)政府予以備查後通知申請人,並副知目的事業主管機關及區域計畫擬定機關。但經直轄市、縣(市)政府認定有前項各款情形之一或經目的事業主管機關認定變更原

核准興辦事業計畫之性質者,直轄市或縣(市)政府應通知申請人依前項或第二十二條之二規定辦理。

因政府依法徵收、撥用或協議價購土地,致減少原經核准之開發計畫土地涵蓋範圍,而有第一項第三款所列情形,於不影響基地開發之保育、保安、防災並經專業技師簽證及不妨礙原核准開發許可或開發同意之主要公共設施、公用設備或必要性服務設施之正常功能,得準用前項規定辦理。

依原獎勵投資條例編定之工業區,申請人變更原核准計畫,未涉及原工業區興辦目的性質之變更者,由工業主管機關辦理審查,免徵得區域計畫擬定機關同意。

依第一項及第三項規定應申請變更開發計畫或製作變更內容對照表備查之認定原則如附表二之二。

第二十二條之一

申請人依前條規定申請變更開發計畫,符合下列情形之一者,區域計畫擬定機關得委辦直轄市、縣(市)政府審議許可:

一、中華民國九十二年三月二十八日本規則修正生效前免經區域計畫擬定機關審議,並達第十一條規定規模之山坡地開發許可案件。

二、依本法施行細則第十八條第二項規定,區域計畫擬定機關委辦直轄市、縣(市)政府審議核定案件。

三、原經區域計畫擬定機關核發開發許可或開發同意之案件,且變更開發計畫無下列情形:

㈠坐落土地跨越二個以上直轄市或縣（市）行政區域。
㈡屬填海造地案件。
㈢前條第一項第六款或第七款規定情形。

第二十二條之二

經區域計畫擬定機關核發開發許可、開發同意或依原獎勵投資條例編定之案件，變更原經目的事業主管機關核准之興辦事業計畫性質且面積達第十一條規模者，申請人應依本章規定程序重新申請使用分區變更。

前項面積未達第十一條規模者，申請人應依第四章規定申請使用地變更編定。

前二項除依原獎勵投資條例編定之案件外，其原許可或同意之開發計畫未涉及興辦事業計畫性質變更部分，應依第二十二條規定辦理變更；興辦事業計畫性質變更涉及全部基地範圍，原許可或同意之開發計畫，應依第二十一條規定辦理廢止。

第一項或第二項之變更及前項變更開發計畫或廢止原許可或同意之程序，得併同辦理，免依第二十一條之一第一項規定辦理。

第一項及第二項之變更，涉及其他法令規定開發所需最小規模者，並應符合各該法令之規定。

經變更後興辦事業之目的事業主管機關認定第一項興辦事業計畫性質之變更，係因公有土地權屬或管理機關變更所致者，依第二十二條第二項規定辦理；涉及原許可

或同意之廢止者，依第四項規定辦理。

第二十三條

申請人於獲准開發許可後，應依下列規定辦理；逾期未辦理者，區域計畫擬定機關原許可失其效力：

一、於收受開發許可通知之日起一年內，取得第十三條第一項第二款、第三款土地使用分區及使用地之異動登記及公共設施用地移轉之文件，並擬具水土保持計畫或整地排水計畫送請水土保持主管機關或直轄市、縣（市）政府審核。但開發案件因故未能於期限內完成土地使用分區及使用地之異動登記、公共設施用地移轉及申請水土保持計畫或整地排水計畫審核者，得於期限屆滿前敘明理由向直轄市、縣（市）政府申請展期；展期期間每次不得超過一年，並以二次為限。

二、於收受開發許可通知之日起十年內，取得公共設施用地以外可建築用地使用執照或目的事業主管機關核准營運（業）之文件。但開發案件因故未能於期限內取得者，得於期限屆滿前提出展期計畫向直轄市、縣（市）政府申請核准後，於核准展期期限內取得之；展期計畫之期間不得超過五年，並以一次為限。

前項屬非山坡地範圍案件整地排水計畫之審查項目、變更、施工管理及相關申請書圖文件，由內政部定之。

申請人依第十三條第一項或第三項規定，將相關公共設

施用地移轉登記為該管直轄市、縣（市）有或鄉（鎮、市）有後，應依核定開發計畫所訂之公共設施分期計畫，於申請建築物之使用執照前完成公共設施興建，並經直轄市或縣（市）政府查驗合格，移轉予該管直轄市、縣（市）有或鄉（鎮、市）有。但公共設施之捐贈及完成時間，其他法令另有規定者，從其規定。

前項應移轉登記為鄉（鎮、市）有之公共設施，鄉（鎮、市）公所應派員會同查驗。

第二十三條之一

中華民國一百零五年十一月三十日本規則修正生效前經區域計畫擬定機關許可或同意之開發案件，未依下列各款規定之一辦理者，應依前條第一項、第三項及第四項規定辦理：

一、依九十年三月二十八日本規則修正生效之前條規定，申請雜項執照或水土保持施工許可。

二、依九十九年四月三十日本規則修正生效之前條規定，申請水土保持施工許可證或整地排水計畫施工許可證。

三、依一百零二年九月二十一日本規則修正生效之前條規定，申請水土保持計畫或整地排水計畫。

已依前項各款規定之一申請，尚未取得水土保持或整地排水完工證明文件者，應依前條第一項第二款、第三項及第四項規定辦理。

前二項計算前條第一項之期限，以中華民國一百零五年

十一月三十日本規則修正生效日為起始日。

第二十三條之二

申請人應於核定整地排水計畫之日起一年內，申領整地排水施工許可證。

整地排水計畫需分期施工者，應於計畫中敘明各期施工之內容，並按期申領整地排水施工許可證。

整地排水施工許可證核發時，應同時核定施工期限或各期施工期限。

整地排水施工，因故未能於核定期限內完工時，應於期限屆滿前敘明事實及理由向直轄市、縣（市）政府申請展期。展期期間每次不得超過六個月，並以二次為限。但因天災或其他不應歸責於申請人之事由，致無法施工者，得扣除實際無法施工期程天數。

未依第一項規定之期限申領整地排水施工許可證或未於第三項所定施工期限或前項展延期限內完工者，直轄市或縣（市）政府應廢止原核定整地排水計畫，如已核發整地排水施工許可證，應同時廢止。

第二十三條之三

申請人獲准開發許可後，依水利法相關規定需辦理出流管制計畫者，免依第十三條第一項第四款、第二十三條第一項第一款、第二十三條之一第一項及前條整地排水相關規定辦理。

第二十四條

（本條刪除）

第二十五條

（本條刪除）

第二十六條

申請人於非都市土地開發依相關法規規定應繳交開發影響費、捐贈土地、繳交回饋金或提撥一定年限之維護管理保證金時，應先完成捐贈之土地及公共設施用地之分割、移轉登記，並繳交開發影響費、回饋金或提撥一定年限之維護管理保證金後，由直轄市或縣（市）政府函請土地登記機關辦理土地使用分區及使用地變更編定異動登記，並將核定事業計畫使用項目等資料，依相關規定程序登錄於土地參考資訊檔。

第四章　使用地變更編定

第二十七條

土地使用分區內各種使用地，除依第三章規定辦理使用分區及使用地變更者外，應在原使用分區範圍內申請變更編定。

前項使用分區內各種使用地之變更編定原則，除本規則另有規定外，應依使用分區內各種使用地變更編定原則表如附表三辦理。

非都市土地變更編定執行要點，由內政部定之。

第二十八條

申請使用地變更編定，應檢附下列文件，向土地所在地

直轄市或縣（市）政府申請核准，並依規定繳納規費：
一、非都市土地變更編定申請書如附表四。
二、興辦事業計畫核准文件。
三、申請變更編定同意書。
四、土地使用計畫配置圖及位置圖。
五、其他有關文件。

下列申請案件免附前項第二款及第四款規定文件：
一、符合第三十五條、第三十五條之一第一項第一款、第二款、第四款或第五款規定之零星或狹小土地。
二、依第四十條規定已檢附需地機關核發之拆除通知書。
三、鄉村區土地變更編定為乙種建築用地。
四、變更編定為農牧、林業、國土保安或生態保護用地。

申請案件符合第三十五條之一第一項第三款者，免附第一項第二款規定文件。

申請人為土地所有權人者，免附第一項第三款規定之文件。

興辦事業計畫有第三十條第二項及第三項規定情形者，應檢附區域計畫擬定機關核發許可文件。其屬山坡地範圍內土地申請興辦事業計畫面積未達十公頃者，應檢附興辦事業計畫面積免受限制文件。

第二十九條

申請人依相關法規規定應繳交回饋金或提撥一定年限之

維護管理保證金者，直轄市或縣（市）政府應於核准變更編定時，通知申請人繳交；直轄市或縣（市）政府應於申請人繳交後，函請土地登記機關辦理變更編定異動登記。

第三十條

辦理非都市土地變更編定時，申請人應擬具興辦事業計畫。

前項興辦事業計畫如有第十一條或第十二條需辦理使用分區變更之情形者，應依第三章規定之程序及審議結果辦理。

第一項興辦事業計畫於原使用分區內申請使用地變更編定，或因變更原經目的事業主管機關核准之興辦事業計畫性質，達第十一條規定規模，準用第三章有關土地使用分區變更規定程序辦理。

第一項興辦事業計畫除有前二項規定情形外，應報經直轄市或縣（市）目的事業主管機關之核准。直轄市或縣（市）目的事業主管機關於核准前，應先徵得變更前直轄市或縣（市）目的事業主管機關及有關機關同意。但依規定需向中央目的事業主管機關申請或徵得其同意者，應從其規定辦理。變更後目的事業主管機關為審查興辦事業計畫，得視實際需要，訂定審查作業要點。

申請人以前項經目的事業主管機關核准興辦事業計畫辦理使用地變更編定者，直轄市或縣（市）政府於核准變更編定時，應函請土地登記機關辦理異動登記，並將核

定事業計畫使用項目等資料，依相關規定程序登錄於土地參考資訊檔。

依第四項規定申請變更編定之土地，其使用管制及開發建築，應依目的事業主管機關核准之興辦事業計畫辦理，申請人不得逕依第六條附表一作為興辦事業計畫以外之其他容許使用項目或許可使用細目使用。

依第二十八條第二項或第三項規定免檢附興辦事業計畫核准文件之變更編定案件，直轄市或縣（市）政府於核准前，應先徵得變更前直轄市或縣（市）目的事業主管機關及有關機關同意。但依規定需徵得中央目的事業主管機關同意者，應從其規定辦理。

第三十條之一

依前條規定擬具之興辦事業計畫不得位於區域計畫規定之第一級環境敏感地區。但有下列情形之一者，不在此限：

一、屬內政部會商中央目的事業主管機關認定由政府興辦之公共設施或公用事業，且經各項第一級環境敏感地區之中央法令規定之目的事業主管機關同意興辦。

二、為整體規劃需要，不可避免夾雜之零星土地符合第三十條之二規定者，得納入範圍，並應維持原地形地貌不得開發使用。

三、依各項第一級環境敏感地區之中央目的事業主管法令明定得許可或同意開發。

四、屬優良農地，供農業生產及其必要之產銷設施使用，經農業主管機關認定符合農業發展所需，且不影響農業生產環境及農地需求總量。

五、位於水庫集水區（供家用或供公共給水）非屬與水資源保育直接相關之環境敏感地區範圍，且該水庫集水區經水庫管理機關（構）擬訂水庫集水區保育實施計畫，開發行為不影響該保育實施計畫之執行。

前項第五款與水資源保育直接相關之環境敏感地區範圍，為特定水土保持區、飲用水水源水質保護區或飲用水取水口一定距離之地區、水庫蓄水範圍、森林（國有林事業區、保安林、大專院校實驗林地及林業試驗林地等森林地區、區域計畫劃定之森林區）、地質敏感區（山崩與地滑）、山坡地（坡度百分之三十以上）及優良農地之地區。

興辦事業計畫位於區域計畫規定之第一級環境敏感地區，且有第一項第五款情形者，應採低密度開發利用，目的事業主管機關審核其興辦事業計畫時，應參考下列事項：

一、開發基地之土砂災害、水質污染、保水與逕流削減相關影響分析及因應措施。

二、雨、廢（污）水分流、廢（污）水處理設施及水質監測設施之設置情形。

依第二十八條第二項或第三項規定免檢附興辦事業計畫

核准文件之變更編定案件，除申請變更編定為農牧、林業、生態保護或國土保安用地外，準用第一項規定辦理。

第三十條之二

第三十條擬具之興辦事業計畫範圍內有夾雜第一級環境敏感地區之零星土地者，應符合下列各款情形，始得納入申請範圍：

一、基於整體開發規劃之需要。

二、夾雜地仍維持原使用分區及原使用地類別，或同意變更編定為國土保安用地。

三、面積未超過基地開發面積之百分之十。

四、擬定夾雜地之管理維護措施。

第三十條之三

依第三十條規定擬具之興辦事業計畫位於第二級環境敏感地區者，應說明下列事項，並徵詢各項環境敏感地區之中央法令規定之目的事業主管機關意見：

一、就所屬環境敏感地區特性提出具體防範及補救措施，並不得違反各項環境敏感地區劃設所依據之中央目的事業法令之禁止或限制規定。

二、就所屬環境敏感地區特性規範土地使用種類及強度。

第三十條之四

依第三十條擬具之興辦事業計畫位屬原住民保留地者，在不妨礙國土保安、環境資源保育、原住民生計及原住

民行政之原則下，得為觀光遊憩、加油站、農產品集貨場倉儲設施、原住民文化保存、社會福利及其他經中央原住民族主管機關同意興辦之事業，不受第三十條之一規定之限制。

第三十條之五

依第三十條規定擬具之興辦事業計畫位於優良農地者，於本規則中華民國一百零七年三月二十一日修正生效前，已依法提出申請，並取得農業用地變更使用同意文件，經目的事業主管機關徵詢農業主管機關確認維持同意之意見，得適用修正生效前之規定。

依第二十八條第二項或第三項規定免檢附興辦事業計畫核准文件之變更編定案件，除申請變更編定為農牧、林業、生態保護或國土保安用地外，準用前項規定辦理。

第三十條之六

申請開發之基地位於原住民族特定區域計畫範圍者，依下列規定辦理：

一、該計畫劃設公告之水源保護區範圍，不適用第三十條之一第一項但書規定。

二、該計畫規定不受全國區域計畫第一級環境敏感地區不得辦理設施型使用地變更編定之限制，從其規定。

第三十條之七

政府主動辦理位於原住民族特定區域計畫內之使用地變更，因建物密集，致法定空地留設困難者，得以毗鄰相

關之多筆土地合併為一宗基地計算之，必要時得辦理地籍逕為分割。

第三十條之八

直轄市、縣（市）主管機關得會同原住民族主管機關，就原住民族特定區域計畫範圍內原住民保留地指定適宜區位，並經部落同意，由鄉（鎮、市、區）公所擬定興辦事業計畫、開發計畫或其他相關計畫，依第三章、農村社區土地重劃條例或農村再生條例等規定程序辦理。

第三十一條

工業區以外之丁種建築用地或都市計畫工業區土地有下列情形之一而原使用地或都市計畫工業區內土地確已不敷使用，經依產業創新條例第六十五條規定，取得直轄市或縣（市）工業主管機關核定發給之工業用地證明書者，得在其需用面積限度內以其毗連非都市土地申請變更編定為丁種建築用地：

一、設置污染防治設備。

二、直轄市或縣（市）工業主管機關認定之低污染事業有擴展工業需要。

前項第二款情形，興辦工業人應規劃變更土地總面積百分之十之土地作為綠地，辦理變更編定為國土保安用地，並依產業創新條例、農業發展條例相關規定繳交回饋金後，其餘土地始可變更編定為丁種建築用地。

依原促進產業升級條例第五十三條規定，已取得工業主管機關核定發給之工業用地證明書者，或依同條例第七

十條之二第五項規定,取得經濟部核定發給之證明文件者,得在其需用面積限度內以其毗連非都市土地申請變更編定為丁種建築用地。

都市計畫工業區土地確已不敷使用,依第一項申請毗連非都市土地變更編定者,其建蔽率及容積率,不得高於該都市計畫工業區土地之建蔽率及容積率。

直轄市或縣(市)工業主管機關應依第五十四條檢查是否依原核定計畫使用;如有違反使用,經直轄市或縣(市)工業主管機關廢止其擴展計畫之核定者,直轄市或縣(市)政府應函請土地登記機關恢復原編定,並通知土地所有權人。

第三十一條之一

位於依工廠管理輔導法第三十三條第三項公告未達五公頃之特定地區內已補辦臨時工廠登記之低污染事業興辦產業人,經取得中央工業主管機關核准之整體規劃興辦事業計畫文件者,得於特定農業區以外之土地申請變更編定為丁種建築用地及適當使用地。

興辦產業人依前項規定擬具之興辦事業計畫,應規劃百分之二十以上之土地作為公共設施,辦理變更編定為適當使用地,並由興辦產業人管理維護;其餘土地於公共設施興建完竣經勘驗合格後,依核定之土地使用計畫變更編定為丁種建築用地。

興辦產業人依前項規定,於區內規劃配置之公共設施無法與區外隔離者,得敘明理由,以區外之毗連土地,依

農業發展條例相關規定,配置適當隔離綠帶,併同納入第一項之興辦事業計畫範圍,申請變更編定為國土保安用地。

第一項特定地區外已補辦臨時工廠登記或列管之低污染事業興辦產業人,經取得直轄市或縣(市)工業主管機關輔導進駐核准文件,得併同納入第一項興辦事業計畫範圍,申請使用地變更編定。

直轄市或縣(市)政府受理變更編定案件,除位屬山坡地範圍者依第四十九條之一規定辦理外,應組專案小組審查下列事項後予以准駁:

一、符合第三十條之一至第三十條之三規定。
二、依非都市土地變更編定執行要點規定所定查詢項目之查詢結果。
三、依非都市土地變更編定執行要點規定辦理審查後,各單位意見有爭議部分。
四、農業用地經農業主管機關同意變更使用。
五、水污染防治措施經環境保護主管機關許可。
六、符合環境影響評估相關法令規定。
七、不妨礙周邊自然景觀。

依第一項規定申請使用地變更編定者,就第一項特定地區外之土地,不得再依前條規定申請變更編定。

第三十一條之二

位於依工廠管理輔導法第三十三條第三項公告未達五公頃之特定地區內已補辦臨時工廠登記之低污染事業興辦

產業人，經中央工業主管機關審認無法依前條規定辦理整體規劃，並取得直轄市或縣（市）工業主管機關核准興辦事業計畫文件者，得於特定農業區以外之土地申請變更編定為丁種建築用地及適當使用地。

興辦產業人依前項規定申請變更編定者，應規劃百分之三十以上之土地作為隔離綠帶或設施，其中百分之十之土地作為綠地，變更編定為國土保安用地，並由興辦產業人管理維護；其餘土地依核定之土地使用計畫變更編定為丁種建築用地。

興辦產業人無法依前項規定，於區內規劃配置隔離綠帶或設施者，得敘明理由，以區外之毗連土地，依農業發展條例相關規定，配置適當隔離綠帶，併同納入第一項興辦事業計畫範圍，申請變更編定為國土保安用地。

第一項特定地區外經已補辦臨時工廠登記之低污染事業興辦產業人，經取得直轄市或縣（市）工業主管機關輔導進駐核准文件及直轄市或縣（市）工業主管機關核准之興辦事業計畫文件者，得申請使用地變更編定。

直轄市或縣（市）政府受理變更編定案件，準用前條第五項規定辦理審查。

依第一項規定申請使用地變更編定者，就第一項特定地區外之土地，不得再依第三十一條規定申請變更編定。

第三十二條

工業區以外位於依法核准設廠用地範圍內，為丁種建築用地所包圍或夾雜土地，經工業主管機關審查認定得合

併供工業使用者,得申請變更編定為丁種建築用地。

第三十三條

工業區以外為原編定公告之丁種建築用地所包圍或夾雜土地,其面積未達二公頃,經工業主管機關審查認定適宜作低污染、附加產值高之投資事業者,得申請變更編定為丁種建築用地。

工業主管機關應依第五十四條檢查是否依原核定計畫使用;如有違反使用,經工業主管機關廢止其事業計畫之核定者,直轄市或縣(市)政府應函請土地登記機關恢復原編定,並通知土地所有權人。

第三十四條

一般農業區、山坡地保育區及特定專用區內取土部分以外之窯業用地,經領有工廠登記證者,經工業主管機關審查認定得供工業使用者,得申請變更編定為丁種建築用地。

第三十五條

毗鄰甲種、丙種建築用地或已作國民住宅、勞工住宅、政府專案計畫興建住宅特定目的事業用地之零星或狹小土地,合於下列各款規定之一者,得按其毗鄰土地申請變更編定為甲種、丙種建築用地:

一、為各種建築用地、建築使用之特定目的事業用地或都市計畫住宅區、商業區、工業區所包圍,且其面積未超過〇・一二公頃。

二、道路、水溝所包圍或為道路、水溝及各種建築用

地、建築使用之特定目的事業用地所包圍,且其面積未超過○‧一二公頃。
三、凹入各種建築用地或建築使用之特定目的事業用地,其面積未超過○‧一二公頃,且缺口寬度未超過二十公尺。
四、對邊為各種建築用地、作建築使用之特定目的事業用地、都市計畫住宅區、商業區、工業區或道路、水溝等,所夾狹長之土地,其平均寬度未超過十公尺,於變更後不致妨礙鄰近農業生產環境。
五、面積未超過○‧○一二公頃,且鄰接無相同使用地類別。

前項第一款至第三款、第五款土地面積因地形坵塊完整需要,得為百分之十以內之增加。

第一項道路或水溝之平均寬度應為四公尺以上,道路、水溝相毗鄰者,得合併計算其寬度。但有下列情形之一,經直轄市或縣(市)政府認定已達隔絕效果者,其寬度不受限制:
一、道路、水溝之一與建築用地或建築使用之特定目的事業用地相毗鄰。
二、道路、水溝相毗鄰後,再毗鄰建築用地或建築使用之特定目的事業用地。
三、道路、水溝之一或道路、水溝相毗鄰後,與再毗鄰土地間因自然地勢有明顯落差,無法合併整體利用,且於變更後不致妨礙鄰近農業生產環境。

第一項及前項道路、水溝及各種建築用地或建築使用之特定目的事業用地，指於中華民國七十八年四月三日臺灣省非都市零星地變更編定認定基準頒行前，經編定或變更編定為交通用地、水利用地及各該種建築用地、特定目的事業用地，或實際已作道路、水溝之未登記土地者。但政府規劃興建之道路、水溝或建築使用之特定目的事業用地及具公用地役關係之既成道路，不受前段時間之限制。

符合第一項各款規定有數筆土地者，土地所有權人個別申請變更編定時，應檢附周圍相關土地地籍圖簿資料，直轄市或縣（市）政府應就整體加以認定後核准之。

第一項建築使用之特定目的事業用地，限於作非農業使用之特定目的事業用地，經直轄市或縣（市）政府認定可核發建照者。

第一項土地於山坡地範圍外之農業區者，變更編定為甲種建築用地；於山坡地保育區、風景區及山坡地範圍內之農業區者，變更編定為丙種建築用地。

第三十五條之一

非都市土地鄉村區邊緣畸零不整且未依法禁、限建，並經直轄市或縣（市）政府認定非作為隔離必要之土地，合於下列各款規定之一者，得在原使用分區內申請變更編定為建築用地：

一、毗鄰鄉村區之土地，外圍有道路、水溝或各種建築用地、作建築使用之特定目的事業用地、都市計畫

住宅區、商業區、工業區等隔絕,面積在○‧一二公頃以下。
二、凹入鄉村區之土地,三面連接鄉村區,面積在○‧一二公頃以下。
三、凹入鄉村區之土地,外圍有道路、水溝、機關、學校、軍事等用地隔絕,或其他經直轄市或縣(市)政府認定具明顯隔絕之自然界線,面積在○‧五公頃以下。
四、毗鄰鄉村區之土地,對邊為各種建築用地、作建築使用之特定目的事業用地、都市計畫住宅區、商業區、工業區或道路、水溝等,所夾狹長之土地,其平均寬度未超過十公尺,於變更後不致妨礙鄰近農業生產環境。
五、面積未超過○‧○一二公頃,且鄰接無相同使用地類別。

前項第一款、第二款及第五款土地面積因地形坵塊完整需要,得為百分之十以內之增加。

第一項道路、水溝及其寬度、各種建築用地、作建築使用之特定目的事業用地之認定依前條第三項、第四項及第六項規定辦理。

符合第一項各款規定有數筆土地者,土地所有權人個別申請變更編定時,依前條第五項規定辦理。

直轄市或縣(市)政府於審查第一項各款規定時,得提報該直轄市或縣(市)非都市土地使用編定審議小組審

議後予以准駁。

第一項土地於山坡地範圍外之農業區者,變更編定為甲種建築用地;於山坡地保育區、風景區及山坡地範圍內之農業區者,變更編定為丙種建築用地。

第三十六條

特定農業區內土地供道路使用者,得申請變更編定為交通用地。

第三十七條

已依目的事業主管機關核定計畫編定或變更編定之各種使用地,於該事業計畫廢止或依法失其效力者,各該目的事業主管機關應通知當地直轄市或縣(市)政府。

直轄市或縣(市)政府於接到前項通知後,應即依下列規定辦理,並通知土地所有權人:

一、已依核定計畫完成使用者,除依法提出申請變更編定外,應維持其使用地類別。

二、已依核定計畫開發尚未完成使用者,其已依法建築之土地,除依法提出申請變更編定外,應維持其使用地類別,其他土地依編定前土地使用性質或變更編定前原使用地類別辦理變更編定。

三、尚未依核定計畫開始開發者,依編定前土地使用性質或變更編定前原使用地類別辦理變更編定。

第三十八條

(刪除)

第三十八條之一

（刪除）
第三十九條
（刪除）
第四十條
政府因興辦公共工程，其工程用地範圍內非都市土地之甲種、乙種或丙種建築用地因徵收、協議價購或撥用被拆除地上合法住宅使用之建築物，致其剩餘建築用地畸零狹小，未達畸零地使用規則規定之最小建築單位面積，除有下列情形之一者外，被徵收、協議價購之土地所有權人或公地管理機關得申請將毗鄰土地變更編定，其面積以依畸零地使用規則規定之最小單位面積扣除剩餘建築用地面積為限：

一、已依本規則中華民國一百零二年九月二十一日修正生效前第三十八條規定申請自有土地變更編定。

二、需地機關有安遷計畫。

三、毗鄰土地屬交通用地、水利用地、古蹟保存用地、生態保護用地、國土保安用地或工業區、河川區、森林區內土地。

四、建築物與其基地非屬同一所有權人者。但因繼承、三親等內之贈與致建築物與其基地非屬同一所有權人者，或建築物與其基地之所有權人為直系血親者，不在此限。

前項土地於山坡地範圍外之農業區者，變更編定為甲種建築用地；於山坡地保育區、風景區及山坡地範圍內之

農業區者,變更編定為丙種建築用地。

第四十一條
農業主管機關專案輔導之農業計畫所需使用地,得申請變更編定為特定目的事業用地。

第四十二條
政府興建住宅計畫或徵收土地拆遷戶住宅安置計畫經各該目的事業上級主管機關核定者,得依其核定計畫內容之土地使用性質,申請變更編定為適當使用地;其於農業區供住宅使用者,變更編定為甲種建築用地。

前項核定計畫附有條件者,應於條件成就後始得辦理變更編定。

第四十二條之一
政府或經政府認可之民間單位為辦理安置災區災民所需之土地,經直轄市或縣(市)政府建築管理、環境影響評估、水土保持、原住民、水利、農業、地政等單位及有關專業人員會勘認定安全無虞,且無其他法律禁止或限制事項者,得依其核定計畫內容之土地使用性質,申請變更編定為適當使用地。於山坡地範圍外之農業區者,變更編定為甲種建築用地;於山坡地保育區、風景區及山坡地範圍內之農業區者,變更編定為丙種建築用地。

第四十三條
特定農業區、森林區內公立公墓之更新計畫經主管機關核准者,得依其核定計畫申請變更編定為殯葬用地。

第四十四條

依本規則申請變更編定為遊憩用地者,依下列規定辦理:

一、申請人應依其事業計畫設置必要之保育綠地及公共設施;其設置之保育綠地不得少於變更編定面積百分之三十。但風景區內土地,於本規則中華民國九十三年六月十七日修正生效前,已依中央目的事業主管機關報奉行政院核定方案申請辦理輔導合法化,其保育綠地設置另有規定者,不在此限。

二、申請變更編定之使用地,前款保育綠地變更編定為國土保安用地,由申請開發人或土地所有權人管理維護,不得再申請開發或列為其他開發案之基地;其餘土地於公共設施興建完竣經勘驗合格後,依核定之土地使用計畫,變更編定為適當使用地。

第四十四條之一

(刪除)

第四十四條之二

(刪除)

第四十五條

申請於離島、原住民保留地地區之農牧用地、養殖或林業用地住宅興建計畫,應以其自有土地,並符合下列條件,經直轄市或縣(市)政府依第三十條核准者,得依其核定計畫內容之土地使用性質,申請變更編定為適當使用地,並以一次為限:

一、離島地區之申請人及其配偶、同一戶內未成年子女均無自用住宅或未曾依特殊地區非都市土地使用管制規定申請變更編定經核准，且申請人戶籍登記滿二年經提出證明文件。
二、原住民保留地地區之申請人，除應符合前款條件外，並應具原住民身分且未依第四十六條取得政府興建住宅。
三、住宅興建計畫建築基地面積不得超過三百三十平方公尺。

前項土地於山坡地範圍外之農業區者，變更編定為甲種建築用地；於山坡地保育區、風景區及山坡地範圍內之農業區者，變更編定為丙種建築用地。

符合第一項規定之原住民保留地位屬森林區範圍內者，得申請變更編定為丙種建築用地。

第四十六條

原住民保留地地區住宅興建計畫，由鄉（鎮、市、區）公所整體規劃，經直轄市或縣（市）政府依第三十條核准者，得依其核定計畫內容之土地使用性質，申請變更編定為適當使用地。於山坡地範圍外之農業區者，變更編定為甲種建築用地；於森林區、山坡地保育區、風景區及山坡地範圍內之農業區者，變更編定為丙種建築用地。

第四十六條之一

鄉（鎮、市、區）公所得就原住民保留地毗鄰使用分區

更正後為鄉村區，且於本規則中華民國一百零八年二月十六日修正生效前，實際已作住宅使用者，依下列規定擬具興辦事業計畫，報請直轄市或縣（市）政府依第三十條規定核准：
一、計畫範圍界線應符合本法施行細則第十二條第二項規定情形之一且地形坵塊完整。
二、現有巷道具有維持供交通使用功能者，得一併納入計畫範圍。
三、供建築使用之小型公共設施用地，於生活機能上屬於部落生活圈範圍者，得一併納入計畫範圍。
四、其他考量合理實際需要，經中央原住民族主管機關會商區域計畫擬定機關及國土計畫主管機關同意之範圍。

前項核准之興辦事業計畫，得依其核定計畫內容之土地使用性質，申請變更編定為適當使用地。於山坡地範圍外之農業區者，變更編定為甲種建築用地；於森林區、山坡地保育區、風景區及山坡地範圍內之農業區者，變更編定為丙種建築用地。

第四十七條

非都市土地經核准提供政府設置廢棄物清除處理設施或營建剩餘土石方資源堆置處理場，其興辦事業計畫應包括再利用計畫，並應經各該目的事業主管機關會同有關機關審查核定；於使用完成後，得依其再利用計畫按區域計畫法相關規定申請變更編定為適當使用地。

再利用計畫經修正，依前項規定之程序辦理。

第四十八條

山坡地範圍內各使用分區土地申請變更編定，屬依水土保持法相關規定應擬具水土保持計畫者，應檢附水土保持機關核發之水土保持完工證明書，並依其開發計畫之土地使用性質，申請變更編定為允許之使用地。但有下列情形之一者，不在此限：

一、甲種、乙種、丙種、丁種建築用地依本規則申請變更編定為其他種建築用地。

二、徵收、撥用或依土地徵收條例第三條規定得徵收之事業，以協議價購或其他方式取得，一併辦理變更編定。

三、國營公用事業報經目的事業主管機關許可興辦之事業，以協議價購、專案讓售或其他方式取得。

四、經直轄市或縣（市）政府認定水土保持計畫工程需與建築物一併施工。

五、經水土保持主管機關認定無法於申請變更編定時核發。

依前項但書規定辦理變更編定者，應於開發建設時，依核定水土保持計畫內容完成必要之水土保持處理及維護。

第四十九條

（刪除）

第四十九條之一

直轄市或縣（市）政府受理變更編定案件時，除有下列情形之一者外，應組專案小組審查：
一、第二十八條第二項免擬具興辦事業計畫情形之一。
二、非屬山坡地變更編定案件。
三、經區域計畫委員會審議通過案件。
四、第四十八條第一項第二款、第三款情形之一。
專案小組審查山坡地變更編定案件時，其興辦事業計畫範圍內土地，經依建築相關法令認定有下列各款情形之一者，不得規劃作建築使用：
一、坡度陡峭。
二、地質結構不良、地層破碎、活動斷層或順向坡有滑動之虞。
三、現有礦場、廢土堆、坑道，及其周圍有危害安全之虞。
四、河岸侵蝕或向源侵蝕有危及基地安全之虞。
五、有崩塌或洪患之虞。
六、依其他法律規定不得建築。

第五十條

直轄市或縣（市）政府審查申請變更編定案件認為有下列情形之一者，應通知申請人修正申請變更編定範圍：
一、變更使用後影響鄰近土地使用者。
二、造成土地之細碎分割者。

第五十一條

直轄市或縣（市）政府於核准變更編定案件並通知申請

人時,應同時副知變更前、後目的事業主管機關。

第五章　附則

第五十二條

（刪除）

第五十二條之一

申請人擬具之興辦事業計畫土地位屬山坡地範圍內者,其面積不得少於十公頃。但有下列情形之一者,不在此限:

一、依第六條規定容許使用。

二、依第三十一條至第三十五條之一、第四十條、第四十二條之一、第四十五條、第四十六條及第四十六條之一規定辦理。

三、興闢公共設施、公用事業、慈善、社會福利、醫療保健、教育文化事業或其他公共建設所必要之設施,經依中央目的事業主管機關訂定之審議規範核准。

四、屬地方需要並經中央農業主管機關專案輔導設置之政策性或公用性農業產銷設施。

五、申請開發遊憩設施之土地面積達五公頃以上。

六、風景區內土地供遊憩設施使用,經中央目的事業主管機關基於觀光產業發展需要,會商有關機關研擬方案報奉行政院核定。

七、辦理農村社區土地重劃。

八、國防設施。

九、取得特定工廠登記。

十、依其他法律規定得為建築使用。

第五十三條

非都市土地之建築管理，應依實施區域計畫地區建築管理辦法及相關法規之規定為之；其在山坡地範圍內者，並應依山坡地建築管理辦法之規定為之。

第五十四條

非都市土地依目的事業主管機關核定事業計畫編定或變更編定、或經目的事業主管機關同意使用者，由目的事業主管機關檢查是否依原核定計畫使用；其有違反使用者，應函請直轄市或縣（市）聯合取締小組依相關規定處理，並通知土地所有權人。

第五十五條

違反本規則規定同時違反其他特別法令規定者，由各該法令主管機關會同地政機關處理。

第五十六條

（刪除）

第五十七條

特定農業區或一般農業區內之丁種建築用地或取土部分以外之窯業用地，已依本規則中華民國八十二年十一月七日修正發布生效前第十四條規定，向工業主管機關或窯業主管機關申請同意變更作非工業或非窯業用地使

用，或向直轄市或縣（市）政府申請變更編定為甲種建築用地而其處理程序尚未終結之案件，得從其規定繼續辦理。

前項經工業主管機關或窯業主管機關同意變更作非工業或非窯業用地使用者，應於中華民國八十三年十二月三十一日以前，向直轄市或縣（市）政府提出申請變更編定，逾期不再受理。

直轄市或縣（市）政府受理前二項申請案件，經審查需補正者，應於本規則中華民國九十年三月二十六日修正發布生效後，通知申請人於收受送達之日起六個月內補正，逾期未補正者，應駁回原申請，並不得再受理。

第五十八條

申請人依第三十四條或前條辦理變更編定時，其擬具之興辦事業計畫範圍內，有為變更前之窯業用地或丁種建築用地所包圍或夾雜之土地，面積合計小於一公頃，且不超過興辦事業計畫範圍總面積十分之一者，得併同提出申請。

第五十九條

本規則自發布日施行。

都市計畫法

中華民國二十八年五月二十七日立法院制定全文32條
中華民國五十三年八月二十一日全文修正69條
中華民國六十二年八月二十八日全文修正87條
中華民國七十七年六月二十八日修正3條增訂1條
中華民國八十九年一月六日修正2條　79、80條條文
中華民國八十九年一月二十六日公布
中華民國九十一年五月十五日總統修正公布第19、23、26條條文；並增訂第27-2條條文
中華民國九十一年十二月十一日總統修正公布第4、10、11、13、14、18、20、21、25、27、29、30、39、41、64、67、71、77～79、81、82、85、86　條條文；並增訂第27-1、50-2、83-1條條文
中華民國九十三年二月二十七日行政院發布第50-2條定自九十三年三月一日施行
中華民國九十八年一月七日總統華總一義字第09700288161號令修正公布第83-1條條文

中華民國九十九年五月十九日總統華總一義字第09900123171號令修正公布第84條條文
中華民國一百零四年十二月三十日總統華總一義字第10400153661號令修正公布第42、46條條文
中華民國一百零九年一月十五日總統華總一義字第10900003891號令修正公布第19、21條條文
中華民國一百十年五月二十六日總統華總一義字第11000047771號令修正公布第4、6、10、11、13、14、18～21、24、25、27、27-1、29、30、41、52～55、57～62、63、64、67、71、73、78、79、82、86條條文

第一章　總則

第一條▲（制定目的）
為改善居民生活環境，並促進市、鎮、鄉街有計畫之**均衡**發展，特制定本法。

第二條▲（適用範圍）
都市計畫依本法之規定；本法未規定者，適用其他法律之規定。

第三條▲（都市計畫之意義）
本法所稱之**都市計畫**，係指在一定地區內有關都市生活

之經濟、交通、衛生、保安、國防、文教、康樂等重要設施，作有計畫之發展，並對土地使用作合理之規劃而言。

第四條▲（主管機關）

本法之主管機關：在中央為內政部；在直轄市為直轄市政府；在縣（市）為縣（市）政府。

第五條▲（都市計畫之依據）

都市計畫應依據現在及既往情況，並預計**二十五年**內之發展情形訂定之。

第六條▲（土地使用之限制）

直轄市及縣（市）政府對於都市計畫範圍內之土地，得限制其使用人為妨礙都市計畫之使用。

第七條▲（用語定義）

本法**用語定義**如左：

一、**主要計畫**：係指依第十五條所定之主要計畫書及主要計畫圖，作為擬定細部計畫之準則。

二、**細部計畫**：係指依第二十二條之規定所為之細部計畫書及細部計畫圖，作為實施都市計畫之依據。

三、**都市計畫事業**：係指依本法規定所舉辦之公共設施、新市區建設、舊市區更新等實質建設之事業。

四、**優先發展區**：係指預計在十年內，必須優先規畫建設發展之都市計畫地區。

五、**新市區建設**：係指建築物稀少，尚未依照都市計畫實施建設發展之地區。

六、**舊市區更新**：係指舊有建築物密集、畸零破舊、有礙觀瞻，影響公共安全，必須拆除重建，就地整建或特別加以維護之地區。

第八條▲（都市計畫之擬定及變更）

都市計畫之擬定、變更，依本法所定之程序為之。

第二章　都市計畫之擬定、變更、發布及實施

第九條▲（分類）

都市計畫分為左列三種：

一、市（鎮）計畫。

二、鄉街計畫。

三、特定區計畫。

第十條▲（市（鎮）計畫）

左列各地方應擬定市（鎮）計畫：

一、首都、直轄市。

二、省會、市。

三、縣政府所在地及縣轄市。

四、鎮。

五、其他經內政部或縣（市）政府指定應依本法擬定市（鎮）計畫之地區。

第十一條▲（鄉街計畫）

左列各地方應擬定鄉街計畫：

一、鄉公所所在地。
二、人口集居五年前已達三千,而在最近五年內已增加三分之一以上之地區。
三、人口集居達三千,而其中工商業人口占就業總人口百分之五十以上之地區。
四、其他經縣政府指定應依本法擬定鄉街計畫之地區。

第十二條▲(特定區計畫)
為發展工業或為保持優美風景或因其他目的而劃定之特定地區,應擬定特定區計畫。

第十三條▲(都市計畫之擬定機關)
都市計畫由各級地方政府或鄉、鎮、縣轄市公所依左列之規定**擬定**之:
一、市計畫由直轄市、市政府擬定,鎮、縣轄市計畫及鄉街計畫分別由鎮、縣轄市、鄉公所擬定,必要時,得由縣政府擬定之。
二、特定區計畫由直轄市、縣(市)政府擬定之。
三、相鄰接之行政地區,得由有關行政單位之同意,會同擬定聯合都市計畫。但其範圍未逾越省境或縣境者,得由縣政府擬定之。

第十四條▲(都市計畫之擬定機關)
特定區計畫,必要時,得由內政部訂定之。
經內政部或縣(市)政府指定應擬定之市(鎮)計畫或鄉街計畫,必要時,得由縣(市)政府擬定之。

第十五條▲(主要計畫書)

市鎮計畫應先擬定**主要計畫書**，並視其實際情形，就左列事項分別表明之：
一、當地自然、社會及經濟狀況之調查與分析。
二、行政區域及計畫地區範圍。
三、人口之成長、分布、組成、計畫年期內人口與經濟發展之推計。
四、住宅、商業、工業及其他土地使用之配置。
五、名勝、古蹟及具有紀念性或藝術價值應予保存之建築。
六、主要道路及其他公眾運輸系統。
七、主要上下水道系統。
八、學校用地、大型公園、批發市場及供作全部計畫地區範圍使用之公共設施用地。
九、實施進度及經費。
十、其他應加表明之事項。
前項主要計畫書，除用文字、圖表說明外，應附主要計畫圖，其比例尺不得小於一萬分之一；其實施進度以**五年**為一期，最長不得超過**二十五年**。

第十六條▲（主要計畫書）
鄉街計畫及特定區計畫之主要計畫所應表明事項，得視實際需要，參照前條第一項規定事項全部或一部予以簡化，並得與細部計畫合併擬定之。

第十七條▲（分區發展次序之訂定）
第十五條第一項第九款所定之實施進度，應就其計畫地

區範圍預計之發展趨勢及地方財力,訂定**分區發展優先次序**。第一期發展地區應於主要計畫發布實施後,最多**二年**完成細部計畫,並於細部計畫發布後,最多**五年**完成公共設施。其他地區應於第一期發展地區開始進行後,次第訂定細部計畫建設之。未發布細部計畫地區,應限制其建築使用及變更地形。但主要計畫發布已逾二年以上,而能確定建築線或主要公共設施已照主要計畫興建完成者,得依有關建築法令之規定,由主管建築機關**指定建築線,核發建築執照**。

第十八條▲(審議及徵求意見)

主要計畫擬定後,應先送由該管政府或鄉、鎮、縣轄市**都市計畫委員會**審議。其依第十三條、第十四條規定由內政部或縣(市)政府訂定或擬定之計畫,應先分別徵求有關縣(市)政府及鄉、鎮、縣轄市公所之意見,以供參考。

第十九條▲(公開展覽)

主要計畫擬定後,送該管政府都市計畫委員會審議前,應於各該直轄市、縣(市)政府及鄉、鎮、縣轄市公所公開展覽三十天及舉行說明會,並應將公開展覽及說明會之日期及地點刊登新聞紙或新聞電子報周知;任何公民或團體得於公開展覽期間內,以書面載明姓名或名稱及地址,向該管政府提出意見,由該管政府都市計畫委員會予以參考審議,連同審議結果及主要計畫一併報請內政部核定之。

前項之審議,各級都市計畫委員會應於六十天內完成。但情形特殊者,其審議期限得予延長,延長以六十天為限。

該管政府都市計畫委員會審議修正,或經內政部指示修正者,免再公開展覽及舉行說明會。

第二十條▲（主要計畫之核定）

主要計畫應依左列規定分別層報核定之：

一、首都之主要計畫由內政部核定,轉報行政院備案。

二、直轄市、省會、市之主要計畫由**內政部**核定。

三、縣政府所在地及縣轄市之主要計畫由內政部核定。

四、鎮及鄉街之主要計畫由內政部核定。

五、特定區計畫由縣（市）政府擬定者,由內政部核定；直轄市政府擬定者,由內政部核定,轉報行政院備案；內政部訂定者,報行政院備案。

主要計畫在區域計畫地區範圍內者,內政部在訂定或核定前,應先徵詢各該區域計畫機構之意見。

第一項所定應報請備案之主要計畫,非經准予備案,不得發布實施。但備案機關於文到後**三十日**內不為准否之指示者,視為准予備案。

第二十一條▲（公布實施）

主要計畫經核定或備案後,當地直轄市、縣（市）政府應於接到核定或備案公文之日起三十日內,將主要計畫書及主要計畫圖發布實施,並應將發布地點及日期刊登新聞紙或新聞電子報周知。

內政部訂定之特定區計畫,層交當地直轄市、縣(市)政府依前項之規定發布實施。

當地直轄市、縣(市)政府未依第一項規定之期限發布者,內政部得代為發布之。

第二十二條▲(細部計畫)

細部計畫應以細部計畫書及細部計畫圖就左列事項表明之:

一、計畫地區範圍。

二、居住密度及容納人口。

三、土地使用分區管制。

四、事業及財務計畫。

五、道路系統。

六、地區性之公共設施用地。

七、其他。

前項細部計畫圖比例尺不得小於一千二百分之一。

第二十三條▲(細部計畫之核定實施)

㈠細部計畫擬定後,除依第十四條規定由內政部訂定,及依第十六條規定與主要計畫合併擬定者,由內政部核定實施外,其餘均由該管直轄市、縣(市)政府**核定實施**。

㈡前項細部計畫核定之審議原則,由內政部定之。

㈢細部計畫核定發布實施後,應於**一年內豎立都市計畫樁**、計算坐標及辦理地籍分割測量,並將道路及其他公共設施用地、土地使用分區之界線測繪於地籍圖

上，以供公眾閱覽或申請謄本之用。

㈣前項都市計畫樁之測定、管理及維護等事項之辦法，由內政部定之。

㈤細部計畫之擬定、審議、公開展覽及發布實施，應分別依第十七條第一項、第十八條、第十九條及第二十一條規定辦理。

第二十四條▲（關係人擬定或變更細部計畫）

土地權利關係人為促進其土地利用，得配合當地分區發展計畫，自行擬定或變更細部計畫，並應附具事業及財務計畫，申請當地直轄市、縣（市）政府或鄉、鎮、縣轄市公所依前條規定辦理。

第二十五條▲（關係人細部計畫被拒絕與救濟）

土地權利關係人自行擬定或申請變更細部計畫，遭受直轄市、縣（市）政府或鄉、鎮、縣轄市公所拒絕時，得分別向內政部或縣（市）政府請求處理；經內政部或縣（市）政府依法處理後，土地權利關係人不得再提異議。

第二十六條▲（通盤檢討）

㈠都市計畫經發布實施後，不得隨時任意變更。但擬定計畫之機關**每三年內或五年內至少應通盤檢討**一次，依據發展情況，並參考人民建議作必要之變更。對於非必要之公共設施用地，應變更其使用。

㈡前項都市計畫定期通盤檢討之辦理機關、作業方法及檢討基準等事項之實施辦法，由內政部定之。

第二十七條▲（變更）

都市計畫經發布實施後，遇有左列情事之一時，當地直轄市、縣（市）政府或鄉、鎮、縣轄市公所，應視實際情況**迅行變更**：
一、因戰爭、地震、水災、風災、火災或其他重大事變遭受損壞時。
二、為避免重大災害之發生時。
三、為適應國防或經濟發展之需要時。
四、為配合中央、直轄市或縣（市）興建之重大設施時。

前項都市計畫之變更，內政部或縣（市）政府得指定各該原擬定之機關限期為之，必要時，並得逕為變更。

第二十七條之一▲（土地權利關係人提供或捐贈土地事項之訂定）

㈠土地權利關係人依第二十四條規定自行擬定或變更細部計畫，或擬定計畫機關依第二十六條或第二十七條規定辦理都市計畫變更時，主管機關得要求土地權利關係人提供或**捐贈**都市計畫變更範圍內之公共設施用地、可建築土地、樓地板面積或一定金額予當地直轄市、縣（市）政府或鄉、鎮、縣轄市公所。

㈡前項土地權利關係人提供或捐贈之項目、比例、計算方式、作業方法、辦理程序及應備書件等事項，由內政部於審議規範或處理原則中定之。

第二十七條之二▲（重大投資開發案件）

(一)重大投資開發案件，涉及都市計畫之擬定、變更，依法應辦理**環境影響評估**、**實施水土保持**之處理與維護者，得採平行作業方式辦理。必要時，並得聯合作業，由都市計畫主管機關召集聯席會議審決之。

(二)前項重大投資開發案件之認定、聯席審議會議之組成及作業程序之辦法，由內政部會商中央環境保護及水土保持主管機關定之。

第二十八條▲（變更程序）

主要計劃及細部計畫之變更，其有關審議、公開展覽、層報核定及發布實施等事項，應分別依照第十九條至第二十一條及第二十三條之規定辦理。

第二十九條▲（變更之勘查與補償）

(一)內政部、各級地方政府或鄉、鎮、縣轄市公所為訂定、擬定或變更都市計畫，得派查勘人員進入公私土地內實施勘查或測量。但設有圍障之土地，應事先通知其所有權人或使用人。

(二)為前項之勘查或測量，如必須遷移或除去該土地上之障礙物時，應事先通知其所有權人或使用人；其所有權人或使用人因而遭受之損失，應予適當之補償；補償金額由雙方協議之，協議不成，由當地直轄市、縣（市）政府函請內政部予以核定。

第三十條▲（公用事業設施之投資與收費）

都市計畫地區範圍內，公用事業及其他公共設施，當地直轄市、縣（市）政府或鄉、鎮、縣轄市公所認為有必

要時,得獎勵私人或團體投資辦理,並准收取一定費用;其獎勵辦法由內政部或直轄市政府定之;收費基準由直轄市、縣(市)政府定之。

公共設施用地得作多目標使用,其用地類別、使用項目、准許條件、作業方法及辦理程序等事項之辦法,由內政部定之。

第三十一條▲(投資人之勘查與補償)

獲准投資辦理都市計畫事業之私人或團體在事業上有必要時,得適用第二十九條之規定。

第三章　土地使用分區管制

第三十二條▲(使用區之劃分)

㈠都市計畫得劃定住宅、商業、工業等使用區,並得視實際情況,劃定其他使用區域或特定專用區。

㈡前項各使用區,得視實際需要,再予劃分,分別予以不同程度之使用管制。

第三十三條▲(保留保護區)

都市計畫地區,得視地理形勢,使用現況或軍事安全上之需要,保留農業地區或設置保護區,並限制其建築使用。

第三十四條▲(住宅區)

住宅區為保護居住環境而劃定,其土地及建築物之使用,不得有礙居住之寧靜、安全及衛生。

第三十五條▲（商業區）

商業區為促進商業發展而劃定，其土地及建築物之使用，不得有礙商業之便利。

第三十六條▲（工業區）

工業區為促進工業發展而劃定，其土地及建築物，以供工業使用為主；具有危險性及公害之工廠，應特別指定工業區建築之。

第三十七條▲（行政文教風景區）

其他行政、文教、風景等使用區內土地及建築物，以供其規定目的之使用為主。

第三十八條▲（特定專用區）

特定專用區內土地及建築物，不得違反其特定用途之使用。

第三十九條▲（使用規定）

對於都市計畫各使用區及特定專用區內土地及建築物之使用、基地面積或基地內應保留空地之比率、容積率、基地內前後側院之深度及寬度、停車場及建築物之高度，以及有關交通、景觀或防火等事項，內政部或直轄市政府得依據地方實際情況，於本法**施行細則**中作必要之規定。

第四十條▲（建築管理）

都市計畫經發布實施後，應依建築法之規定，實施建築管理。

第四十一條▲（不合規定之原有建築物）

都市計畫發布實施後，其土地上原有建築物不合土地使用分區規定者，除准修繕外，不得增建或改建。當地直轄市、縣（市）政府或鄉、鎮、縣轄市公所認有必要時，得斟酌地方情形限期令其變更使用或遷移；其因變更使用或遷移所受之損害，應予適當之補償，補償金額由雙方協議之；協議不成，由當地直轄市、縣（市）政府函請**內政部**予以核定。

第四章　公共設施用地

第四十二條▲（公共設施用地）
都市計畫地區範圍內，應視實際情況，分別設置左列**公共設施用地**：
一、道路、公園、綠地、廣場、兒童遊樂場、民用航空站、停車場所、河道及港埠用地。
二、學校、社教機關、社會福利設施、體育場所、市場、醫療衛生機構及機關用地。
三、上下水道、郵政、電信、變電所及其他公用事業用地。
四、本章規定之其他公共設施用地。
前項各款公共設施用地應儘先利用適當之公有土地。

第四十三條▲（設置依據）
公共設施用地，應就人口、土地使用、交通等現狀及未來發展趨勢，決定其項目、位置與面積，以增進市民活

動之便利,及確保良好之都市生活環境。

第四十四條▲（交通設施等之配置）

道路系統、停車場所及加油站,應按土地使用分區及交通情形與預期之發展配置之。鐵路、公路通過實施都市計劃之區域者,應避免穿越市區中心。

第四十五條▲（遊樂場所等之布置）

公園、體育場所、綠地、廣場及兒童遊樂場,應依計畫人口密度及自然環境,作有系統之布置,除具有特殊情形外,其占用土地總面積不得少於全部計畫面積百分之十。

第四十六條▲（公共設施之配置）

中小學校、社教場所、社會福利設施、市場、郵政、電信、變電所、衛生、警所、消防、防空等公共設施,應按**閭鄰單位**或**居民分布**情形適當配置之。

第四十七條▲（其他場地之設置）

屠宰場、垃圾處理場、殯儀館、火葬場、公墓、污水處理廠、煤氣廠等應在不妨礙都市發展及鄰近居民之安全、安寧與衛生之原則下,於**邊緣適當地點**設置之。

第四十八條▲（公共設施保留地之取得）

依本法指定之公共設施保留供公用事業設施之用者,由各該事業機構依法予以徵收或購買;其餘由該管政府或鄉、鎮、縣轄市公所依左列方式取得之:

一、徵收。

二、區段徵收。

三、市地重劃。

第四十九條▲（地價補償之計算標準）

依本法徵收或區段徵收之**公共設施保留地**，其地價補償以徵收當期毗鄰非公共設施保留地之平均公告土地現值為準，必要時得加成補償之。但加成最高以不超過**百分之四十**為限；其地上建築改良物之補償以**重建價格**為準。

前項公共設施保留地之加成補償標準，由當地直轄市、縣（市）**地價評議委員會**於評議當年期土地現值時評議之。

第五十條▲（公共設施保留地之臨時建築及其自行拆除）

公共設施保留地在未取得前，得申請為臨時建築使用。

前項臨時建築之權利人，經地方政府通知開闢公共設施並限期拆除回復原狀時，應自行無條件拆除；其不自行拆除者，予以強制拆除。

都市計畫公共設施保留地臨時建築使用辦法，由內政部定之。

第五十條之一▲（所得稅遺產稅或贈與稅之免徵）

公共設施保留地因依本法第四十九條第一項徵收取得之加成補償，免徵所得稅；因繼承或因配偶、直系血親間之贈與而移轉者，免徵遺產稅或贈與稅。

第五十條之二▲（土地交換辦法之訂定）

私有公共設施保留地得申請與**公有非公用土地**辦理交換，不受土地法、國有財產法及各級政府財產管理法令

相關規定之限制;劃設逾**二十五年**未經政府取得者,得優先辦理交換。

前項土地交換之範圍、優先順序、換算方式、作業方法、辦理程序及應備書件等事項之辦法,由內政部會商財政部定之。

本條之施行日期,由行政院定之。

第五十一條▲(公共設施保留地之使用限制)

依本法指定之公共設施保留地,不得為妨礙其指定目的之使用。但得繼續為原來之使用或改為妨礙目的較輕之使用。

第五十二條▲(徵收與撥用原則)

都市計畫範圍內,各級政府徵收私有土地或撥用公有土地,不得妨礙當地都市計畫。公有土地必須配合當地都市計畫予以處理,其為公共設施用地者,由當地直轄市、縣(市)政府或鄉、鎮、縣轄市公所於興修公共設施時,依法辦理撥用;該項用地如有改良物時,應參照原有房屋重建價格補償之。

第五十三條▲(私人投資之土地取得)

獲准投資辦理都市計畫事業之私人或團體,其所需用之公共設施用地,屬於公有者,得申請該公地之管理機關**租用**;屬於私有無法協議收購者,應備妥價款,申請該管直轄市、縣(市)政府**代為收買**之。

第五十四條▲(私人投資租用公地之使用限制)

依前條租用之公有土地,**不得轉租**。如該私人或團體無

力經營或違背原核准之使用計畫,或不遵守有關法令之規定者,直轄市、縣(市)政府得通知其公有土地管理機關即予終止租用,另行出租他人經營,必要時並得接管經營。但對其已有設施,應照資產重估價額予以補償之。

第五十五條▲(代買土地之優先收買權)

直轄市、縣(市)政府代為收買之土地,如有移轉或違背原核准之使用計畫者,直轄市、縣(市)政府有按原**價額優先收買之權**。私人或團體未經呈報直轄市、縣(市)政府核准而擅自移轉者,其移轉行為不得對抗直轄市、縣(市)政府之優先收買權。

第五十六條▲(私人捐獻之公共設施)

私人或團體興修完成之公共設施,自願將該項公共設施及土地捐獻政府者,應登記為該市、鄉、鎮、縣轄市所有,並由各市、鄉、鎮、縣轄市負責維護修理,並予獎勵。

第五章　新市區之建設

第五十七條▲(優先發展地區之事業計畫)

主要計畫經公布實施後,當地直轄市、縣(市)政府或鄉、鎮、縣轄市公所應依第十七條規定,就優先發展地區,擬具事業計畫,實施新市區之建設。

前項事業計畫,應包括左列各項:

一、劃定範圍之土地面積。
二、土地之取得及處理方法。
三、土地之整理及細分。
四、公共設施之興修。
五、財務計畫。
六、實施進度。
七、其他必要事項。

第五十八條▲（土地重劃）

㈠縣（市）政府為實施新市區之建設，對於劃定範圍內之土地及地上物得實施區段徵收或土地重劃。

㈡依前項規定辦理土地重劃時，該管地政機關應擬具土地重劃計畫書，呈經上級主管機關核定公告滿三十日後實施之。

㈢在前項公告期間內，重劃地區內土地所有權人半數以上，而其所有土地面積超過重劃地區土地總面積半數者表示反對時，該管地政機關應參酌反對理由，修訂土地重劃計畫書，重行報請核定，並依核定結果辦理，免再公告。

㈣土地重劃之範圍選定後，直轄市、縣（市）政府得公告禁止該地區之土地移轉、分割、設定負擔、新建、增建、改建及採取土石或變更地形。但禁止期間，不得超過一年六個月。

㈤土地重劃地區之最低面積標準、計畫書格式及應訂事項，由內政部訂定之。

第五十九條▲（區段徵收）

新市區建設範圍內，於辦理區段徵收時各級政府所管之公有土地，應交由當地直轄市、縣（市）政府依照新市區建設計畫，予以併同處理。

第六十條▲（指定用途之公有土地）

公有土地已有指定用途，且不牴觸新市區之建設計畫者，得事先以書面通知當地直轄市、縣（市）政府調整其位置或地界後，免予出售。但仍應負擔其整理費用。

第六十一條▲（私人舉辦建設事業）

私人或團體申請當地直轄市、縣（市）政府核准後，得舉辦新市區之建設事業。但其申請建設範圍之土地面積至少應在十公頃以上，並應附具左列計畫書件：

一、土地面積及其權利證明文件。

二、細部計畫及其圖說。

三、公共設施計畫。

四、建築物配置圖。

五、工程進度及竣工期限。

六、財務計畫。

七、建設完成後土地及建築物之處理計畫。

前項私人或團體舉辦之新市區建設範圍內之道路、兒童遊樂場、公園以及其他必要之公共設施等，應由舉辦事業人自行負擔經費。

第六十二條▲（私人舉辦建設事業之協助）

私人或團體舉辦新市區建設事業，其計畫書件函經核准

後，得請求直轄市、縣（市）政府或鄉、鎮、縣轄市公所，配合興修前條計畫範圍外之關聯性公共設施及技術協助。

第六章　舊市區之更新

第六十三條▲（更新之對象）
直轄市、縣（市）政府或鄉、鎮、縣轄市公所對於窳陋或髒亂地區認為有必要時，得視細部計畫劃定地區範圍，訂定更新計畫實施之。

第六十四條▲（更新方式）
都市更新處理方式，分為左列三種：
一、重建：係為全地區之徵收、拆除原有建築、重新建築、住戶安置，並得變更其土地使用性質或使用密度。
二、整建：強制區內建築物為改建、修建、維護或設備之充實，必要時，對部分指定之土地及建築物徵收、拆除及重建，改進區內公共設施。
三、維護：加強區內土地使用及建築管理，改進區內公共設施，以保持其良好狀況。

前項更新地區之劃定，由直轄市、縣（市）政府依各該地方情況，及按各類使用地區訂定標準，送內政部核定。

第六十五條▲（更新計畫圖說）

更新計畫應以圖說表明左列事項：
一、劃定地區內重建、整建及維護地段之詳細設計圖說。
二、土地使用計畫。
三、區內公共設施興修或改善之設計圖說。
四、事業計畫。
五、財務計畫。
六、實施進度。

第六十六條▲（更新程序）
更新地區範圍之劃定及更新計劃之擬定、變更、報核與發布，應分別依照有關細部計畫之規定程序辦理。

第六十七條▲（更新計畫之辦理機關）
更新計畫由當地直轄市、縣（市）政府或鄉、鎮、縣轄市公所辦理。

第六十八條▲（土地及地上物之徵收）
辦理更新計畫，對於更新地區範圍內之土地及地上物得依法實施徵收或區段徵收。

第六十九條▲（禁建）
更新地區範圍劃定後，其需拆除重建地區，應禁止地形變更、建築物新建、增建或改建。

第七十條▲（重建整建程序）
辦理更新計畫之機關或機構得將重建或整建地區內拆除整理後之基地讓售或標售。其承受人應依照更新計畫期限實施重建；其不依規定期限實施重建者，應按原售價

收回其土地自行辦理，或另行出售。

第七十一條▲（補充規定）

直轄市、縣（市）政府或鄉、鎮、縣轄市公所為維護地區內土地使用及建築物之加強管理，得視實際需要，於當地分區使用規定之外，另行補充規定，報經內政部核定後實施。

第七十二條▲（整建區之改建等之輔導）

執行更新計畫之機關或機構對於整建地區之建築物，得規定期限，令其改建、修建、維護或充實設備，並應給予技術上之輔導。

第七十三條▲（國民住宅興建計畫）

國民住宅興建計畫應與當地直轄市、縣（市）政府或鄉、鎮、縣轄市公所實施之舊市區更新計畫力求配合；國民住宅年度興建計畫中，對於廉價住宅之興建，應規定適當之比率，並優先租售與舊市區更新地區範圍內應予徙置之居民。

第七章　組織及經費

第七十四條▲（都市計畫委員會之設置與組織）

內政部、各級地方政府及鄉、鎮、縣轄市公所為審議及研究都市計畫，應分別設置都市計畫委員會辦理之。

都市計畫委員會之組織，由行政院定之。

第七十五條▲（經辦人員）

內政部、各級地方政府及鄉、鎮、縣轄市公所應設置經辦都市計畫之專業人員。

第七十六條▲（公地使用與處分）

因實施都市計畫廢置之道路、公園、綠地、廣場、河道、港灣原所使用之公有土地及接連都市計畫地區之新生土地，由實施都市計畫之當地地方政府或鄉、鎮、縣轄市公所管理使用，依法處分時所得價款得以補助方式撥供當地實施都市計畫建設經費之用。

第七十七條▲（經費籌措）

地方政府及鄉、鎮、縣轄市公所為實施都市計畫所需經費，應以左列各款籌措之：

一、編列年度預算。

二、工程受益費之收入。

三、土地增值稅部分收入之提撥。

四、私人團體之捐獻。

五、中央或縣政府之補助。

六、其他辦理都市計畫事業之盈餘。

七、都市建設捐之收入。

都市建設捐之徵收，另以法律定之。

第七十八條▲（發行公債）

中央、直轄市或縣（市）政府為實施都市計畫或土地徵收，得發行公債。

前項公債之發行，另以法律定之。

第八章　罰則

第七十九條▲（對違法行為之處分）

都市計畫範圍內土地或建築物之使用，或從事建造、採取土石、變更地形，違反本法或內政部、直轄市、縣（市）政府依本法所發布之命令者，當地地方政府或鄉、鎮、縣轄市公所得處其土地或建築物所有權人、使用人或管理人新臺幣六萬元以上三十萬元以下罰鍰，並勒令拆除、改建、停止使用或恢復原狀。不拆除、改建、停止使用或恢復原狀者，得按次處罰，並停止供水、供電、封閉、強制拆除或採取其他恢復原狀之措施，其費用由土地或建築物所有權人、使用人或管理人負擔。

前項罰鍰，經限期繳納，屆期不繳納者，依法移送強制執行。

依第八十一條劃定地區範圍實施禁建地區，適用前二項之規定。

第八十條▲（罰則）

不遵前條規定拆除、改建、停止使用或恢復原狀者，除應依法予以行政強制執行外，並得處六個月以下有期徒刑或拘役。

第九章　附則

第八十一條▲（禁建辦法之制定與禁建期間）

㈠依本法新訂、擴大或變更都市計畫時，得先行劃定計

畫地區範圍，經由該管都市計畫委員會通過後，得禁止該地區內一切建築物之新建、增建、改建，並禁止變更地形或大規模採取土石。但為軍事、緊急災害或公益等之需要，或施工中之建築物，得特許興建或繼續施工。
(二)前項特許興建或繼續施工之准許條件、辦理程序、應備書件及違反准許條件之廢止等事項之辦法，由內政部定之。
(三)第一項禁止期限，視計畫地區範圍之大小及舉辦事業之性質定之。但最長不得超過二年。
(四)前項禁建範圍及期限，應報請行政院核定。
(五)第一項特許興建或繼續施工之建築物，如牴觸都市計畫必須拆除時，不得請求補償。

第八十二條▲（復議）
直轄市及縣（市）政府對於內政部核定之主要計畫、細部計畫，如有申請復議之必要時，應於接到核定公文之日起一個月內提出，並以一次為限；經內政部復議仍維持原核定計畫時，應依第二十一條之規定即予發布實施。

第八十三條▲（徵收土地之使用）
依本法規定徵收之土地，其使用期限，應依照其呈經核准之計畫期限辦理，不受土地法第二百十九條之限制。不依照核准計畫期限使用者，原土地所有權人得照原徵收價額收回其土地。

第八十三條之一▲（容積移轉辦法之訂定）
公共設施保留地之取得、具有紀念性或藝術價值之建築

與歷史建築之保存維護及公共開放空間之提供，得以容積移轉方式辦理。

前項容積移轉之送出基地種類、可移出容積訂定方式、可移入容積地區範圍、接受基地可移入容積上限、換算公式、移轉方式、折繳代金、作業方法、辦理程序及應備書件等事項之辦法，由內政部定之。

第八十四條▲（徵收土地之出售）

依本法規定所為區段徵收之土地，於開發整理後，依其核准之計畫再行出售時，得不受土地法第二十五條規定之限制。但原土地所有權人得依實施都市平均地權條例之規定，於標售前買回其規定比率之土地。

第八十五條▲（施行細則之訂定）

本法施行細則，在直轄市由直轄市政府訂定，送內政部核轉行政院備案；在省由內政部訂定，送請行政院備案。

第八十六條▲（實施報告）

都市計畫經發布實施後，其實施狀況，當地直轄市、縣（市）政府或鄉、鎮、縣轄市公所應於每年終了一個月內編列報告，分別層報內政部或縣（市）政府備查。

第八十七條▲（施行日）

本法自公布日施行。

申論題答題與準備技巧

1. 注意時間分配，會的題目先寫、多寫。
2. 字跡工整，要分段落。
3. 平時要練習作業。
4. 整理筆記，概念及印象皆深刻。
5. 注意時事、剪報。
6. 不會的題目也要盡量寫，堅持到最後，並留些時間檢查。
7. 題目看清楚，切忌文不對題。平常多練習歷屆考題。
8. 題目出太大，重點扼要答完，避免時間不足。題目出小，盡量發揮，舉例申論之。（注意分數之分配）
9. 冷靜、平常心，靈感源源來。
10. 試卷拿到時，全部題目先看一遍，可把一些關鍵標題寫在試題紙上，免得太緊張，回頭想寫已忘記。

曾文龍

不花一文錢，近視大幅度改善
甚至摘除眼鏡，不是夢！

　　眼睛肌肉缺乏適度運動，致使肌肉疲乏，失去彈性，長期下來，乃造成近視之主因。

　　因此，若能將眼球肌肉做適度之運動練習，逐步恢復肌肉之柔軟度後，近視眼將逐步恢復視力，甚至能不藥而癒，而將眼鏡摘除。

　　這種不花一文錢，沒有任何後遺症的近視自救法，乃取決於係數之關鍵：

1. 隨時利用時間看遠處、中處、近處的某些點。一個點須注意4～6秒，利用遠近交叉做肌肉運動。
2. 閉上眼睛4～6秒，再睜開眼睛4～6秒，利用反覆的明暗環境來運動眼球肌肉。
3. 練習合計的時間每天須在半小時～二小時左右，亦即視時間長短與每日知識否有恆心，才能改善視力，或終生摘除眼鏡，甚至可在2～3週內摘除眼鏡。
4. 當凝視某點4～6秒鐘，須努力的注視，有意識的注視，而非一般的隨意看。
5. 均衡的飲食、適度的散步、慢跑、登山、太極拳……等運動的良好習慣。
6. 早睡早起，充分睡眠。
7. 眼睛肌肉之運動亦能改善遠視、老花等毛病。
8. 晚上在家，除非看書，否則，以幽暗柔和的自然光源為主。在「暗環境」中恢復眼睛原本所具有的「夜視」之能力。
9. 不限年齡。

曾文龍

2004年

平均地權條例五大修法重點
112年1月10日修法立法院三讀通過

一、限制換約轉售：簽訂預售屋或新建成屋買賣契約後，買受人除配偶、直系或二親等內旁系血親，或符合內政部公告的特殊情形，例如簽約後因非自願失業等重大事故，並經地方政府核准外，不得讓與或轉售第三人，建商也不得同意或協助契約讓與或轉售；違規者將按戶（棟）處罰50萬至300萬元。

二、重罰炒作行為：明確規範若有散播不實資訊影響交易價格、透過通謀虛偽交易營造熱銷假象、利用違規銷售影響市場交易秩序或壟斷轉售牟利，將按交易戶（棟、筆）數處罰100萬至5,000萬元。

三、建立檢舉獎金制度：民眾對於不動產銷售買賣或申報實價登錄違規行為，可檢具事證向地方政府檢舉，如經查證屬實，將由實收罰鍰中提充一定比率金額作為獎金。

四、建立私法人購買住宅許可制：私法人購買住宅將依其取得之必要性及正當性，分為「免經許可」及「需經內政部許可」2類；其中「需經內政部許可」，於取得後並將受取得後5年內不得辦理移轉、讓與或預告登記之限制，以防杜藉其後續變相轉作短期炒作。

五、解約申報登錄：預售屋買賣契約若有解約情形，建商應於30日內申報實價登錄；違規者將按戶（棟）數處罰3萬至15萬元

【113年不動產經紀人普考】
土地法與土地相關稅法概要

甲、申論題部分：（50分）

一、請依平均地權條例規定，試述公辦市地重劃之實施過程中，主管機關應盡公告通知之事項為何？所有權人表達異議之時機與方式？以及主管機關對異議如何處理？

答：

(一)主管機關應盡公告通知之事項：

1. 公告重劃計畫書

   依平均地權條例第56條第2項之規定，重劃計劃書經核定後，主管機關應依法公告，及通知土地所有權人，並舉行說明會，說明重劃意旨及計畫要點。

2. 公告禁建及禁止土地移轉等事項

   依平均地權條例第59條之規定，重劃地區選定後，直轄市或縣（市）政府得視實際需要報經上級主管關核定後，分別或同時公告禁止或限制土地移轉、分割、設定負擔或建築改良物之新建、增建、改建或重建及採取土石或變更地形，其禁止或限制期間，以1年6個月為限。

3. 重劃分配成果之公告通知

   依平均地權條例第60條之2第1項之規定,主管機關於辦理重劃分配完畢後,應檢附有關圖冊,將重劃土地分配結果公告30日,並通知土地所在之鄉(鎮、市、區)公所陳列有關圖冊,以供閱覽。土地所有權人對於分配結果有異議時,得於公告期間內向主管機關以書面提出異議,未提出異議或逾期提出者,其分配結果於公告期滿時確定。

(二)所有權人表達異議之時機與方式:

1. 對重劃計畫書之公告有異議

   土地所有權人對重劃計畫書有反對意見者,應於公告期間內以書面載明理由與其所有土地坐落、面積及姓名、住址,於簽名或蓋章後,向主辦重劃之主管機關提出。

2. 對重劃分配成果公告有異議

   土地所有權人對於市地重劃分配結果有異議時,得於公告期間內向主管機關以書面提出異議。未提出異議或逾期提出者,其分配結果於公告期滿時確定。

(三)主管機關對所有權人表達異議之處理方式:

   依平均地權條例第56條第3項之規定,重劃計畫書公告期間內,重劃地區私有土地所有權人半數以上,而其所有土地面積超過重劃地區土地總面

積半數者,表示反對時,主管機關應予調處,並參酌反對理由,修訂市地重劃計畫書,重行報請核定,並依其核定結果公告實施。

二、甲在T市有一間無人設籍空置不為使用的A「空屋」,以及一筆B「空地」租給乙,請問A屋房屋稅如何課徵?又何謂「空地」?空地稅如何課徵?若B地經T市政府通知應限期建築使用,甲與乙之租約後續如何處理?請依房屋稅條例暨相關法令、土地稅法及平均地權條例詳述之。

答:

(一)A屋課徵之房屋稅

A屋為無人設籍且空置未用的房屋,出租給B使用,依房屋稅條例第5條之規定:

1. A屋屬住家用房屋

 (1)出租申報租賃所得達所得稅法規定之當地一般租金標準如A屋屬住家用房屋並出租他人,按房屋現值1.5%～2.4%課徵房屋稅。

 (2)出租申報租賃所得未達所得稅法規定之當地一般租金標準如A屋屬住家用房屋並出租他人,按房屋現值2%～4.8%課徵房屋稅。

2. A屋屬非住家用房屋

如A屋屬非住家用房屋並出租他人,供營業、私人醫院、診所或自由職業事務所使用者,按

房屋現值3%～5%課徵房屋稅；供人民團體等非營業使用者，按房屋現值1.5%～2.5%課徵房屋稅。

(二)「空地」之意義

所謂「空地」，係指已完成道路、排水及電力設施，於有自來水地區並已完成自來水系統，而仍未依法建築使用；或雖建築使用，而其建築改良物價值不及所占基地申報地價10%，且經直轄市或縣（市）政府認定應予增建、改建或重建之私有及公有非公用建築用地。

(三)空地稅之課徵

直轄市或縣（市）政府對於私有空地，得視建設發展情形，分別劃定區域，限期建築、增建、改建或重建；逾期未建築、增建、改建或重建者，按該宗土地應納地價稅基本稅額加徵2～5倍之空地稅或照價收買。

(四)B空地經政府通知限期建築使用，甲與乙之租約，處理方式：

甲、乙間租約之處理：

依平均地權條例第74條之規定，經政府通知限期建築之土地，而該土地係為土地所有權人出租他人使用，土地所有權人應於接到限期使用通知後，與承租人協議建築、增建或改建；協議不成時，得終止租約。

乙、測驗題部分：（50分）

（C）1. 依平均地權條例規定，預售屋或新建成屋買賣契約之買受人，於簽訂買賣契約後，不得讓與或轉售買賣契約與第三人，但經其他中央主管機關公告得讓與或轉售之情形並經直轄市、縣（市）主管機關核准者，不在此限。買受人據此得讓與或轉售之戶（棟）數為何？（A）全國每一年以一戶（棟）為限（B）全國每一年以二戶（棟）為限（C）全國每二年以一戶（棟）為限（D）全國每二年以三戶（棟）為限

（A）2. 依平均地權條例規定，權利人及義務人應於買賣案件申請所有權移轉登記時，申報登錄資訊，未共同申報登錄資訊者，直轄市、縣（市）主管機關應令其限期申報登錄資訊；屆期未申報登錄資訊，買賣案件已辦竣所有權移轉登記者，處多少罰鍰，並令其限期改正？（A）新臺幣三萬元以上十五萬元以下罰鍰（B）新臺幣六萬元以上三十萬元以下罰鍰（C）新臺幣十五萬元以上五十萬元以下罰鍰（D）新臺幣三十萬元以上一百萬元以下罰鍰

（B）3. 依平均地權條例規定，有關私法人買受供住宅使用之房屋，下列何者正確？（A）應檢具切結書，經中央主管機關許可（B）中央主管機關審

核其使用計畫，以合議制方式辦理（C）私法人取得之房屋，於登記完畢後十年內不得辦理預告登記（D）許可之文件有效期限為二年

（A）4. 依都市計畫法規定，有關主要計畫之核定，下列何者正確？（A）鎮及鄉街之主要計畫由內政部核定（B）直轄市之主要計畫由行政院核定（C）特定區計畫由縣（市）政府擬定者，由內政部核定，轉報行政院備案（D）特定區計畫由內政部訂定者，由行政院核定

（B）5. 依土地徵收條例規定，有關徵收之撤銷或廢止之敘述，下列何者錯誤？（A）撤銷或廢止徵收，由需用土地人向中央主管機關申請之（B）在未依徵收計畫完成使用前，需用土地人應每年檢討其興辦事業計畫，並由該管直轄市或縣（市）政府列管（C）依徵收計畫開始使用前，開發方式改變，應廢止徵收（D）因作業錯誤，致原徵收之土地不在工程用地範圍內，應撤銷徵收

（D）6. 依土地徵收條例規定，有關徵收補償費，下列何者正確？（A）在都市計畫區內之公共設施保留地，應按照徵收當期之市價補償其地價（B）徵收補償之地價，由不動產估價師評定之（C）建築改良物之補償費，按徵收當時該建築改良物之重置價格估定之（D）農作改良物之補償費，於農作改良物被徵收時與其孳息成熟時期相距在一

年以內者，按成熟時之孳息估定之

(A) 7. 依土地徵收條例規定，有關直轄市或縣（市）主管機關應於國庫設立土地徵收補償費保管專戶部分，下列何者錯誤？（A）自通知送達發生效力之日起，逾十年未領取之補償費，歸屬國庫（B）應於規定應發給補償費之期限屆滿次日起三個月內存入專戶保管（C）保管未受領之徵收補償費，不適用提存法之規定（D）未受領之徵收補償費，依規定繳存專戶保管時，視同補償完竣

(C) 8. 依土地徵收條例規定，有關徵收之程序，下列何者正確？（A）特定農業區經行政院核定為重大建設須辦理徵收者，應依行政程序法舉行聽證（B）需用土地人於事業計畫報請目的事業主管機關許可後，應舉行公聽會（C）協議價購時，依其他法律規定有優先購買權者，無優先購買權之適用（D）需用土地人於所有權人拒絕參與協議或經開會未能達成協議時，則改申請徵收

(A) 9. 依都市計畫法規定，主要計畫擬定後經該管政府都市計畫委員會審議修正，或經內政部指示修正者，後續如何辦理？（A）免再公開展覽及舉行說明會（B）再公開展覽（C）再舉行說明會（D）再公開展覽及舉行說明會

(A) 10.依土地法規定，逾期未辦繼承之土地於標售時，

有關優先購買權人之順序依序為何？（A）繼承人、合法使用人、其他共有人（B）其他共有人、合法使用人、繼承人（C）合法使用人、繼承人、其他共有人（D）繼承人、其他共有人、合法使用人

（C）11. 依土地法規定，依法得分割之共有土地，共有人不能自行協議分割者，任何共有人得申請該管直轄市、縣（市）地政機關調處，不服調處者，應於接到調處通知後幾日內向司法機關訴請處理，屆期不起訴者，依原調處結果辦理之？（A）七日（B）十日（C）十五日（D）三十日

（D）12. 依土地法規定，關於地權及地權限制，下列何者正確？（A）台灣糖業股份有限公司所有土地為公有土地（B）私有土地，因天然變遷成為湖澤或可通運之水道時，其所有權絕對消滅（C）湖澤及可通運之水道及岸地，如因水流變遷而自然增加時，其接連地之使用權人，有優先依法取得其所有權或使用受益之權（D）私有土地所有權之移轉、設定負擔或租賃，妨害基本國策者，中央地政機關得報請行政院制止之

（B）13. 都市計畫地區範圍內，應視實際情況，分別設置公共設施用地，其設置標準之規定，下列何者正確？（A）應就人口分布、所得及納稅能力、地價高低、產業進駐情形等現狀，決定其項目、位

置與面積，以增進市民活動之便利，及確保良好之都市生活環境（B）中小學校、社教場所、社會福利設施、市場、郵政、電信、變電所、衛生、警所、消防、防空等公共設施，應按閭鄰單位或居民分布情形適當配置之（C）公園、體育場所、綠地、廣場及兒童遊樂場，應依計畫人口密度及自然環境，作有系統之布置，除具有特殊情形外，其占用土地總面積不得少於全部計畫面積百分之二十（D）道路系統、停車場所及加油站，應按土地使用分區及交通情形與預期之發展配置之。鐵路、公路通過實施都市計畫之區域者，應以市區中心為規劃重點，以增進市民活動之便利

（D）14.依都市計畫法規定，下列有關公共設施保留地之使用管制規定，何者錯誤？（A）公共設施保留地在未取得前，得申請為臨時建築使用（B）不得為妨礙其指定目的之使用，但得繼續為原來之使用或改為妨礙目的較輕之使用（C）私有公共設施保留地得申請與公有非公用土地辦理交換，不受土地法、國有財產法及各級政府財產管理法令相關規定之限制（D）地上物除准修繕外，不得增建或改建。當地政府認有必要時，得令其清除地上物或遷移，且不得請求補償

（D）15.依土地法規定，下列有關建築基地出賣時行使

優先購買權之敘述，何者錯誤？（A）地上權人、典權人或承租人有依同樣條件優先購買之權（B）優先購買權人，於接到出賣通知後十日內不表示者，其優先權視為放棄（C）出賣人未通知優先購買權人而與第三人訂立買賣契約者，其契約不得對抗優先購買權人（D）基地承租人與基地共有人行使優先購買權發生競合時，其順序以登記之先後定之

（C）16. 依土地法規定，下列有關逾期未辦繼承登記案件應由地政機關書面通知繼承人之情形，何者正確？（A）自繼承開始之日起逾一年未辦理繼承登記者，經該管直轄市或縣市地政機關查明後，應即公告繼承人於六個月內聲請登記，並以書面通知繼承人（B）列冊管理期間為十五年，列冊管理期間該管直轄市或縣市地政機關應每年清查並書面通知繼承人辦理繼承登記（C）列冊管理期間屆滿，逾期仍未聲請登記者，由地政機關書面通知繼承人及將該土地或建築改良物清冊移請財政部國有財產署公開標售（D）標售土地或建築改良物前應公告三個月，並書面通知繼承人、共有人或合法使用人依序行使優先購買權

（B）17. 甲乙丙丁戊共有A地，持分各五分之一。甲乙丙三人擬依土地法第34條之1規定，將A地出售予戊，下列敘述何者正確？（A）不適法，出售為

有償讓與行為，應依民法規定，經共有人全體同意始得為之（B）不適法，共有人不得為受讓人（C）適法，甲乙丙三人已符合共有人過半數及其應有部分合計過半數之同意的行使要件（D）適法，買賣契約業經甲乙丙戊同意，縱使戊未經計算在同意人數及應有部分內，仍得依土地法第34條之1辦理

（C）18.依土地徵收條例規定，有關區段徵收範圍內土地，經規劃整理後之處理方式，下列何者正確？（A）抵費地發交被徵收土地所有權人領回（B）零售市場無償登記為當地直轄市有、縣（市）有或鄉（鎮、市）有（C）標租時，其期限不得逾九十九年（D）安置原住戶土地得以標售

（B）19.依房屋稅條例規定，起造人持有使用執照所載用途為住家用之待銷售房屋，於起課房屋稅二年內，其房屋稅之稅率為何？（A）最低不得少於其房屋現值百分之一點二，最高不得超過百分之二點四（B）最低不得少於其房屋現值百分之二，最高不得超過百分之三點六（C）最低不得少於其房屋現值百分之二，最高不得超過百分之四點八（D）最低不得少於其房屋現值百分之三，最高不得超過百分之五

（B）20.依契稅條例規定，有關申報契稅之起算日期，下

列何者正確？（A）向政府機關標購公產，以政府機關核准產權移轉之日為申報起算日（B）不動產移轉發生糾紛時，以法院判決確定之日為申報起算日（C）向法院標購拍賣之不動產，以承買人拍定之日為申報起算日（D）建築物於建造完成前，因交換以承受人為建造執照原始起造人者，以主管建築機關核發使用執照之日為申報起算日

（D）21. 依土地稅法規定，有關累進起點地價，下列何者正確？（A）累進起點地價，以各該直轄市或縣（市）土地七公畝之平均地價為準。只有工業用地、礦業用地及農業用地不包括在內（B）土地所有權人之地價總額未超過戶籍所在地直轄市或縣（市）累進起點地價者，其地價稅按基本稅率徵收（C）累進起點地價以百元為單位，以下四捨五入（D）累進起點地價，應於舉辦規定地價或重新規定地價後當年地價稅開徵前計算完竣，並報請財政部及內政部備查

（C）22. 依土地稅法規定，非都市土地供公共設施使用者，在滿足規定要件下，其尚未被徵收前之移轉，免徵土地增值稅。下列有關免稅要件之敘述，何者錯誤？（A）經需用土地人開闢完成或依計畫核定供公共設施使用（B）依法完成使用地編定（C）依法完成徵收公告（D）經需用土

地人證明

（A）23.下列有關契稅納稅義務人之敘述，何者正確？（A）受託人依信託本旨移轉信託財產與委託人以外之歸屬權利人時，由歸屬權利人申報納稅（B）買賣契稅，應由出賣人申報納稅（C）典權契稅，應由出典人申報納稅（D）交換有給付差額價款者，其差額價款，應由出賣人申報納稅

（C）24.依房屋稅條例規定，下列有關自住使用之住家用房屋適用1.2%計徵房屋稅之要件，何者錯誤？（A）無出租或供營業情形（B）房屋所有人本人、配偶或直系親屬於該屋辦竣戶籍登記（C）房屋所有人本人、配偶及未成年子女於全國僅持有一戶房屋且房屋現值在一定金額以下（D）房屋所有人本人、配偶或直系親屬實際居住使用

（C）25.依所得稅法規定，個人以自有土地與營利事業合作興建房屋，自土地取得之日起算五年內完成並銷售該房屋、土地者，其所得稅稅率為何？（A）百分之十（B）百分之十五（C）百分之二十（D）百分之二十五

【112年不動產經紀人普考】
土地法與土地相關稅法概要

甲、申論題部分：（50分）

一、甲所有位於某號都市計畫農業區內土地一筆農地（其上建有一間合法農舍），該農業區多年前因實施都市計畫定期通盤檢討變更而變更為住宅區（但未發布實施），其土地開發方式於日前始經核定採取「先行區段徵收」，甲之農地於此次都市計畫通盤檢討變更時變更為公共設施保留地（道路），其土地登記簿上載有積欠地價稅新臺幣10萬元之「禁止處分登記」。甲於獲悉上述資訊後隨即委託A仲介公司代為出售其地，乙對該地有承買意願。若你為A仲介公司之經紀營業員，依法應以該地之「不動產說明書」向乙為「解說」，請你從該地所涉及地用與地權法規及其影響之觀點，各提出一點以作為解說之重要內容，以利乙作為承買該地與否之重要依據。又上文所述「先行區段徵收」之意涵與目的各為何？又依法你亦有協助甲與乙公平合理地完成該地買賣契約簽約作業之義務，則應如何處理其上「禁止處分登記」？試依法分述之。（25分）

答：
(一)不動產說明書之內容
　1.有關土地使用及其影響
　　(1)土地使用之限制
　　　　本案甲所有位於都市計畫農業區之一筆農地，期間雖因都市計畫通盤檢討變更為住宅區，惟因尚未擬定細部計畫，故尚未能依住宅區之用途使用，後又因都市計畫通盤檢討變更，其土地使用分區再由住宅區變更為公共設施保留地（道路），依都市計畫法之規定，編定為道路用地，依法僅能作為道路使用；另該筆土地於編定為公共設施保留地（道路）前，即興建有一間合法之農舍，依都市計畫法第51條規定：「依都市計畫法指定之公共設施保留地，不得為妨礙其指定目的之使用。但得繼續為原來之使用或改為妨礙目的較輕之使用。」，故依前開法令規定，該筆土地上所興建之農舍仍得依原用途繼續使用，至政府區段徵收該筆土地為止。
　　(2)對土地使用之影響
　　　　因前開土地已經都市計畫編定為公共設施保留地（道路），依法僅能作為道路使用，雖都市計畫法第50條規定：「公共設施保留地在未取得前，得申請為臨時建築使用。且臨

時建築之權利人,經地方政府通知開闢公共設施並限期拆除回復原狀時,應自行無條件拆除;其不自行拆除者,予以強制拆除。」另同法第51條規定:「依都市計畫法指定之公共設施保留地,不得為妨礙其指定目的之使用。但得繼續為原來之使用或改為妨礙目的較輕之使用。」綜上所述,本案編定為公共設施保留地(道路)之土地,其用途遭受限制,土地雖能建築,但僅能申請為臨時性之建築,且不能作為妨礙其指定目的(即道路)之使用。

2. 有關土地權利及其影響

(1) 土地權利之限制

本案甲所有之農地一筆,土地登記簿上載有積欠地價稅新臺幣10萬元之「禁止處分登記」,另該筆農地上興建有一間合法農舍,依土地稅法之規定原應課徵田賦,但後因都市計畫通盤檢討,將前開土地變更為公共設施保留地(道路),依同法規定,都市計畫公共設施保留地,在保留期間仍為建築使用者,其地價稅除自用住宅用地按2‰計徵外,統按6‰計徵;其未作任何使用並與使用中之土地隔離者,免徵地價稅。因本案土地已為建築使用,故改課徵地價稅,而甲未

按規定繳稅，稅捐稽徵機關為保全租稅債權，故通知地政事務所於該地辦理「禁止處分登記」，而「禁止處分登記」為限制登記之一種，未塗銷前，甲無法將該筆土地移轉登記給乙。

(2)對土地權利移轉之影響

「禁止處分登記」為限制登記之一種，而限制登記係限制登記名義人處分其土地權利所為之登記，故甲應依法繳清所欠地價稅新臺幣10萬元後，向稅捐稽徵機關申請將「禁止處分登記」予以塗銷，方能將該筆土地移轉登記給乙。

(二)「先行區段徵收」之意涵與目的

1. 「先行區段徵收」之意義

區段徵收，謂於一定區域內之土地，應重新分宗整理，而為全區土地之徵收。而「先行區段徵收」係謂在主管機關核定開發計畫後、都市計畫發布前，就可以先行辦理區段徵收作業，與一般先行發布都市計畫再辦理區段徵收有別。

2. 「先行區段徵收」之目的

(1)為消弭土地投機炒作，防止都市計畫發布實施後，區域內土地因炒作而造成後續區段徵收無法執行之困擾。

(2)為避免都市計畫發布實施後，因土地使用變更造成區域內地價有所變動，使得地主權益產生不公忓之情形。

(三)「禁止處分登記」之處理

「禁止處分登記」為限制登記之一種，而限制登記係限制登記名義人處分其土地權利所為之登記，故甲應依法繳清所欠地價稅新臺幣10萬元後，向稅捐稽徵機關申請將「禁止處分登記」予以塗銷，甲、乙雙方方能完成買賣契約之簽訂，並完納土地增值稅及契稅後，最後才能向地政事務所申辦買賣移轉登記。

二、按「房屋現值」為課徵房屋稅之稅基，而「房屋標準價格」又為「房屋現值」核計之基礎，則影響「房屋標準價格」之因素為何？有何問題？又若以「非自住住家用」之房屋為例，其徵收房屋稅之稅率為何？直轄市及縣（市）政府對該房屋稅「徵收率」應如何處理？有何問題？請依房屋稅條例等規定分述之。（25分）

答：

(一)「影響房屋標準價格」之因素及問題

1.「影響房屋標準價格」之因素

(1)房屋稅條例第11條第1項規定

房屋標準價格，由不動產評價委員會依據下

列事項分別評定,並由直轄市、縣(市)政府公告之:
A.按各種建造材料所建房屋,區分種類及等級。
B.各類房屋之耐用年數及折舊標準。
C.按房屋所處街道村里之商業交通情形及房屋之供求概況,並比較各該不同地段之房屋買賣價格減除地價部分,訂定標準。

2.「影響房屋標準價格因素」之問題
  (1)房屋構造標準單價偏低
     影響房屋標準價格因素之房屋構造標準單價,自民國73年第一次訂定後沿用迄今,逾30年未予調整,雖於民國104年經監察院建議中央政府應督促地方政府妥適調整房屋構造標準單價,惟對於房屋構造標準單價之調整,各縣市調幅不一,且調整後之新房屋構造標準單價所追溯適用之房屋,各縣市亦不相同;另近年來營建成本大幅增加,但房屋構造標準單價並未隨其相應調整,致使無法覈實課徵房屋稅。
  (2)路段率之評估飽受質疑
     形及房屋之供求概況,並比較各該不同地段之房屋買賣價格減除地價部分,訂定路段率。惟各縣市因地方特性及城鄉差異,致使

各街道之繁榮程度不一，且現行路段率係由各地方稅捐稽徵機關之稅務人員實地調查及評估，但因缺乏專門技術及知識，其評估結果飽受質疑。

(二)「非自住住家用」房屋稅之徵收

1. 稅率

房屋稅條例第5條後段規定，非自住住家用者，最低不得少於其房屋現值1.5%，最高不得超過3.6%。各地方政府得視所有權人持有房屋戶數訂定差別稅率。

2. 現行各縣市對於「非自住住家用」房屋稅「徵收率」之問題：

(1)因房屋稅係屬地方稅，若房屋所有權人將其名下房屋分散於各縣市，並持有3戶以下，按現行房屋稅條例之規定，即無法向其課徵「非自住住家用」之房屋稅。

(2)房屋稅條例第5條條文自民國103年修正迄今，仍有部分縣市未按規定訂定「非自住住家用」房屋稅之徵收標準，致對於「非自住住家用」房屋徵收差別稅率之成效不彰。

(3)雖部分縣市按照規定對於「非自住住家用」房屋訂有差別稅率，惟對於持有戶數及徵收率寬鬆不一，致使房屋所有權人於各縣市之「非自住住家用」房屋之稅負亦有所差異。

乙、測驗題部分：（50分）

（A） 1. 都市計畫公共設施保留地，未作任何使用並與使用中之土地隔離者，其地價稅之計徵，下列何者正確？（A）免徵（B）按千分之六稅率計徵（C）按千分之十稅率計徵（D）按千分之二稅率計徵

（B） 2. 關於土地所有權人出售自用住宅用地時，土地增值稅適用「一生一次」之優惠稅率，下列何者正確？（A）土地增值稅之優惠稅率為千分之二（B）僅限於都市土地面積未超過三公畝部分或非都市土地面積未超過七公畝部分（C）土地於出售前一年內，曾供營業使用或出租（D）出售前應持有該土地三年以上

（D） 3. 依土地稅法規定，已規定地價之土地設定典權時之預繳土地增值稅，下列何者正確？（A）典權人回贖時，原繳之土地增值稅，應加計利息退還（B）典權人回贖時，原繳之土地增值稅，應無息退還（C）出典人回贖時，原繳之土地增值稅，應加計利息退還（D）出典人回贖時，原繳之土地增值稅，應無息退還

（B） 4. 土地所有權經法院判決移轉登記者，土地增值稅申報移轉現值之審核標準，下列何者正確？（A）以法院判決日當期之公告土地現值為準

（B）以申報人向法院起訴日當期之公告土地現值為準（C）以法院判決送達日當期之公告土地現值為準（D）以申報人向主管稽徵機關申報日當期之公告土地現值為準

（C） 5.依土地稅法規定，地價稅之稅率，下列何者錯誤？（A）地價稅之基本稅率為千分之十（B）土地所有權人之地價總額未超過土地所在地直轄市或縣（市）累進起點地價者，其地價稅按千分之十稅率徵收（C）土地所有權人之地價總額超過土地所在地直轄市或縣（市）累進起點地價五倍者，就其超過部分課徵千分之十五（D）土地所有權人之地價總額超過土地所在地直轄市或縣（市）累進起點地價十五倍至二十倍者，就其超過部分課徵千分之四十五

（C） 6.依土地法規定，關於共有土地之處分，下列何者正確？（A）應以共有人半數及其應有部分半數之同意行之（B）應有部分合計三分之二者，其人數不予計算（C）共有人不能以書面通知他共有人者，應公告之（D）共有人不得單獨處分其應有部分

（C） 7.有關土地總登記，經聲請而逾限未補繳證明文件者之情形，下列何者錯誤？（A）其土地視為無主土地（B）由該管直轄市或縣（市）地政機關公告之（C）公告期間不得少於十五日（D）公

告期滿，無人提出異議，即為國有土地之登記

(C) 8. 依土地法規定，有關繼承登記，下列何者正確？（A）繼承登記應於繼承開始之日起一個月內為之，否則視為逾期登記（B）繼承開始之日起逾三個月未辦理繼承登記者，經該管直轄市或縣市地政機關查明後，應即公告繼承人於一年內聲請登記（C）逾期未聲請繼承登記之土地，經地政機關列冊管理十五年，逾期仍未聲請繼承登記者，由地政機關將該土地清冊移請財政部國有財產署公開標售（D）標售逾期未辦繼承登記土地所得之價款，逾十五年無繼承人申請提領該價款者始得歸屬國庫

(A) 9. 依平均地權條例之規定，預售屋或新建成屋買賣契約之買受人，於簽訂買賣契約後，不得讓與或轉售買賣契約與第三人，並不得自行或委託刊登讓與或轉售廣告，但於下列何種情形不在此限？（A）配偶、直系血親或二親等內旁系血親間之讓與或轉售（B）配偶、直系姻親或二親等內旁系姻親間之讓與或轉售（C）配偶、直系姻親或二親等內旁系血親間之讓與或轉售（D）配偶、直系血親或二親等內旁系姻親間之讓與或轉售

(C) 10. 依平均地權條例之規定，委託不動產經紀業代銷預售屋者，應於何時向直轄市、縣（市）主管機關申報登錄資訊？（A）應於簽訂買賣契約之日

起至少十日內申報（B）應於簽訂買賣契約之日起至少十五日內申報（C）應於簽訂買賣契約之日起三十日內申報（D）應於簽訂買賣契約之日起四十五日內申報

（C）11.依市地重劃實施辦法之規定，土地所有權人重劃後應分配土地面積已達重劃區最小分配面積標準二分之一，經主管機關按最小分配面積標準分配後，如申請放棄分配土地而改領現金補償，下列何者正確？（A）以其重劃前原有面積按原位置評定重劃後地價發給現金補償（B）以其重劃前原有面積按原位置評定重劃前地價發給現金補償（C）以其應分配權利面積，按重劃後分配位置之評定重劃後地價予以計算補償（D）以其應分配權利面積，按重劃後分配位置之評定重劃前地價予以計算補償

（C）12.以下關於契稅之敘述，何者正確？（A）買賣契稅應由出賣人申報納稅（B）贈與契稅應由贈與人估價立契，申報納稅（C）典權契稅，應由典權人申報納稅（D）占有契稅稅率為其契價百分之二

（C）13.依土地徵收條例規定，因受領遲延、拒絕受領或不能受領之補償費，下列何者正確？（A）依提存法提存於直轄市或縣（市）主管機關於國庫設立之土地徵收補償費保管專戶（B）直轄市或縣

（市）主管機關應於補償費發給期限屆滿之日起三個月內存入專戶保管（C）保管專戶儲存之補償費應給付利息（D）已依規定繳存專戶保管之徵收補償費，自徵收公告期滿之日起，逾十五年未領取者，歸屬國庫

（B）14.已公告徵收之土地，依徵收計畫開始使用前，興辦之事業改變時，依土地徵收條例之規定，下列何者正確？（A）應撤銷徵收（B）應廢止徵收（C）土地所有權人得行使收回權（D）應舉行聽證

（D）15.依土地登記規則之規定，於何種情形下登記機關應以書面敘明理由或法令依據，通知申請人於接到通知書之日起十五日內補正，下列何者錯誤？（A）申請人之資格不符或其代理人之代理權有欠缺（B）登記申請書不合程式，或應提出之文件不符或欠缺（C）未依規定繳納登記規費（D）登記之權利人、義務人或其與申請登記之法律關係有關之權利關係人間有爭執

（D）16.我國物權係採法定主義，於土地所有權以外之其他不動產物權，謂之他項權利，依民法及土地法之規定，下列何者非屬物權？（A）抵押權（B）農育權（C）耕作權（C）租賃權

（A）17.依土地法之規定，外國人為供自用、投資或公益之目的使用，得取得所需之土地，其面積及所在

地點，應受該管直轄市或縣（市）政府依法所定之限制，下列何種用途不屬之？（A）長照機構（B）住宅（C）醫院（D）營業處所、辦公場所、商店及工廠

（D）18.依土地法第三十四條之一執行要點規定，有關共有人權利之行使，下列何者錯誤？（A）部分共有人就共有土地或建築改良物為處分、變更及設定地上權、農育權、不動產役權或典權，應就共有物之全部為之（B）部分共有人依本法條規定為處分、變更或設定負擔前，應先行通知他共有人（C）出賣共有土地或建築改良物時，他共有人得以出賣之同一條件共同或單獨優先購買（D）他共有人於接到出賣通知後二十日內不表示者，其優先購買權視為放棄

（B）19.依土地法規定，有關地籍測量之相關規定，下列何者錯誤？（A）地籍測量時，土地所有權人應設立界標，並永久保存之（B）地籍測量，如由該管直轄市或縣（市）政府辦理，其實施計畫應經該地方之地政機關核定（C）重新實施地籍測量時，土地所有權人應於地政機關通知之限期內，自行設立界標，並到場指界（D）重新實施地籍測量之結果，應予公告，其期間為三十日

（C）20.依土地法之規定，有關土地登記之損害賠償，下列何者錯誤？（A）因登記錯誤遺漏或虛偽致受

損害者，由該地政機關負損害賠償責任（B）登記人員或利害關係人，於登記完畢後，發見登記錯誤或遺漏時，非以書面聲請該管上級機關查明核准後，不得更正（C）地政機關所負之損害賠償，如因登記人員之重大過失所致者，由該人員及地政機關負連帶損害賠償責任，撥歸登記儲金（D）損害賠償之請求，如經該地政機關拒絕，受損害人得向司法機關起訴

（A）21.依平均地權條例規定，對私有空地之處置，下列何者錯誤？（A）規定照價收買者，以收買當期之平均市價為準（B）逾期未建築、增建、改建或重建者，按該宗土地應納地價稅基本稅額加徵二倍至五倍之空地稅或照價收買（C）依規定限期建築、增建、改建或重建之土地，其新建之改良物價值不及所占基地申報地價百分之五十者，直轄市或縣（市）政府不予核發建築執照（D）直轄市或縣（市）政府對於私有空地，得視建設發展情形，分別劃定區域，限期建築、增建、改建或重建

（C）22.依都市計畫法之規定，市鎮計畫之主要計畫書，除用文字、圖表說明外，應附主要計畫圖，其比例尺不得小於多少？（A）五百分之一（B）一千分之一（C）一萬分之一（D）一萬五千分之一

（C）23.依所得稅法之規定，個人依第14條之4前2項規定

計算之房屋、土地交易所得，減除當次交易依土地稅法第30條第1項規定公告土地現值計算之土地漲價總數額後之餘額，不併計綜合所得總額，按相關規定稅率計算應納稅額，其在中華民國境內居住之個人應納稅額，下列何者正確？（A）持有房屋、土地之期間在二年以內者，稅率為百分之三十五（B）持有房屋、土地之期間超過二年，未逾五年者，稅率為百分之二十五（C）因財政部公告之調職、非自願離職或其他非自願性因素，交易持有期間在五年以下之房屋、土地者，稅率為百分之二十（D）個人以自有土地與營利事業合作興建房屋，自土地取得之日起算五年內完成並銷售該房屋、土地者，稅率為百分之二十五

（A）24.依土地稅法之規定，主管稽徵機關得指定土地使用人負責代繳其使用部分之地價稅或田賦，下列何項非屬所規範者？（A）土地進行訴訟者（B）權屬不明者（C）納稅義務人行蹤不明者（D）土地所有權人申請由占有人代繳者

（C）25.有關土地利用計畫之通盤檢討相關規定，下列何者正確？（A）全國國土計畫每五年通盤檢討一次（B）直轄市、縣（市）國土計畫每十年通盤檢討一次（C）都市計畫每三年內或五年內至少應通盤檢討一次（D）區域計畫每十年通盤檢討一次

【113年地政士普考】
土地法規

一、土地法第34條之1第2項規定對於他共有人之通知或公告，乃係部分共有人得依多數決處分之法定先行程序，部分共有人是否履行其應盡之通知義務，對他共有人之權益影響甚鉅。請依土地法之相關規定說明其對於他共有人之通知或公告的方式及內容。（25分）

二、根據平均地權條例之規定，試附理由回答下列問題：
　㈠不動產炒作行為的類別及態樣有那些？（10分）
　㈡A建設公司專案經理甲集結親友乙、投資客丙，於青年節檔期分別連續買入該公司新推出規模約百戶預售案中之2成、3成，且提供轉售服務。後接獲民眾檢舉該建案安排人頭購屋壟斷房源，並須向投資客以更高之價格方可購得。試問該管直轄市、縣（市）主管機關依本條例得為如何之處理？（15分）

三、經濟部水利署為辦理行政院核定重大建設計畫之A流域聯通管工程，須取得甲所有之A地、乙所有之B地等土地，A地為特定農業區農牧用地，B地為一般農業區農牧用地。甲、乙不願喪失土地所有權，對該工程強烈表達質疑，經經濟部水利署書面及經濟部詳實說明仍對徵收必要性表達異議。試問，針對甲、乙之

意見，於該計畫報請目的事業主管機關許可前，相關機關應進行何種民眾參與程序？又經前述程序後，經濟部及經濟部水利署仍認為有必要進行用地取得，則於申請徵收土地前，依法應先與土地所有權人進行何種程序以取得工程所需之土地？（25分）

四、某地政士，為於受託辦理業務時，對契約或協議之簽訂人辦理簽證，擬申請簽證人登記，試問其應符合那些資格規定，方得申請？應向何單位申請？又那些土地登記事項，不得辦理簽證？請依地政士法規定說明之。（25分）

【113年地政士普考】
土地稅法規

一、甲於112年4月8日死亡,甲名下的土地一筆,係一般農業區的農牧用地,面積為2,000m²,作農業使用,112年1月1日之公告現值為1,200元/m²。甲之法定繼承人為配偶乙、女兒丙、兒子丁共三人。112年8月20日辦竣繼承登記,上述農業用地繼續作農業使用。假設嗣經政府辦理農地重劃,於115年7月31日辦理重劃分配土地完竣,丙、丁各獲配一宗土地,均無需繳納或領取差額地價。之後,丙於116年6月18日將其獲配之上述農業用地(面積850m²)訂立買賣契約出賣予戊,丙戊兩人於116年6月25日向稅捐稽徵機關申報土地移轉現值,未檢附直轄市、縣(市)農業主管機關核發之農業用地作農業使用證明書予稅捐稽徵機關,請問此時丙戊之間之買賣是否適用農業用地移轉不課徵土地增值稅之規定?又已知116年1月1日公告現值為1,500元/m²,物價指數為105%,重劃負擔總費用證明書所載之金額為120,000元,請列出土地漲價總數額之計算方法及其結果?並列出土地增值稅應徵稅額之計算方法及其結果?(25分)

二、甲因為事業繁忙,將其名下的不動產信託給信託公司乙經營管理,在信託契約中約定信託的利益歸屬於甲。經數年後,甲鑑於其孩子丙已成家立業,於是跟

信託公司乙合意修改原信託契約，將信託利益之歸屬變更為丙。請問信託財產依規定在那些情形下，課徵贈與稅？甲將信託利益之歸屬變更為丙，是否可課徵贈與稅？試申述之。（25分）

三、最近俗稱囤房稅2.0的房屋稅條例修正通過，預計113年7月上路、反映於114年房屋稅課徵，請問修正後的房屋稅條例第5條，關於住家用房屋，就自住、單一自住、出租、起造人待銷售、非自住，課稅之規定分別為何？（25分）

四、林君擁有一自住房地，最近計畫換屋，林君請教地政士欲了解若先出售自住房地後購入另一自住房地，或是先購入一自住房地後出售其他自住房地，對於申請退還或抵扣已繳納之房地合一所得稅額的規定為何？請分別詳述之。（25分）

【112年地政士普考】
土地法規

一、請說明外國人取得我國土地之用途限制及程序,又倘若外國人欲購買我國境內之一筆礦地,請依相關法令規定,論述該外國人得否取得礦地所有權?(25分)

二、依據平均地權條例規定,辦理市地重劃之機關除可將抵費地做為相關公共設施所需用地外,還可如何處理?(25分)

三、土地徵收制度中有所謂的收回權機制,請依土地徵收條例規定,說明收回權消滅的原因為何?(25分)

四、依據地政士法之規定,地政士違反那些規定時,應予停止執行業務或除名?(25分)

【112年地政士普考】
土地稅法規

一、土地為信託財產,請依土地稅法相關規定說明信託土地其地價稅之納稅義務人?其應納之地價稅如何計算?並說明其立法原由。(25分)

二、房屋稅之「自住房屋」及房地合一課徵所得稅之「自住房地」,其適用優惠之要件及稅率各為何?(25分)

三、經常居住在我國境內之國民王君,於民國112年5月6日死亡,死亡時除了遺有國內財產外,尚有國外不動產A屋一棟依所在地國法律已繳遺產稅,以及民國110年12月20日王君將其名下另一棟B屋贈與其弟媳,行為當時並已依國內稅法規定申報完稅,但弟媳在民國112年3月已將B屋售出。試問A屋與B屋何者需併入王君之遺產總額中課稅?A屋與B屋已納之稅額,可否自應納遺產稅額內扣抵?請依遺產及贈與稅法之規定詳述之。(25分)

四、依所得稅法之規定,課徵房地合一所得稅時,有關土地漲價總數額減除之上限及土地增值稅是否可列為成本費用,其相關規定及立法原由為何?又個人未依規定申報或無正當理由申報之成交價偏低者、未提示原始取得成本及未提示費用者,稽徵機關得如何逕予核定?(25分)

56歲一次考上26名！

敬愛的曾文龍教授您好：

我是99年台北NO.2不動產經紀人國家考照班學生楊福來（民國44年3月生56歲），在經過六個月的努力及曾教授殷切的關懷指導下，終於以優異的名次（26名），登榜不動產經紀人。

本人因年齡較長，記憶力漸退，對每科都必須背誦的不動產經紀人考試，並不抱太大希望，但在曾教授的鼓勵下，姑且一試，多寫申論題，且每科都背誦十次以上，不動產估價居然考93分，土地法規也考了78分，這是考上的關鍵。

大日不動產研究中心有優良的師資，老師們都努力教導，助教小姐也很盡責，是值得推薦的不動產相關證照考照班。

非常感謝曾教授，特寫此函聊表謝忱，謹　此
順頌　商棋

楊福來　謹啓
100年3月9日

如果努力過，
剩下一個月還是可以把握！

一開始只打算上經紀人的課，後來同學說連地政士一起報就好了有伴嘛！

我從沒有：

1. 從事任何相關不動產工作
2. 也非本科系畢業。
3. 只有高中學歷。

所以，剛開始讀得很吃力那些甚麼權，甚麼稅……，完全聽不懂同學討論的內容，我心想糟糕，花錢還找自己麻煩，心想算了，反正年底還久，先邊讀邊看再講了！

曾教授說要寫作業，給他批改！因為我背不起來，所以我開始就寫了起來，我也知道寫很慢，寫一題剛開始塗塗改改就要一小時，搞不好可以讀不知道幾頁，但如果你不會更好的方法，基本上我是完全依照曾教授指導的方法進行！四月份教授給了我很大的鼓勵，我誠惶誠恐，更加努力準備地政士，不動產估價，不動產經紀法規自此沒摸了！

地政士放榜，我考了一個令自己心痛的成績，教授口中59.9的案例，居然是我！

四個多月準備，等上不動產經紀法規，不動產估價課已近尾聲，前不著村後不著店，算了，先去做房仲營業

員，我還挑一個新北市的戰區，想挑戰自己！

就這樣拖著疲乏的身體，從早忙到晚從菜鳥做起，因為我都通勤，早出晚歸，從七月到十月，連摸都沒摸一次課本！自己很慚愧，同事又洗腦，想想要辜負自己，今年索性不考了！

九月中過後，助教打電話給我，提醒我要報名還有轉達教授的關心，當下陷入天人交戰，當業務員還沒冒泡心裡確有不甘，白跑一趟！教授說的沒錯，該斷的時候要斷！怎麼辦？

書沒看ㄟ！不管，先報名再說，邊祈禱老天爺讓我冒泡吧！我要學習這過程！

十月底冒了泡，馬上離職，算好到不動產經紀人考試剛好三十二天，立刻擬好如下計畫：

一、擬定課表：好按表操課，四科專業科目不放棄！第一週先把條文，課本細讀一次，尤其沒有上的那二科先讀二遍把重點抓出來，以利後面複習！

二、參加總複習：好把老師提供的申論題能盡量寫一遍，至少重要的部分要寫一寫，否則考試會手抽筋！

三、做考古題：只能做前三四年的了，因為時間不夠，感覺出題老師的出題範圍情境！

四、睡眠正常些：之前的經驗，開夜車容易反應遲鈍，所以，我還是晚上睡七小時，精神好較易背誦，在圖書館也是累了先趴一下，再繼續讀！

五、到圖書館：剩下一個月，不是開玩笑的，專注一

下!
　這是個不得已的情況下的最後衝刺,提供給同學做參考,我相信只要你努力過,先不要放棄,互相勉勵!感謝助教的提醒,還有曾教授一路的鼓勵!
　　　　　　大日台北經紀人考照班　潘統緒　敬啟
　　　　　　　　　　　　　　　2011年3月

地政士考試心得

撰文者：田德全 100/02/22

吃飽睡足身體好。
心情愉快精神好。
熟記法條答題爽。
練好腕力寫字爽。
做好準備下決心。
讀書讀書要耐心。
考試錄取有信心。
堅持完考是毅力。

地政士證照，是我取得第二張國家考試及格證照。以上兩好二爽三心一力，是我參加國家考試的經驗心得，當然最重要的一點是完考，不能有任何一科缺考，因為缺考科目是以零分計算，考試及格規定有任何一科成績為零分則不予及格，所以切記千萬不要缺考。以下是我個人參加國家考試心得，提供參考：

一、掌握考試資訊

掌握參加科考項目報名時間、考試時間、及報名考區試場資訊：有參加才有金榜題名的機會，所以要確實掌握考試資訊。公告考區試場後（在入場證有試區地址），以考試入場證通知開放試場查看日親自前往，除了瞭解交通狀況外，也可以查看座位在那裡及決定使用何種交通工具，考試當日就可以順利入場。

二、做好讀書計畫

　　規劃每日讀書課表，這不是空談，而是腳踏實地，因為按表操課很重要，絕不可惰懈，絕不要有假藉上班很累明天再補課的理由，來原諒自己。讀書時不要害怕看不懂，就怕你不讀，只要耐心研習，就會清楚明瞭而熟記，更不要忘記作筆記，親自做筆記，牢記在心底。另外報名應考須知內有考試科目日程表，建議有心參加考試的您，可以依考試科目日程表調整讀書課表，通常報名到考試有近三個月的加強準備時間，這時配合考試科目順序準備，會有不錯的效果，個人是這樣做的。

三、勤寫作業

　　國家考試準備以申論題為主，所以寫作業除能增強記憶外，還能練好腕力，讓作答寫字順暢又快而且手不累，這是我在民國九十五年參加大日不動產研究中心「不動產經紀人考照班」時，曾文龍教授，傳授的技巧，至今受用無窮，所以我每次上課都拿很多作業請曾教授批改，當年的努力，也讓我順利考上不動產經紀人證照。

四、蒐集考古題

　　「考選部」網站可以下載歷年科考的試題，蒐集歷年考古題後，一定要努力解答並熟記。如果有選擇題，也有答案，因為從考古題可以瞭解考題方向。當然申論題沒有絕對的標準答案，所以考選部不會公布參考案，因此除了熟記法條內容外，可以參考出版社國家考題解析來加強考題解答能力，如此才能拿高分。

五、證件文具要齊備

不少人到了考場才發現入場證沒帶，身分證忘了，筆掉了，尺斷了，計算機沒電，眼鏡破了。枉費辛苦了很長的一段艱辛歲月，沒有氣絕在地，也白了頭。所以建議有心參加考試的您，準備好專用的考試用包包，將考試所須證件及文具準備妥當，並做一張檢查表（如附註），一一檢查入包，出發前再次檢查，切記最後一次檢查要在家中出發前，而且所有證件文具不要拿出來檢查，因為會再次忘了放回去，所以就在包內檢查，出門後就來不及了。

六、沈穩作答不缺考

拿到試題先看清楚題目意旨再作答，發現不熟的題目勿慌張，穩定心情，依題旨，用心就所知，像寫作文般作答，不要空題不答，因為不答該題零分，有寫才有分數。作答時字跡工整、條序分明、標題明確，可讓閱卷官清楚審閱，也較能拿高分。切記不能有任何一科缺考，因為缺考科目是以零分計算，考試及格規定有一科成績為零分則不予及格，所以切記再切記千萬不要缺考。還有不能遲到，因為依考試規則過了入場規定時間，就不能參加考試了，每天每節入場時間在入場證的注意事項，都有明確註記，所以拿到入場證時要詳閱內容，才能順利完成考試。

參加考試就要有金榜題名的信心，雖然準備的過程非常艱辛，不過辛苦是有代價的，帶給您的將是無限的希望及本職學能和財富，相信當您金榜題名時，就能體會了。最後還要提醒參加考試的您，千萬不要作弊，或因行動電話的聲響而被扣分，影響了金榜題名的喜悅。胡適先生有兩句名言：「要怎麼收穫，先那麼栽」、「為學有如金字塔，要能廣大，要能高」；以此名言與您共勉之。

【附註:證件文具檢查表】:

★請依考選部『應考須知』準備相關證件及文具

項目	檢查結果	備考
考試入場證	□有 □無	必備不可缺
身分證件	□有 □無	必備不可缺
筆 含備用筆/2B鉛筆（墨水要充足・順手）	□有 □無	必備不可缺（多準備幾支同樣款式的筆）
規尺	□有 □無	依應考須知規定攜帶
計算機（電池要換新）	□有 □無	依應考須知規定攜帶
橡皮擦	□有 □無	
立可白或立可帶	□有 □無	
墊版（全透明）	□有 □無	
手錶	□有 □無	記得與考場對時
眼鏡及備用	□有 □無	

（*曾有人因前往考場途中掉了眼鏡、摔破了鏡片而哭泣，因為看不清楚題目無法作答。）

追求工作務實且收入穩定的事業生涯

地政士證照,隨著年齡而財富增值的行業!

台灣不動產證照權威曾文龍教授說:法條即是金條!雲端時代,光有一份工作是不夠的!執照護體,多一分保障,處處有商機!

❶ 如何考上地政士?重要法規 VS. 考古題(定價 800 元）　　　　曾文龍博士　編著
❷ 土地法規與稅法(定價 600 元)　　　　　　　　　　　　　　曾文龍博士　編著
❸ 民法概要突破(定價 600 元)　　　　　　　　　　　　　　　大日出版社　編著
❹ 不動產稅法 VS. 節稅實務(定價 700 元)　　　　　　　　　　　黃志偉　編著
❺ 土地登記實務突破(定價 500 元)　　　　　　　　　　　　　大日出版社　編著
❻ 地政士歷屆考題解析(定價 550 元)　　　　　　　　　　　　曾文龍博士　編著

全套6本原價 ~~3,750~~ 元,金榜題名衝刺價 **2,850** 元

另有雲端線上課程

有方法,有訣竅,順利衝開!有計畫讀書,如同親臨上課!
超效率!超秘笈!名師教學,高上榜率!黃金證照!

班主任:**曾文龍** 教授
簡歷:國立政治大學地政研究所畢業
不動產教學、演講、作家…35年
北科大、北商大、政大……不動產講座

主流師資群:
◎國立政治大學地政研究所博士、碩士
◎不動產專業名律師
◎輔導國家高考、普考名師

購買方式

■ 銀行帳號:**101-001-0050329-5** (永豐銀行 忠孝東路分行 代碼 807)
■ 戶名:大日出版有限公司
■ 網址:http://www.bigsun.com.tw
■ 訂購電話:(02) 2721-9527
■ 訂購傳真:**(02) 2781-3202**

・訂購 1,000 元以下者另加郵資 80 元, 1,001 元以上另加郵資 100 元, 2,000 元以上免運費。
・匯款完成後,請傳真收據,並附上收件人 / 地址 / 聯絡電話 / 購買書名及數量,以便寄書。或加入 line 確認。

LINE ID:Erik22

大日不動產研究中心 30年口碑

地政士考照班

雲端課程

另有實體課程

✓ 有方法
✓ 有訣竅
✓ 超效率
✓ 超密技

主流師資群

◎國立政治大學地政研究所博士
◎國立政治大學地政研究所碩士
◎不動產專業名律師
◎輔導國家高考、普考名師

班主任 曾文龍 教授

◎國立政治大學地政研究所畢業
◎不動產教學、演講、作家…36年
◎北科大、北商大、政大…不動產講座

不被地點限制，如同親臨上課！

報名專線：02-2721-9527

課程費用(含書籍)
$16,000元

完成報名並繳費者
可先領書閱讀，提早準備！

大日不動產研究中心／大日明企管顧問公司／大日出版社
地址：臺北市大安區忠孝東路4段60號8樓(捷運忠孝復興站3號出口)
電話：02-2721-9527 ／ 傳真：02-2781-3202
LINE ID：bigsun77

大日不動產經紀人考試用書‧口碑最好！

拿一張不動產經紀人證照
開創事業第二春！

台灣不動產證照權威曾文龍教授說：
法條即是金條！雲端時代，光有一份工作是不夠的！
證照護體，多一分保障，處處有商機！

❶ 土地法規與稅法（定價600元）　　　　曾文龍博士 編著
❷ 聯想圖解不動產估價概要（定價600元）　黃國保 估價師 編著
❸ 民法概要突破（定價600元）　　　　　　大日出版社 編著
❹ 不動產經紀法規要論（定價590元）　　　曾文龍博士 編著
❺ 不動產常用法規（定價800元）　　　　　曾文龍博士 編著
❻ 不動產經紀人歷屆考題解析（定價550元）曾文龍博士 編著

全套6本原價 ~~3,740~~ 元
金榜題名衝刺價 **2,850** 元

另有雲端線上課程

有方法，有訣竅，順利衝關！有計畫讀書，如同親臨上課！
超效率！超秘笈！名師教學，高上榜率！黃金證照！

班主任：**曾文龍** 教授
簡歷：國立政治大學地政研究所畢業
不動產教學、演講、作家…35年
北科大、北商大、政大……不動產講座

主流師資群：
◎國立政治大學地政研究所博士、碩士
◎不動產專業名律師
◎輔導國家高考、普考名師

購買方式
■銀行帳號：**101-001-0050329-5**（永豐銀行 忠孝東路分行 代碼807）
■戶名：大日出版有限公司　　■網址：http://www.bigsun.com.tw
■訂購電話：(02) 2721-9427　■訂購傳真：**(02) 2781-3202**

‧訂購1,000元以下者另加郵資80元，1,001元以上另加郵資100元，2,000元以上免運費。
‧匯款完成後，請傳真收據，並附上收件人／地址／聯絡電話／購買書名及數量，以便寄書。或加入line確認。

LINE ID：Erik22

台灣不動產證照權威－曾文龍教授精心策畫

一次考上不動產經紀人證照的秘密武器！

《不動產經紀人歷屆考題解析》

不動產經紀人普考最佳應考工具書　　定價 **550** 元

- ◆ 系統完整，觀念清晰
- ◆ 編排順暢，目標明確
- ◆ 解析詳實，提高效率
- ◆ 事半功倍，金榜題名
- ◆ 考上不動產經紀人考生之心得分享
- ◇ 近年各科歷屆考古題 ◇

《不動產經紀人選擇題100分》

定價 **700** 元

- ◇ 近年各科歷屆選擇題考題 ◇
- ★ 歷年已考法條之考題編輯在一起，魔鬼訓練反覆記誦
- ★ 類似考題集中，便於舉一反三！
- ★ 快速進入考試焦點，事半功倍。
- ★ 快速提高選擇題拿高分機會，衝刺金榜題名！
- ★ 考上不動產經紀人考生之心得分享

兩書合購衝刺優惠價　**980** 元

**不動產經紀人考照班學生
蘇同學考上心得分享**

大日出版社出版的『不動產經紀人選擇題100分』及『不動產經紀人歷屆考題解析』，是我準備不動產經紀人最後階段最重要最關鍵的兩本書。我也會推薦給想輕鬆考上不動產經紀人的各位。

曾文龍教授真心推薦

買一本大日出版社出版的『不動產經紀人選擇題100分』，然後把題目好好的做三次，最後做『不動產經紀人歷屆考題解析』的題目，確保歷屆選擇題都可以拿到45分以上。即使不一定會考高分，但是一定有很大機會考上不動產經紀人！」

購買方式

■ 銀行帳號：**101-001-0050329-5**（永豐銀行 忠孝東路分行 代碼 807）
■ 戶名：大日出版有限公司　　■ 網址：http://www.bigsun.com.tw
■ 訂購電話：(02) 2721-9367　　■ 訂購傳真：**(02) 2781-3202**

・訂購 1,000 元以下者另加郵資 80 元，1,001 元以上另加郵資 100 元，2,000 元以上免運費。
・匯款完成後，請傳真收據，並附上收件人/地址/聯絡電話/購買書名及數量，以便寄書。或加入 line 確認。　　LINE ID：Erik229

百歲太極傳奇

跨越一甲子之
珍貴太極拳內功心法
首次無私公開

【太極拳本義闡釋】・【太極拳透視】 陳傳龍 著

太極拳的玄奧，由於是內家拳，不同於一般觀念中所知的外家拳，全是內在運作。由於內在運作難知，所以難明太極拳，而致學而難成。

本著作是作者修習太極拳40年後開始記錄的心得筆記，全是內在運作之法，凡作者自認精奧者全予記下，毫不遺漏及保留，期間歷時凡20載，今修編完成筆記上中下卷共9冊，為作者精研太極拳60餘年累計上千條珍貴內在運作著法，透視了太極拳的玄奧面紗，實是指月之指，帶你進入真正太極拳的殿堂。

定價 3,000 元

定價 680 元

陳傳龍，拜崑崙仙宗 劉公培中為師，修習道功暨太極拳術，並с於論經歌解深研太極理法，迄今已逾一甲子歲月。

作者前著《太極拳本義闡釋》一書，旨在說明太極拳本有的真實面貌。現今出版之《太極拳透視》筆記，則為珍貴的太極拳實際內在運作方法。

本書特色
- 全為內練心得筆記，非一般著作。
- 提供巧妙有效的內在運作著法。
- 透視太極拳的真奧。
- 自修學習的書籍。
- 是太極拳真正實體所在。

本書助益
- 揭開久學難成的原因。
- 了解太極拳的真義。
- 得以深入太極拳的勝境。
- 明白外在姿式無太極拳。
- 窺得太極拳的玄奧。

筆記共有九冊，分為上、中、下卷各三冊，全套為完整珍貴內功心法，層次漸進帶領習拳者拳藝漸上層樓的學習路徑。

購買陳傳龍老師 太極拳著作全集
原價 3,680 元，優惠價 **3,150** 元（含郵資 150 元）

購買方式
- 銀行帳號：101-001-0050329-5 （永豐銀行 忠孝東路分行 代碼807）
- 戶名：大日出版有限公司
- 網址：http://www.bigsun.com.tw
- 電話：(02) 2721-9527
- 傳真：(02) 2781-3202

★訂購 1,000 元以下者另加郵資 100 元，1,001 元以上另加郵資 150 元。
★匯款完成後，請傳真收據，並附上收件人/地址/聯絡電話/購買書名及數量，以便寄書。

LINE ID：Erik229

挑戰高收入‧高地位
不動產估價師證照必備用書！

❸《不動產估價學》

游適銘博士｜編著　定價 600 元

由淺而深，區別「不動產經紀人（估價概要）」與「不動產估價師（估價理論）」需研讀部分，層次分明

❹《不動產估價理論與實務 歷屆考題》

游適銘‧楊曉龍｜編著　定價 470 元

★ 不動產估價用詞定義
★ 不動產估價計算方式
★ 估價數學六大公式
★ 歷年不動產估價實務題型分析

❶《考上估價師秘訣 法規‧考古題》

曾文龍博士｜編著　定價 800 元

估價師應考秘訣大公開；立足於不動產領域頂點證照一照在手，身價立刻高漲；考上不動產估價師之心得分享；就業‧創業‧生涯規劃優質選擇

❷《不動產投資‧不動產經濟學 歷屆考古題解析》

施甫學　不動產估價師｜編著　定價 690 元

★ 近年不動產投資分析題目及解析
★ 精心彙整近年考題，重點精闢解析
★〈不動產投資‧不動產經濟學〉應考要訣
★ 全盤掌握答題秘訣、傳授效率讀書得分金鑰

熱門暢銷書，四書合購原價 2,560 元

勢必考上估價師證照優惠價 ➜ 2,040 元

購買方式

■ 銀行帳號：**101-001-0050329-5**（永豐銀行 忠孝東路分行 代碼 807）
■ 戶　　名：大日出版有限公司
■ 網　　址：http://www.bigsun.com.tw
■ 訂購電話：(02) 2721-9527
■ 訂購傳真：**(02) 2781-3202**

LINE ID：@204fegvq

‧訂購 1,000 元以下者另加郵資 80 元，1,001 元以上另加郵資 100 元，2,000 元以上免運費。
‧匯款完成後，請傳真收據，並附上收件人 / 地址 / 聯絡電話 / 購買書名及數量，以便寄書。或加入 line 確認。

國立臺北科技大學 不動產估價師學分班

百年名校

狂賀！曾文龍老師學員高中估價師

金榜題名

徐○駿（第一名）、張○華（第二名）、賴○甄（第三名）、陳○暉、傅○美…
宋○一、柯○環、林○瑜、林○廷、郭○鈺、邱○忠、黃○保、韋○桂…
張○鳳、王○猛、林○暉、林○娟、吳○秋、鄭○吟、李○塘、伍○年…

高地位、高收入，不動產行業中的 TOP 1！

◎**報考資格**：依考選部規定需大學專科以上畢業，並修習考選部規定相關學科至少六科，自101年1月起，修習科目其中須包括不動產估價及不動產估價實務。合計十八學分以上者（含四大領域），即可取得報考不動產估價師考試資格。（詳情依考選部公告為主）

◎**上課資格**：高中職以上畢業，對不動產估價之專業知識有興趣者。

◎**班 主 任**：**曾文龍** 博士

 簡　歷：中華綜合發展研究院 不動產研究中心主任。
　　　　　北科大、政大、北商大…不動產講座。
　　　　　不動產教學、著作 35 餘年經驗。

◎**師 資 群**：由北科大、政大、北商大…
　　　　　　等名師及高考及格之不動產估價師聯合授課。

◎**本期課程**：❶ 不動產法規（含不動產估價師法）　❹ 土地利用
　　　　　　　❷ 不動產估價　　　　　　　　　　　❺ 不動產經濟學
　　　　　　　❸ 不動產估價實務　　　　　　　　　❻ 不動產投資

輔導高考訣竅

◎**費　　用**：每學分 **2,500** 元（不含教材費），報名費 **200** 元。
　　　　　　　報名1門課程 **7700** 元；報名2門課程 **15,400** 元；全修3門課程 **23,100** 元。
◎**上課時間**：每週星期一、三、五（晚上 6:30 ～ 10:00）。
◎**上課地點**：台北市忠孝東路三段1號（國立臺北科技大學第六教學大樓 626 教室）
◎**報名方式**：❶ 請先填妥報名表並先回傳　❷ 完成匯款後請務必將匯款收據傳真並來電確認
◎**匯款繳費**：報名完成後，系統自動寄發虛擬帳號至電子信箱，請依信件內容之虛擬帳號辦理繳費
　　　　　　　（報名表上之電子信箱請務必確認正確）

【北科大推廣教育】

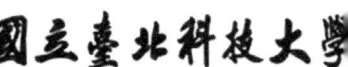

電話：(02) 2771-6949　　傳真：(02) 2772-1217
網址：http://www.sce.ntut.edu.tw/bin/home.php

國立臺北科技大學
National Taipei University of Technology

強棒新書・案頭勵志必備

曾文龍博士 詩文集

一個既嚴厲又慈悲、亦師亦友的生命導師，
一本絕對值得你擁有的書。

豁達胸襟的人生思考、提升生命高度的眼界與哲思，面對悠長跌宕起伏的人生旅程，讓曾文龍博士的勵志詩文集，陪伴你走過漫漫人生路。

本書內容

卷壹、人間寬容
卷貳、困難中成長
卷參、千江有月，萬里藍天
卷肆、勵志人生
卷伍、得健康・得天下
卷陸、詩・文學・人生
卷柒、莫泥手札
卷捌、風雲一生

莫泥手札
我喜歡走不同的路
每個角落，都有風景
我喜歡關懷各種不同的人
因為眾生平等

曾文龍

曾文龍博士 / 著
定價 500 元

宇宙讀書會 32 年操作實務

宇宙讀書會的不朽傳奇（1986年5月創立）

◆ 真正知識無價，行萬里路、讀萬卷書理念的貫徹與落實。
◇ 透過一個讀書會的相互正向支持、互動與陪伴，
　將讀書這件事融入於生活之中。真正根植於地、點滴耕耘、
　豐富生命視野、美麗且富含生命力的成長團體。
◆ 透過規律紀律的讀書與分享，將不同作者的生命體驗與專業知識，
　轉而內化到個人生命。透過如此知識的流動，
　內心的收穫與蛻變，長期下來會有不可思議的影響。
◇ 享受吧！一群好友的讀書會！
　透過本書學習如何將一個讀書會從無到有的神奇誕生旅程。

國寶級的書

曾文龍博士 / 編著
定價 500 元

兩本合購原價 ~~1,000~~ 元，智慧無雙優惠價 800 元
（兩本合購含運費共計 900 元）

匯款帳戶

■ 戶名：金大鼎文化出版有限公司（永豐銀行 忠孝東路分行 代碼807）
■ 銀行帳號：**101-001-0014623-9**

匯款完成後，匯後請來電 (02)27219527 或 line 上告知~
◎姓名◎寄書地址◎電話◎匯款帳戶後五碼

LINE ID：Erik229

NEW

完成報名並繳費者，
★可先領書閱讀，提前準備★

📣 各地區皆有實體課程、雲端課程!

請洽:台灣最權威不動產教育訓練單位

【地政士國家考照班】

✦ 考選部公告：「地政士」普考考試日期：每年6月
✦ 考選部地政士普考網路報名時間：每年2月~3月(以考選部公告為準)

本班學員超高錄取率！金榜題名

鄧芯婷(第1名)、劉秋德、陳順騰、簡美惠、祝文青、唐國豐、吳協燦、王柏淵、吳淑惠
林玉黛(第2名)、林志明、徐慧娟、羅珮瑄、魏韶德、林暐珊、羅瑞蓮、高儷綺…等
黃榮松、鄧順方、江怡慧、廖淑娟、李沛穎、郭建隆、廖奐睿、簡靜宜、陳 潔…等
陳品睿、陳德儒、羅致迎、張家瑜、林美玲、薛天印、周世國、王立中、鍾志強…等
翁俐玲、張美姝、溫婉菁、謝淑珍、黃瀞誼、陳文光、邱慧貞、卓 穗、曾佳琦…等

3天內報名完成者，特贈「風水創造財富」、「全球投資大師-創富金鑰」2本好書

【不動產經紀人國家考照班】

✦ 考選部公告：「不動產經紀人」普考考試日期：每年11月
✦ 考選部地政士普考網路報名時間：每年8月(以考選部公告為準)

贈!!!!
台北班
考前總複習

最強師資：

◎班主任：曾文龍 教授
簡 介：國立政治大學地政研究所畢業
不動產教學、演講、作家……36年
北科大、北商大、政大……不動產

◎權威師資：
▼ 土地登記權威老師
▼ 土地稅法權威老師
▼ 資深高普考名師、律師

大日不動產研究中心/大日明企管顧問有限公司/大日出版社

上課地址：台北市忠孝東路四段60號8樓(捷運忠孝復興站3號出口)
報名電話：(02)2721-9527　/　傳真(02)2781-3202
LINE　ID：bigsun77

不動產經紀人證照班

雲端課程

網路世代！熱門趨勢～
隨地都是你學習的場所！

本班學員超高錄取率，金榜題名！

鄧芯婷(第1名)、劉秋德、陳順騰、簡美惠、祝文青、唐國豐、吳淑惠…等
林玉黛(第2名)、林志明、徐慧娟、羅珮瑄、魏韶德、林暐珊、羅瑞蓮…等
許雅婷(第4名)、黃榮松、鄧順方、江怡慧、廖淑娟、李沛穎、郭建隆…等
宋瑞賢(第6名)、陳品睿、陳德儒、羅致迎、張家瑜、林美玲、薛天印…等
徐美鈴(第11名)、翁俐玲、張美姝、溫婉菁、謝淑珍、黃瀞誼、陳文光…等

◆班主任：**曾文龍** 教授
簡介：國立政治大學地政研究所畢業
不動產教學、演講、作家……35年
北科大、北商大、政大……不動產講座

◆主流師資群：
◎國立政治大學地政研究所博士、碩士
◎不動產專業名律師
◎輔導國家高考、普考名師

★也歡迎加LINE報名★

☆即日起☆ 完成報名並繳費者
可先領書閱讀！提前準備喔！

◎費　　用：16000元(含書籍)
◎1. 請先填妥報名表並先回傳
2. 完成匯款後請務必將匯款收據傳真或來電確認
◎永豐銀行 ‧ 忠孝東路分行（代碼807）
戶　　名：大日明企管顧問有限公司，
帳號：101-001-0014239-9

大日不動產研究中心/大日明企管顧問公司/大日出版社

報名電話：（02）2721-9527　地址：台北市忠孝東路4段60號8樓
傳真專線：（02）2781-3202　網址：http://www.bigsun.com.tw

台北市政府委託
臺北市**危老重建**推動師培訓

■ 班主任： **曾文龍** 博士

■ 上課地點：台北市大安區忠孝東路四段 60 號 8 樓 - 彩虹園大廈（捷運忠孝復興站 3 號出口）
■ 課程費用：3,500 元（團報另有優惠）
■ 培訓對象：

B組
領有建築師、土木技師、結構技師、都市計畫技師、不動產估價師、不動產經紀人、地政士、會計師等國家考試及格證書者。

C組
❶ 任職或從事
都市更新、建築設計、都市計畫、都市設計、室內設計、景觀設計、建築經理、土地開發、營建土木、不動產估價、地政、不動產經紀、房屋仲介、不動產法務、金融機構、信託機構等相關領域之工作者。

❷ 大專院校相關科系所畢業者：
包含都市計畫、建築、營建、市政、地政、不動產估價、城鄉、室內設計、景觀、土地管理、土木、土地資源等。

	姓名	手機	E-mail
1			
2			
3			

匯款方式
銀行：永豐銀行（代碼 807）忠孝東路分行
戶名：台灣不動產物業人力資源協會
帳號：**101-018-0002693-3**

～歡迎加 Line 詢問課程～
Line ID：@204fegvq

台灣不動產物業人力資源協會　辦理
聯絡電話：02-2721-9572，信 箱：taiwantop1688@gmail.com
傳真專線：02-2777-1747，地 址：台北市大安區忠孝東路四段 60 號 8 樓

預告 新北市政府委託　班主任：曾文龍 博士

新北市都市更新推動師・推動人員培訓

超值充電 黃金證照

推動全民參與都市更新推動人員培訓，學習都市更新與危老防災最專業知識，協助老舊社區進行嶄新改造，展現城市最安全、美麗及現代化的建築風景線。

☐ 「都市更新」學程（共6天）課程費用：**7,000**元

☐ 「危老防災」學程（共5天）課程費用：**5,500**元

（仍以主管機關核準開課日期為準）

上課地點：新北市板橋區府中路29-1號（板橋農會13樓）捷運府中站（第1號出口）

2學程一起報名優惠價 11,500元

完成2學程即可換取《新北市都更推動師證照》

參訓資格：
❶ 對都市更新具熱忱的民眾
❷ 持有中華民國身分證

	姓名	手機	E-mail
1			
2			

匯款方式
銀行：永豐銀行（代碼807）忠孝東路分行
戶名：**台灣不動產物業人力資源協會**
帳號：101-018-0002693-3

主辦單位：新北市政府城鄉發展局
委辦單位：台灣不動產物業人力資源協會

聯絡電話：02-2721-9572，信箱：taiwantop1688@gmail.com
傳真專線：02-2777-1747，地址：台北市忠孝東路四段60號8樓

～歡迎加Line詢問課程～
Line ID：bigsun77

國家圖書館出版品預行編目資料

土地法規與稅法 / 曾文龍編著. -- 修訂第15版.
-- 臺北市：大日出版有限公司, 2025.01
面： 公分. --（房地產叢書；75）

ISBN 978-626-99324-0-5（平裝）

1.CST: 土地法規　2.CST: 稅法

554.133　　　　　　　　　　　　　113018687

房地產叢書 75

土地法規與稅法

編　　著／曾文龍
發 行 人／曾文龍
編　　輯／黃　萱
出 版 者／大日出版有限公司
　　　　　台北市106大安區忠孝東路4段60號8樓
　　　　　網　址：http://www.bigsun.com.tw
　　　　　出版登記：行政院新聞局局版北市業字第159號
　　　　　銀行帳號：101-001-0050329-5
　　　　　　　（永豐銀行 忠孝東路分行)
　　　　　戶　名：大日出版有限公司
　　　　　電　話：（02）2721-9527
　　　　　傳　真：（02）2781-3202
排　　版／龍虎電腦排版（股）公司
製版印刷／松霖彩色印刷有限公司
總 經 銷／旭昇圖書有限公司
　　　　　電話：（02）2245-1480
定　　價／平裝600元

2025年 1 月修訂第15版

版權所有・翻印必究